民國文存

69

歷代屯田攷
（下）

張君約 編著

知識產權出版社

《歷代屯田攷（下）》分兩章，以時間為順序，以事件為線索，搜集整理有關元、明兩朝屯田制度的典籍資料近千條，系統介紹兩代屯田制的歷史興衰，為讀者了解和研究元、明兩代的屯田制度提供豐富資料。

　　本書適合對中國古代史及經濟史、土地制度史研究者及有興趣者閱讀使用。

責任編輯：劉　江　　　　**責任校對：**董志英　　　　**動態排版：**賀　天

特約編輯：陳棣芳　　　　**責任出版：**劉譯文

圖書在版編目（CIP）數據

歷代屯田攷.下/張君約編著.—北京：知識產權出版社，2014.12

（民國文存）

ISBN 978-7-5130-3207-0

Ⅰ.①歷…　Ⅱ.①張…　Ⅲ.①屯田－考證－中國－古代　Ⅳ.①F329.02

中國版本圖書館 CIP 數據核字（2014）第 283440 號

歷代屯田攷（下）

Lidai Tuntian kao

張君約　編著

出版發行：知識產權出版社 有限責任公司			
社　　址：北京市海澱區馬甸南村 1 號		郵　　編：100088	
網　　址：http://www.ipph.cn		郵　　箱：bjb@cnipr.com	
發行電話：010-82000860 轉 8101/8102		傳　　真：010-82005070/82000893	
責編電話：010-82000860 轉 8344		責編郵箱：liujiang@cnipr.com	
印　　刷：保定市中畫美凱印刷有限公司		經　　銷：新華書店及相關銷售網站	
開　　本：720 mm×960mm　 1/16		印　　張：14	
版　　次：2014 年 12 月第一版		印　　次：2014 年 12 月第一次印刷	
字　　數：206 千字		定　　價：48.00 元	

ISBN 978-7-5130-3207-0

民國文存

（第一輯）

編輯委員會

出版前言

　　民國時期，社會動亂不息，內憂外患交加，但中國的學術界卻大放異彩，文人學者輩出，名著佳作迭現。在炮火連天的歲月，深受中國傳統文化浸潤的知識份子，承當著西方文化的衝擊，內心洋溢著對古今中外文化的熱愛，他們窮其一生，潛心研究，著書立說。歲月的流逝、現實的苦樂、深刻的思考、智慧的光芒均流淌於他們的字裡行間，也呈現於那些細緻翔實的圖表中。在書籍紛呈的今天，再次翻開他們的作品，我們仍能清晰地體悟到當年那些知識分子發自內心的真誠，蘊藏著對國家的憂慮，對知識的熱愛，對真理的追求，對人生幸福的嚮往。這些著作，可謂是中華歷史文化長河中的珍寶。

　　民國圖書，有不少在新中國成立前就經過了多次再版，備受時人稱道。許多觀點在近一百年後的今天，仍可說是真知灼見。眾作者在經、史、子、集諸方面的建樹成為中國學術研究的重要里程碑。蔡元培、章太炎、陳柱、呂思勉、錢基博等人的學術研究今天仍為學者們津津樂道；魯迅、周作人、沈從文、丁玲、梁遇春、李健吾等人的文學創作以及傅抱石、豐子愷、徐悲鴻、陳從周等人的藝術創想，無一不是首屈一指的大家名作。然而這些凝結著汗水與心血的作品，有的已經罹於戰火，有的僅存數本，成為圖書館裡備受愛護的珍本，或成為古玩市場裡待價而沽的商品，讀者很少有隨手翻閱的機會。

鑑此，為整理保存中華民族文化瑰寶，本社從民國書海裡，精心挑出了一批集學術性與可讀性於一體的作品予以整理出版，以饗讀者。這些書，包括政治、經濟、法律、教育、文學、史學、哲學、藝術、科普、傳記十類，綜之為《民國文存》。每一類，首選大家名作，尤其是對一些自新中國成立以后沒有再版的名家著作投入了大量精力進行整理。在版式方面有所權衡，基本採用化豎為橫、保持繁體的形式，標點符號則用現行規範予以替換，一者考慮了民國繁體文字可以呈現當時的語言文字風貌，二者顧及今人從左至右的閱讀習慣，以方便讀者翻閱，使這些書能真正走入大眾。然而，由於所選書籍品種較多，涉的學科頗為廣泛，限於編者的力量，不免有所脫誤遺漏及不妥當之處，望讀者予以指正。

目　錄

i

第八章　元之屯田

屯田以守堅城大敵　　　　　元初，用兵征戰，遇堅城大敵，則必屯田以守之。

　　古者，寓兵於農。漢魏而下，始置屯田，爲守邊之計。有國者，善用其法，則亦養兵息民之要道也。元初，用兵征討。遇堅城大敵，則必屯田以守之。（《元史·兵志》）

命鎮海築城屯田　　　　　太祖七年，命闍里必鎮海屯田於阿魯歡，立鎮海城戍守。

　　鎮海初以軍伍長，從太祖，有功。壬申（卽太祖七年），從攻曲出諸國，賜珍珠旗。佩金虎符，爲闍里必。從攻塔塔兒、欽察、唐兀、只温、契丹、女眞、河西諸國，所俘生口萬計，悉以上獻。賜御用服器白金等物。命屯田於阿魯歡，立鎮海城戍守之。（《元史·鎮海傳》）

石抹孛迭兒屯田固安　　　　　十六年，石抹孛迭兒爲霸州等路元帥，以黑軍鎮守固安。旣至，令軍士屯田，披荊棘，立廬舍。數年之間，城市悉完，爲燕京外蔽。

　　石抹孛迭兒仕金，爲霸州平曲水寨管民官。太師國王木華黎率師至霸州，孛迭兒迎降。木華黎察其智勇，奇之，擢爲千戶。辛巳（太祖十六年），木華黎承制。陞孛迭兒爲龍虎衞上將軍，霸州等路元帥。佩金虎符，以黑軍鎮守固安水寨。旣至，令兵士屯田，且耕且戰。披荊棘，立廬舍。數年之間，城市悉完，爲燕京外蔽。（《元史·石抹孛迭兒傳》）

從梁泰請田三白渠供軍　　　　　太宗十二年，梁泰請修復三白渠，差撥人戶牛具，種蒔水田，收糧供軍。從之。令泰充措置三白渠使，郭時中副之。置司於雲陽縣。敕塔海紺卜，撥軍前所獲，有妻少壯新民二千戶，木工二十人，肥腯官牛千頭，限十一月內交付。趁十二月入工。其耕種所收之米，卽以接濟軍糧。

　　京兆舊有三白渠。自元伐金以來，渠隄缺壞，土地荒蕪。陝西之人，雖欲種蒔，不獲水利。賦稅不足，軍興乏用。太宗之十二年，梁泰奏請，差撥人戶牛具，一切種蒔等物，修成渠隄。比之旱地，其收數倍。所得糧米，可以供軍。太宗準奏，就令梁泰佩元降金牌，充宣差規措三白渠使，郭時中副之，直隸朝廷。置司於雲陽縣。所用種田戶，及牛畜，別降旨付塔海紺卜，於軍前應副。是月，敕喻塔海紺卜。近梁泰奏修三白渠事，可於汝軍前，所獲有妻少壯新民，量撥二千戶，及木工二十人，官牛內選肥腯齒小者一千頭，內乳牛三百，以畀梁泰等。如不敷，於各千戶百戶內貼補。限今歲十一月內，交付足數。趁十二月入工。其耕種之人，所收之米，正爲接濟軍糧。如發遣人戶之時，或闕少衣裝。於各千戶百戶內酌量支給，差軍護送出境。沿途經過之處，亦爲防送，毋致在逃走逸。驗路程給以行糧，大口一升，小者半之。(《元史·河渠志》)

太宗時，石抹常山爲總管，領興元諸軍奧魯屯田。《元史石抹狗狗傳》稱爲癸丑歲事。太宗己丑，卽位，辛丑崩，在位十三年，無癸丑歲。傳當有訛誤。

〔右欄〕石抹常嶺軍屯田興元

石抹高奴己丑，從太宗伐金，爲征行千戶，卒于軍。子常山襲爲千戶。癸丑，陞總管。領興元諸軍奧魯屯田，并寶雞驛軍，權都總管萬戶。(《元史·石抹狗狗傳》)

太宗乃馬真后二年，都元帥張柔分兵屯田於襄城。秋，命柔總兵戍杞。又築連城，結浮梁，爲進戰退耕之計。

〔右欄〕張柔屯田襄城

壬寅年春，皇后乃馬眞氏始稱制。秋，七月，張柔自五河口渡淮，攻宋揚、滁、和等州。癸卯春，張柔分兵屯田于襄城。秋，后命張柔總兵戍杞。(《元史·太宗紀》)

張柔爲保州等處都元帥，軍民萬戶，以本官節制河南諸翼兵馬征行事。辛丑，升保州爲順天府，賜御衣數襲，名馬二，尚廄馬百。柔率師自五河口濟淮，略和州諸城。師還，分遣部下，將千人屯田于襄城。察罕奏柔總諸軍鎮杞。初，河決於汴，西南入陳留，分而爲三，杞居其中潬。宋兵恃舟楫之利，駐亳、泗，犯汴、洛，以擾河南。柔乃卽故杞之東西中三山，夾河順水勢，築連城，結浮梁，爲進戰退耕之計。敵不敢至。(《元史·張柔傳》)

憲宗二年，皇弟忽必烈從姚樞之請，上言於帝，立經略司於汴，以圖宋。命忙哥史天澤楊惟中趙璧爲使，陳紀楊果爲參議。俾屯田唐、鄧、申、

〔右欄〕遣官給兵牛屯田唐、鄧、亳、潁諸州以圖宋

裕、嵩、汝、蔡、息、亳、潁諸州。授以兵牛，且耕且戰，仍置屯田萬戶府於鄧。

歲壬子（卽憲宗二年），宋遣兵攻虢之盧氏，河南之永寧，衛之八柳渡。帝言之憲宗立經略司於汴。以忙哥史天澤、楊惟中、趙璧爲使，陳紀、楊果爲參議。俾屯田唐、鄧等州，授之兵牛。敵至則禦，敵去則耕。仍置屯田萬戶府於鄧。完城以備之。（《元史·世祖紀》）

姚樞少力學，世祖在潛邸，遣趙璧召樞至，大喜，待以客禮。詢及治道，乃爲書數千言。首陳二帝三王之道，次及救時之弊。爲條三十。曰，立省部，則庶政出一，綱舉紀張，令不行於朝而變於夕。辟才行、舉逸遺、愼銓選、汰職員，則不專世爵而人才出。班俸祿，則贓穢塞而公道開。定法律、審刑獄，則收生殺之權於朝，諸侯不得而專。丘山之罪，不致苟免。毫髮之過，免罹極法，而冤抑有伸。設監司、明黜陟，則善良姦竊，可得而舉刺。閣徵斂，則部族不橫於誅求。簡驛傳，則州郡不困於需索。脩學校、崇經術、旌節孝，以爲育人才、厚風俗、美教化之基，使士不媿於文華。重農桑、寬賦稅、省徭役、禁游惰，則民力紓不趨於浮僞。且免習工技者，歲加富溢。勤耕織者，日就飢寒。肅軍政，使田里不知行營之擾攘。周匱乏、恤鰥寡。使顚連無告者有養。布屯田，以實邊戍。通漕運，以廩京都。停債負，則賈胡不得以子爲母，破稱貸之家。廣儲畜、復常平，以待凶荒。立平準，以權物估。卻利便，以塞倖塗。杜告訐，以絕訟原。憲宗卽位，樞又請置屯田經略司於汴，以圖宋。（《元史·姚樞傳》）

楊惟中拜中書令。憲宗卽位，世祖以太弟鎮金蓮川，得開府專封拜。乃立河南經略司於汴梁，奏惟中等爲使。俾屯田唐、鄧、申、裕、嵩、汝、蔡、息、亳、潁諸州。（《元史·楊惟中傳》）

汪德臣屯田利州　　三年，鞏昌等路便宜都總帥汪德臣請於忽必烈，乞免益昌賦稅徭役，漕糧屯田，爲經久之計，從之。德臣脩治利州且屯田，蜀人畏之。

三年癸丑正月，汪田哥脩治利州，且屯田。蜀人莫敢侵。（《元史·憲宗紀》）

汪德臣賜名田哥，襲爵鞏昌等二十四路都總帥。世祖以皇弟有事西南，德臣入見，乞免益昌賦稅及徭役，漕糧屯田，爲長久計。並從之。卽命置行部于鞏，立漕司于沔，通販鬻，給餽餉。（《元史·汪世顯傳》）

又薦其弟良臣爲鞏昌帥，領所部兵，屯田白水。　　　　　汪良臣屯田白水

> 汪良臣年十六七，卽從兄德臣出征。癸丑歲（卽憲宗三年），以德臣薦，爲鞏昌帥。領所部兵，屯田白水。蜀邊塞不敢復出鈔掠。（《元史·汪世顯傳》）

忽必烈立從宜府於京兆，屯田鳳翔。　　　　　　　　　　屯田鳳翔

> 歲癸丑（卽憲宗三年），立從宜府於京兆，屯田鳳翔。（《元史·世祖紀》）

九年，郭侃平西域，歸告捷。至釣魚山，會憲宗崩，乃還鄧州，開屯田。　　　　　　　　　　　　　　郭侃屯田鄧州

> 郭侃爲千戶。壬子，送兵仗至和林，改抄馬那顏，從宗王旭烈兀西征。癸丑，至木乃兮。侃破其兵五萬，下百二十八城。斬忽都答而兀朱算灘。算灘，華言王也。丙辰，至乞都卜，侃架砲攻之，守者開門降。丁巳正月，至兀里兒城，海牙算灘降。又西至阿納汀，破其兵三萬，禡拶答兒算灘降。至乞石迷部，忽里算灘降，又降合里法算灘，拔三百餘城。又西行三千里，至大房，下其城百八十五。戊午，旭兀烈命侃，西渡海，收富浪。侃諭以禍福，卽來降。師還，西南至石羅子，敵人來拒。侃直出掠陣，一鼓敗之。換斯干阿答畢算灘降。至賓鐵，侃以奇兵掩擊，大敗之。加葉算灘降。己未，破兀林游兵四萬。阿必丁算灘大懼，來降。得城一百二十。西南至乞里彎忽都馬丁算灘來降。西域平。侃以捷告，至釣魚山。會憲宗崩，乃還鄧。開屯田，立保障。（《元史·郭寶玉傳》）

中統元年，世祖卽位，中興路管民官幹扎簧寢疾卒。因高智耀上遺奏，請謹名爵，節財用。帝嘉之。召其子朵兒赤見於香閣，因問欲何仕。對曰，西夏營田，實占正軍。倘有調發，則妨耕作。南軍屯聚以來，子弟蕃息。若以其成丁者，別編入籍，以實屯力。則地利闢，而兵有餘。請爲其總管，以盡　　　命朵兒赤爲新民總管營田西夏

5

措畫。帝可之。授中興路新民總管。至官三載，賦
額倍增，轉營田使。

中統元年三月，卽皇帝位。（《元史・世祖紀》）

朵兒赤西夏人，父斡扎簀爲中興路管民官。世祖卽位，斡扎簀
寢疾卒。遺奏因高智耀以進，請謹名爵，節財用。帝嘉納焉。朵兒
赤年十五，通古注論語、孟子、尚書。帝以西夏子弟多俊逸，欲試
用之。召見于香閣，因問欲何仕。朵兒赤對曰，西夏營田，實占正
軍，儻有調用，則又妨耕作。土瘠野曠，十未墾一。南軍屯聚以來，子
弟蕃息稍衆。若以其成丁者，別編入籍，以實屯力。則地利多，而
兵有餘矣。請爲其總管，以盡措畫。帝可之。乃授中興路新民總管。至
官，錄其子弟之壯者，墾田。塞黃河九口，開其三流。凡三載，賦
額增倍，就轉營田使。秩滿，入覲，帝大悅，陞潼川府尹。時公府
無祿田。朵兒赤乃以官曠地給民，視秩分畝，而薄其稅。潼川仕者
有祿，自此始。（《元史・朵兒赤傳》）

罷靈州屯田成民　　　　　從秦蜀行省平章廉希憲請，罷京兆諸處無籍戶
之戍靈州屯田者。

中統元年七月，遣靈州種田民還京兆。（《元史・世祖紀》）

廉希憲爲中書右丞，行秦蜀省事，進拜平章政事。希憲奏罷解
鹽戶所摘軍，及京兆諸處無籍戶之戍靈州屯田者，以寬民力。（《元
史・廉希憲傳》）

二年，徙留屯蔡州民戶於懷孟，貸以種食。

中統二年七月，渡江新附民留屯蔡州者，徙居懷孟，貸以種
食。（《元史・世祖紀》）

詔鳳翔屯民隸平陽兵籍　　詔鳳翔府種田戶，隸平陽兵籍，專務耕屯，毋
令出征。

中統二年十月，詔鳳翔府種田戶，隸平陽兵籍，毋令出征。專
務耕屯，以給軍餉。（《元史・世祖紀》）

以河南屯田萬戶史權爲江漢大都督，依舊戍守。

中統二年十月，以河南屯田萬戶史權爲江漢大都督，依舊戍
守。（《元史・世祖紀》）

命陝蜀行省，給綏德州等處屯田，牛種農具。

中統二年十二月，命陝蜀行中書省，給綏德州等處屯田，牛種農具。(《元史·世祖紀》)

三年，命河南屯田戶，賦稅輸之州縣。

中統三年正月，命銀冶戶七百，河南屯田戶百四十，賦稅輸之州縣。(《元史·世祖紀》)

詔諸道，括逃軍屯田。　　　　　　　　　　　括逃軍屯田

中統三年二月，詔諸道，括逃軍還屯田，嚴其禁。(《元史·世祖紀》)

調軍四千人，立左右衞屯田，各分置左右手屯　　立左右衞屯田
田千戶所。

左衞屯田。世祖中統三年三月，調樞密院二千人，於東安州南、永清縣東、荒土，及本衞元占牧地，立屯開耕。分置左右手屯田千戶所，爲軍二千名，爲田一千三百一十頃六十五畝。右衞屯田。世祖中統三年三月，調本衞軍二千人，於永清、益津等處，立屯開耕。分置左右手屯田千戶所。其屯軍田畝之數，與左衞同。(《元史·兵志》)

命婆娑府屯田軍，移駐鴨綠江之西。

中統三年六月，命婆娑府屯田軍，移駐鴨綠江之西，以防海道。(《元史·世祖紀》)

詔鳳翔府屯田軍，準充平陽軍數，仍屯田鳳翔，勿遣從征。

中統三年十月，詔鳳翔府屯田軍，隸兵籍，仍屯田鳳翔。(《元史·世祖紀》)

中統三年十月，以鳳翔府屯田軍人，準充平陽軍數。仍於鳳翔府屯田，勿遣從征。(《元史·兵志》)

敕鞏昌總帥汪惟正，將戍青居軍，還，屯田利州。

中統三年十月，敕鞏昌總帥汪惟正，將戍青居軍還屯田利州。(《元史·世祖紀》)

四年，詔統軍司及管軍萬戶等，遵太祖之制，令　　詔各官子弟攜牛具、種
各官子弟，絜馬匹、牛具、種田人，入朝充禿魯花。　田人入朝充禿魯花

中統四年二月，詔統軍司及管軍萬戶、千戶等，可遵太祖之

制，令各官以子弟入朝，充禿魯花。其制，萬戶，禿魯花一名，馬一十匹，牛二具，種田人四名。千戶、見管軍五百，或五百以上者，禿魯花一名，馬六匹，牛一具，種田人二名。雖所管軍不及五百，其家富強，子弟健壯者，亦出禿魯花一名，馬匹、牛具、種田人同。萬戶、千戶子弟充禿魯花者，挈其妻子同至，從人不拘定數。馬匹、牛具，除定去數目已上，復增餘者聽。若有貧乏不能自備者，於本萬戶內，不該出禿魯花之人，通行津濟起發，不得因而科及衆軍。萬戶、千戶，或無親子，或親子幼弱未及成人者，以弟姪充。候親子年十五，卻行交換。若委有親子，不得隱匿代替。委有氣力，不得妄稱貧乏。及雖到來，氣力卻有不完者，並罪之。（《元史・兵志》）

蠲屯田民雜役　　從河南統軍司請，蠲屯田民分戍沿邊者他徭。

中統四年七月，河南統軍司言，屯田民爲保甲、丁壯、射生軍，凡三千四百人，分戍沿邊州郡。乞蠲他徭。從之。（《元史・世祖紀》）

給鈔令劉整市牛屯田　　給鈔付潼川都元帥劉整，市牛屯田。初，整爲俞興誣搆，以瀘州十五郡降元。興攻瀘州，整力戰敗之。請益屯兵，厚儲積，爲圖宋計。至是，令之屯田。

中統四年八月，給鈔付劉整市牛屯田。（《元史・世祖紀》）

劉整以北方人，扦西邊有功。呂文德忌之，以俞興與整有隙，使之制置四川，以圖整。整遣使訴之臨安，又不得達。及向士璧、曹世雄二將見殺，整益危不自保。中統二年，籍瀘州十五郡，戶三十萬，附元，授夔府行省。興攻瀘州，整出寶器分士卒，激戰數十合，敗之。復遣使以宋所賜金字牙符，及佩印入獻，請益屯兵，厚儲積，爲圖宋計。三年，改潼川都元帥。（《元史・劉整傳》）

張晉亨分兵屯田　　萬戶張晉亨戍宿州，言，汴隄南北，沃壤閑曠，宜置屯田。乃分兵列營，以時種藝。期年功成，大獲其利。

張晉亨爲恩州管民萬戶。中統四年，授金虎符，分將本道兵，充萬戶，戍宿州。首言，汴堤南北，沃壤閒曠，宜屯田以資軍食。乃分兵列營，以時種藝，選千夫長督勸之。期年事成，皆獲其利。（《元史・張晉亨傳》）

　　至元元年，以益都武衞軍千人，屯田燕京。

以武衞軍屯田燕京

　　至元元年正月，以益都武衞軍千人，屯田燕京。官給牛具。（《元史·世祖紀》）

　　陝西行省請撥土地，給衣糧、牛種，與新附宋民。令鳳翔屯田軍，遷戍興元。四川各翼軍有地者，徵其稅，給無田者糧。從之。時賽典赤贍恩❶丁爲行省平章，蒞官三年後，增屯田糧九萬七千餘石。

　　至元元年八月，陝西行省臣上言，川蜀戍兵軍需，請令奧魯官，徵入官庫，移文於近戍官司，依數取之。宋新附民，宜撥地土、衣糧，給其牛種。仍禁邊將分匿人口。商州險要，乞增戍兵。陝西獵戶，移獵商州。河西、鳳翔屯田軍遷戍興元。四川各翼軍有地者徵其稅，給無田者糧。皆從之。（《元史·世祖紀》）

　　賽典赤贍思丁，中統二年，拜中書平章政事。至元元年，置陝西五路、西蜀、四川行中書省，出爲平章政事。蒞官三年，增戶九千五百六十五，軍一萬二千二百五十五，鈔六千二百二十五錠，屯田糧九萬七千二十一石。撙節和買鈔三百三十一錠。中書以聞。詔賞銀五千兩，仍命陝西五路，四川行院大小官屬，並聽節制。（《元史·賽典赤贍思丁傳》）

　　發萬戶石抹糺札刺所部千人，屯田商州。

發兵屯田商州

　　至元元年八月，發萬戶石抹糺札刺所部千人，赴商州屯田。（《元史·世祖紀》）

　　二年，以河南北荒田，給蒙古軍，立屯耕種。并摘各萬戶所管漢軍，屯田。

以河南北荒田給軍立屯耕種

　　至元二年正月，以河南北荒田，給蒙古軍耕種。（《元史·世祖紀》）

　　世祖至元二年正月，詔孟州之東，黃河之北，南至八柳樹、枯河、徐州等處。凡荒閑地土，可令阿朮、阿剌罕等所領士卒，立屯耕種。并摘各萬戶所管漢軍，屯田。（《元史·兵志》）

　　詔諸路戍邊軍屯田。

詔邊軍屯田

　　❶ "贍恩"當爲"贍思"。——編者註

至元二年三月，敕邊軍習水戰屯田。五月，詔西川、山東、南京等路戍邊軍屯田。閏五月，命四川行院，分兵屯田。（《元史·世祖紀》）

徙歸化民屯州清州

三年，徙歸化民於清州屯田。

至元三年六月，徙歸化民於清州興縣屯田，官給牛具。（《元史·世祖紀》）

郭侃請屯田淮北

同知滕州郭侃上言，淮北可置屯田三百六十所，每屯置牛三百六十具。計一屯所出，足供軍旅一日之需。

郭侃至元二年，同知滕州。上言，宋人羈留我使，宜興師問罪。淮北可立屯田三百六十所，每屯置牛三百六十具。計一屯所出，足供軍旅一日之需。（《元史·郭寶玉傳》）

立中衛屯田

四年，立中衛屯田，於武清香河等縣。

中衛屯田。世祖至元四年，於武清香河等縣置立。（《元史·兵志》）

以屯田戶充軍

五年，以陳、亳、潁、蔡等處，屯田戶充軍。

至元五年閏正月，以陳、亳、潁、蔡等處，屯田戶充軍。（《元史·世祖紀》）

立河南屯田

立河南屯田。

至元五年九月，立河南屯田。（《元史·世祖紀》）

六年，詔禁邊軍，牧踐屯田。

至元六年五月，詔禁戍邊軍士，牧踐屯田禾稼。（《元史·世祖紀》）

命洪茶丘率兵往鳳州立屯田府

命管領歸附高麗軍民總管洪茶丘率兵往鳳州，立屯田總管府。

洪俊奇小字茶丘，襲父職，管領歸附，高麗軍民總管。至元六年十二月，帝命茶丘，率兵往鳳州等處，立屯田總管府。（《元史·洪福源傳》）

發民屯田南陽以供攻襄樊軍餉

以攻襄樊軍餉不足，發曹濮民丁，屯田南陽。僉河南行省事崔斌請罷所發諸路民丁，以近地丁多者補之。民以爲便。

南陽府民屯，至元六年，以攻襄樊，軍餉不足。發南京、河南、歸德諸路編民，二萬餘戶，於唐、鄧、申、裕等處立屯。（《元史·兵志》）

崔斌至元六年，除同簽樞密院事。襄樊之役，命斌簽河南行省事。時調曹濮民丁，屯田南陽。斌請罷曹濮屯民，以近地丁多者補之。民以爲便。（《元史·崔斌傳》）

夔東招討使李庭玉以軍三千，立章廣平山寨，置屯田。

李忽蘭吉一名庭玉，至元六年，賜虎符，授昭勇大將軍，夔東路招討使。以軍三千，立章廣平山寨，置屯田。出兵以絕大梁平山兩道。（《元史·李忽蘭吉傳》）

七年，將東征日本，命趙良弼爲經略使，屯田高麗。良弼言，屯田不便，固辭。遂以良弼使日本。

趙良弼參議陝西省事。至元七年，以良弼爲經略使，領高麗屯田。良弼言，屯田不便，固辭。遂以良弼奉使日本，給兵三千以從。良弼辭，獨與書狀官二十四人俱。舟至金津島，其國太宰府官陳兵四山，問使者來狀。良弼數其不恭罪，仍喻以禮意。太宰官愧服，求國書。且曰，自太宰府以東，上古使臣未有至者。良弼曰，隋文帝遣裴請來，王郊迎成禮。唐時遣使，皆見王。何獨不見大朝使臣。復以兵脅良弼。又聲言，大將軍以十萬兵來求書。良弼曰，不見汝國王，書不可得也。日本知不可屈，遣使介十二人入覲。仍遣人送良弼至對馬島。（《元史·趙良弼傳》）

發武衛軍二千，合婆娑府、咸平府軍各一千，及洪茶丘所領高麗民二千，屯田於王京鳳州等處。以忻都史樞並爲高麗金州鳳州等處經略使，領屯田事，積糧爲進取之計。

至元七年十一月，救益兵二千，合前所發軍爲六千，屯田高麗。以忻都及前左壁總帥史樞，並爲高麗、金州等處經略使。佩虎符，領屯田事。（《元史·世祖紀》）

李庭玉屯田夔東

議屯田高麗經略日本

發軍民屯田高麗積糧爲進取之資

高麗屯田，世祖至元七年，創立。是時，欲東征日本，積糧餉，爲進取之計。遂以王綧、洪茶丘所管高麗戶二千人，及發中衛軍二千人，合婆娑府、咸平府軍各一千人，於王京、東寧府、鳳州等十二處，置立屯田。設經略司以領其事。每屯用軍五百人。（《元史·兵志》）

至元七年，中書省臣言，於高麓設置屯田經略司。以忻都史樞爲鳳州等處經略使。領軍四千，屯田於金州。又令洪茶丘以舊領民二千屯田，帖木兒爲副。經略司總轄之。（《元史·外夷傳》）

詔高麗王告以屯田備征日本

又詔高麗王禃告以日本難以善言開諭，將用兵征之。故發卒屯田，庶免其國轉輸之勞。

高麗王皞遣其世子倎入朝。中統元年，皞卒，命倎歸國，爲高麗國王。二年，倎更名禃。至元七年閏十一月，詔禃曰，嚮遣信使，通問日本。不謂執迷，固難以善言開諭。此卿所知，將經略於彼。敕有司發卒屯田，爲進取之計。庶免爾國，他日轉輸之勞。仍遣使持書，先示招懷。卿其悉心盡慮，禆贊方略，期於有成，以稱朕意。（《元史·外夷傳》

設官管南陽民屯

八年，從中書省請，命徙南陽屯田內地民戶，還本籍。別令州郡，募人耕佃。立營田使司領之，尋改屯田總管府。

至元八年正月，中書省臣言，前有旨，令臣與樞密院、御史臺議。河南行省阿里伯等所置南陽等處屯田。臣等以爲凡屯田人戶，皆內地中產之民。遠徙失業，宜還之本籍。其南京、南陽、歸德等路民賦，自今悉折輸米糧貯於便近之地。以給襄陽軍食。前所屯田，阿里伯自以無效引伏，宜令州郡募人耕佃。從之。（《元史·世祖紀》）

南陽府民屯。至元六年，發南京、河南、歸德諸路編民立屯。八年，散還元屯戶。別僉南陽諸色戶，設立營田使司領之。尋罷，改立南陽屯田總管府。爲戶六千四十一，爲田一萬六百六十二頃。（《元史·兵志》）

商挺屯田餉軍

樞密副使商挺給軍吏三千人屯田，開墾三萬畞。收其所獲，以餉親軍。

商挺至元六年，同僉樞密院事。八年，陞副使。數軍食，定軍官品級。給軍吏四千人屯田，開墾三萬畞，收其穫以餉親軍。汰不

勝軍者戶三萬，戶一丁者亦汰去。丁多業寡，業多丁寡。財力相資，合出一軍。（《元史·商挺傳》）

九年，移鳳州屯田於鹽白二州。

至元九年正月，移鳳州屯田於鹽、白二州。敕軍民訟田者，民田有餘，則分之軍。軍田有餘，亦分之民。（《元史·世祖紀》）

敕拔都軍，於怯鹿難開渠耕田。 敕拔都軍開渠耕田

至元九年五月，敕拔都軍，於怯鹿難之地，開渠耕田。（《元史·世祖紀》）

減乞里吉思屯田租。仍遣南人百名，給牛具以往。

至元九年六月，減乞里吉思屯田所入租。仍遣南人百名，給牛具以往。（《元史·世祖紀》）

河南省臣請，令內地州郡轉粟餉軍者，折鈔，就沿邊民屯和糴。從之。

至元九年七月，河南省臣言，往歲徙民實邊屯耕，以貧苦悉散還家。今唐、鄧、蔡、息、徐、邳之民，愛其田廬，仍守故屯。願以絲銀準折輸糧。而內地州縣，轉粟餉軍者，反厭苦之。臣議，今歲沿邊州郡，宜仍其舊輸糧。內地州郡驗其戶數。俾折鈔就沿邊和糴，庶幾彼此交便。制曰，可。（《元史·世祖紀》）

東川招討使楊文安領軍出小寧，措置屯田，築金湯城以積粟。 楊文安屯田逼宋之邊戍

楊文安至元八年，擢東川路征南招討使。九年秋，領軍出小寧，措置屯田。九月，築金湯城。以積屯田之粟，且逼宋之龍爪城。（《元史·楊文安傳》）

安西王相李德輝以瀕涇營牧故地數千頃，與貧民二千家，起廬舍，疏溝澮，假牛種農具，為屯田，大獲粟麥。而《元史·良吏傳》以為勸農副使許楫遇安西王相商挺，因言京兆之西，荒野數千頃，宜募民屯田。挺以其言入奏。從之。 李德輝大興陝西民屯

至元九年十月，封皇子忙哥剌爲安西王，賜京兆爲分地。（《元史·世祖紀》）

李德輝爲右三部尚書。皇子安西王鎮關中，奏以德輝爲輔，遂改安西王相。至則視瀕涇營牧故地，可得數千頃。起盧舍，疏溝澮，假牛種農具，與貧民二千家，屯田其中。歲得粟麥芻藁，萬計。（《元史·李德輝傳》）

至元九年，封皇子忙哥剌爲安西王。立王相府，以挺爲王相。（《元史·商挺傳》）

許楫爲勸農副使。時、商挺爲安西王相，遇於途。楫因言，京兆之西，荒野數千頃，宋金皆嘗置屯。如募民立屯田耕種，可得穀給王府之需。挺以其言入奏，從之。三年屯成，果獲其利。（《元史·良吏傳》）

發屯田軍從征耽羅

發屯田軍二千，及漢軍、高麗軍，征耽羅，仍益以武衛軍二千。

至元九年十一月，敕發屯田軍三千、漢軍二千、高麗軍六千，仍益武衛軍二千，征耽羅。（《元史·世祖紀》）

耽羅，高麗與國也。世祖既臣服高麗，高麗叛賊餘黨金通精遁入耽羅。至元九年，中書省臣及樞密院臣議曰，若先有事日本，未見其順逆之情，恐有後辭。可先平耽羅，然後觀日本從否，徐議其事。且耽羅國王嘗來朝覲，今叛賊逐其主，據其城以亂，舉兵討之，義所先也。命經略使忻都、史樞及洪茶丘等討賊黨。平之。（《元史·外夷傳》）

李庭玉請屯田備宋

十年，以成都爲宋將昝萬壽所克，遣人問李庭玉今後措置之方。庭玉請修城砦，練軍馬，措畫屯田，規運糧餉，創舟楫，繕軍器。

至元九年十二月，宋將昝萬壽來攻成都。簽省嚴忠範出戰，失利，退保子城。同知王世英等八人棄城遁。詔以邊城失守，罪在主將。世英雖遁，與免其罪。惟遣使縛忠範至京師。（《元史·世祖紀》）

至元十年正月，成都失利。帝遣人問所以失之之故，及今措置之方。忽蘭吉附奏曰，初立成都，惟建子城。軍民止於外城，別無城壁。宋軍乘虛來攻，失於不備。軍官皆年少不經事之人，以此失利。西川地曠人稀，宜修置城寨，以備不虞。選任材智，廣畜軍儲，最爲急務。今蒙古漢軍多非正身，半以驅奴代，宜嚴禁之。所謂修築城寨，練習軍馬，措畫屯田，規運糧餉，創造舟楫，完繕軍器，六者不可缺一。又當任賢遠讒，信賞必罰。內治外修，戰勝攻取。選用良將，隨機應變。則邊陲無虞矣。(《元史・李忽蘭吉傳》)

以兩川軍民屯田，餉潼川靑居戍兵。　　　　　屯田餉軍

　　至元十年十月，以西川編民，東川義士軍屯田，餉潼川靑居戍兵。(《元史・世祖紀》)

　十一年，置西蜀四川屯田經略司，立潼川府，夔　大興四川軍民屯田
路總管府，重慶路民屯。後復屢簽軍民益之。

　　至元十一年正月，置西蜀四川屯田經略司。(《元史・世祖紀》)
　　世祖至元十一年，命西蜀四川經略使起立屯田。(《元史・兵志》)
　　潼川府民屯，世祖至元十一年，僉本府編民，及義士軍二千二百二十四戶，立屯。十三年，復僉民一百四十二戶。二十一年，行省遣使於遂寧府，擇監夫之老弱廢疾者，得四十六戶，僉充屯戶。總之二千四百一十二戶。(《元史・兵志》)
　　夔路總管府民屯，世祖至元十一年置。累僉本路編民，至五千二十七戶。續於新附軍內，僉老弱五十六戶，增入。(《元史・兵志》)
　　重慶路民屯，世祖至元十一年置。累於江津、巴縣、瀘州、忠州等處，僉撥編民二千三百八十七戶。并召募，共三千五百六十六戶。(《元史・兵志》)

　以安西王府所管，編民二千戶，立櫟陽、涇陽、　立陝西民屯
終南、渭南屯田。

　　世祖至元十一年正月，以安西王府所管編民二千戶。立櫟陽、涇陽、終南、渭南屯田。爲戶，櫟陽七百八十六，後存六百五十戶。涇陽六百九十六戶，後存六百五十八戶。終南七百七十一戶，後存七百一十三戶。渭南八百一十一戶，後存七百六十六戶。爲田，櫟陽一千二十頃九十九畝。涇陽一千二十頃九十九畝。終南九百四十三頃七十六畝。渭南一千二百二十二頃三十一畝。(《元史・兵志》)

　敕忻都、洪茶丘等，將屯田軍及女真軍、水軍，征　敕屯田軍征日本
日本。

至元十一年三月，敕鳳州經略使忻都、高麗軍民總管洪茶丘等，將屯田軍及女眞軍、水軍，合萬五千人，戰船大小合九百艘，征日本。（《元史·世祖紀》）

詔延安府等處，選種田白達達戶充軍。

至元十一年五月，詔延安府、沙井、靜州等處種田白達達戶，選其可充軍者，簽起出征。（《元史·兵志》）

徙生券軍八十一人，屯田和林。

至元十一年七月，徙生券軍八十一人，屯田和林。（《元史·世祖紀》）

以中衞屯田相去過遠，遷於香河河西務等處。

至元十一年十一月，以香河荒地千頃，置中衞屯。（《元史·世祖紀》）

中衞屯田，世祖至元四年，於武清、香河等縣置立。十一年，以各屯地界，相去百餘里，往來耕作不便。遷於河西務、荒莊、楊家口、青臺、楊家白等處。其屯軍之數，與左衞同，爲田一千三十七頃八十二畝。（《元史·兵志》）

立寧夏營田司民屯　　立寧夏營田司屯田，及寧夏路放良官屯田。

寧夏營田司屯田。世祖至元八年正月，僉發己未年隨州、鄂州投降人民，一千一百七戶，往中興居住。十一年，編爲屯田戶。凡二千四百丁。二十三年，續僉漸丁，得三百人。爲田一千八百頃。寧夏路放良官屯田。世祖至元十一年，從安撫司請，以招收放良人民九百四戶，編聚屯田。爲田四百四十六頃五十畝。（《元史·兵志》）

以新附軍屯田　　十二年，以新附生券軍屯田八達山。

至元十二年五月，以三衞新附生券軍，赴八達山屯田。（《元史·世祖紀》）

大興雲南民屯　　拘刷漏籍人戶，置大理、金齒宣慰司。中慶路、曲靖路、澂江、仁德府、臨安民屯，後仍屢簽民益之。其中慶民屯則達魯花赤愛魯所立。

大理金齒等處宣慰司都元帥府軍民屯。世祖至元十二年，命於所轄州縣，拘刷漏籍人戶。得六千六十有六戶，置立屯田。十四年，僉本府編民四百戶，益之。十八年，續僉永昌府編民一千二百七十五

戶，增入。(《元史·兵志》)

世祖至元十二年，置立中慶民屯，於所屬州縣內，拘刷漏籍人戶，得四千一百九十七戶。官給田一萬七千二十二雙，自備己業田二千六百二雙。(《元史·兵志》)

愛魯至元七年，改中慶路達魯花赤。十二年，閱中慶版籍，得隱戶萬餘。以四千戶，卽其地屯田。(《元史·昔里鈐部傳》)

世祖至元十二年，立曲靖路民屯。拘刷所轄州郡，諸色漏籍人戶，七百四十戶，立屯。十八年，續僉民一千五百戶增入。其所耕之田，官給一千四百八十雙，自備己業田三千雙。(《元史·兵志》)

至元十二年，立徵江民屯。所簽屯戶，與曲靖同。凡一千二百六十戶。(《元史·兵志》)

至元十二年，立仁德府民屯，所簽屯戶，與澂江同。(《元史·兵志》)

至元十二年，立臨安民屯二處，皆於所屬州縣，拘刷漏籍人戶開耕。宣慰司所管，屯民三百戶、田六百雙。本路所管，屯民二千戶、田三千四百雙。(《元史·兵志》)

僉順慶、鶴慶路編民，立民屯。 增置四川民屯

順慶路民屯。世祖至元十二年，僉順慶民三千四百六十八戶，置立屯田。十九年，復於民戶內，差撥一千三百二十六戶，置民屯。二十年，復僉二百一十二戶增入。總之五千一十六戶。(《元史·兵志》)

世祖至元十二年，僉鶴慶路編民一百戶，立民屯。(《元史·兵志》)

僉成都路陰陽人四十戶，立民屯。後續僉編民益之。

成都路民屯。世祖至元十二年，僉陰陽人四十戶，辦納屯糧。二十二年，續僉瀘州編民九千七戶，充屯田戶。三十一年，續僉千戶高德所管民一十四戶，益之。(《元史·兵志》)

十三年，從中書請，令王孝忠等，於瓜、沙等處屯田。 令王孝忠等屯田

至元十三年正月，中書省臣言。王孝忠等，以罪命往八答山，採寶玉自效。道經沙州，值火忽叛。孝忠等自拔來歸，乞令於瓜、沙等處屯田。從之。(《元史·世祖紀》)

遣瀘州屯田軍轉漕重慶。

至元十三年九月，命瀘州屯田軍四千，轉漕重慶。（《元史·世祖紀》）

從利路元帥言，以褒州刷到無主人口，偶配爲十戶，立廣元民屯。後復發民益之。

廣元路民屯。世祖至元十三年，從利路元帥言，廣元實東西兩川要衝，支給浩繁。經理係官田畝，得九頃六十畝。遂以褒州刷到無主人口，偶配爲十戶，立屯開種。十八年，發新得州編民七十七戶屯田，爲戶共八十七。（《元史·兵志》）

李進以兵屯田

兵馬使李進以兵三千，屯田中興府。後遷懷遠大將軍，屯田西域別十八里。

李進至元十二年，以兵馬使駐兵鄂州。十三年，領軍三千，屯田河西中興府。十九年，賜虎符，進懷遠大將軍。命屯田西域別十八里。二十五年，授蒙古侍衞親軍都指揮使司僉事。明年，改授左翼屯田萬戶。（《元史·李進傳》）

十四年，樞密院臣言，新附請糧官軍多逃散者，乞招誘之。命左丞陳巖等，分揀堪當軍役者，依例支糧。其不堪當軍者，官給牛具糧食，令之屯田。

至元十四年十二月，樞密院臣言，收附亡宋州城新附請糧官軍，并通事馬軍人等。軍官不肯存恤，多逃散者，乞招誘之。命左丞陳巖等，分揀堪當軍役者，收係充軍。依舊例月支錢糧。其生券不堪當軍者，官給牛具糧食屯田。（《元史·兵志》）

發征日本還卒屯田高麗

十五年，東征元帥府請發征日本還卒二千七百人，屯忠清、全羅諸處，鎮撫外夷，以安其民。復令士卒，備牛具，爲來歲屯田之計。

至元十五年正月，東征元帥府上言，高麗侍中金方慶與其子愷、愃、恂、堶趙卞等，陰養死士四百人。匿鎧仗器械，造戰艦，積糧餉，欲謀作亂。捕方慶等，按驗得實，已流諸海島。然高麗初附，民心未安。可發征日本還卒二千七百人，置長吏，屯忠清、全羅諸處。鎮撫外夷，以安其民。復令士卒，備牛畜耒耜，爲來歲屯田之計。（《元

史·外夷傳》)

　　詔中書左丞呂文煥，招宋生熟券軍。其不堪爲
軍者，給牛屯田。

　　至元十五年三月，詔中書左丞呂文煥，遣官招宋生熟券軍。堪
爲軍者，月給錢糧。不堪者，給牛屯田。(《元史·世祖紀》)

　　罷江南營田司，以其事隸本道宣慰司。　　　　　罷江南營田司

　　至元十五年六月，詔汰江南冗官。罷營田司，以其事隸本道宣
慰司。(《元史·世祖紀》)

　　立前衛屯田於霸州等處，後衛屯田於永清等處。　立前後衛屯田

　　至元十六年，以侍衛親軍，創置前後二衛。掌宿衛扈從，兼營
屯田。(《元史·兵志》)

　　前衛屯田。世祖至元十五年九月，以各省軍，入備侍衛者，於
霸州、保定、涿州荒閑地土屯種。分置左右手屯田千戶所，屯軍與
左衛同。爲田一千頃。後衛屯田，置立歲月，與前衛同。後以永清
等處田畝低下，遷昌平縣之太平莊。泰定三年五月，以太平莊乃世
祖經行之地，營盤所在，春秋往來牧放。衛士頭匹，不宜與漢軍立
屯。遂罷之。止於舊立屯所，耕作如故。屯軍與左衛同，爲田一千
四百二十八頃一十四畝。(《元史·兵志》)

　　以鈔二千錠，貸侍衛軍屯田者，市牛具。

　　至元十五年十一月，貸侍衛軍屯田者鈔二千錠，市牛具。(《元
史·世祖紀》)

　　命欽察所領南征新軍不能自贍者，屯田於京兆。　令南征貧軍屯田

　　至元十五年十二月，鴨池等處招討使欽察所領南征新軍，不能
自贍者千人，命屯田於京兆。(《元史·世祖紀》)

　　置開成路屯田總管府。

　　至元十五年十二月，開成路置屯田總管府。(《元史·世祖紀》)

　　僉長寧路等處民戶。立敍州宣撫司民屯，後屢　立敍州民屯
僉民益之。

　　敍州宣撫司民屯。世祖至元十一年，命西蜀四川經略使，起立
屯田。十五年，僉長寧軍，富順州等處編民四百七十五戶，立屯耕

種。十九年，續僉一百六十戶。二十年，敘州僉民一千九百戶。二十五年，富順州復僉民六百八戶，增入舊屯。二十七年，取勘析出屯戶得二百八十四。成宗元貞二年，復放罷站戶一千一十七戶，依舊屯田。總之爲戶四千四百四十四。（《元史·兵志》）

増置雲南民屯　　　　拘刷威楚漏籍人戶充民屯。

威楚提舉司屯田。世祖至元十五年，於威楚提舉鹽使司，拘刷漏籍人戶，充民屯。本司就領其事，與中原之制不同。爲戶三十三，爲田一百六十五雙。（《元史·兵志》）

從王通請屯田和林　　侍衛親軍千戶王通以南方已定，而北陲未安，自請率部屯田和林。帝慰勞遣之。後又屯田瓜、沙。武宗初，復領諸衛屯田兵。

王通，至元十四年，改侍衛親軍千戶。明年，通上書言，今南方已定，而北陲未安。請屯田于和林，率所部自效。帝慰勞遣之。後從討叛王乃顏，遷副都指揮使。明年，屯田瓜、沙諸州。武宗即位，樞密院復奏通攝左丞，領諸衛屯田兵。尋遷屯儲衛親軍都指揮，鎮海口。（《元史·王國昌傳》）

立河西屯田　　　　　十六年，立河西屯田，遣官領之。

至元十六年正月，立河西屯田。給以耕具，遣官領之。（《元史·世祖紀》）

發新附軍屯田　　　　發新附軍千人，屯田脫里北。

至元十六年二月，發嘉定新附軍千人，屯田脫里北之地。（《元史·世祖紀》）

給拔突軍及土渾川軍屯田牛具。

至元十六年三月，給千戶馬乃部下拔突軍，及土渾川軍屯田牛具。（《元史·世祖紀》）

募民屯田兩淮　　　　詔漣海等州，募民屯田。置淮東淮西屯田打捕總管府，及提舉司，領其事。

至元十六年五月，詔漣海等州，募民屯田。置總管府，及提舉司，領之。（《元史·世祖紀》）

淮東淮西屯田打捕總管府。世祖至元十六年，募民開耕漣海州

荒地。官給禾種，自備牛具。所得子粒，官得十之四，民得十之六。仍
免屯戶徭役。屢欲中廢，不果。二十七年，所轄提舉司一十九處，併
爲十二。其後再併，止設八處。爲戶一萬一千七百四十三，爲田一
萬五千一百九十三頃三十九畝。（《元史·兵志》）

徒侍衞軍萬人，屯田昌平。

徒侍衞軍人屯田

至元十六年五月，徒丁子峪所駐侍衞軍萬人，屯田昌平。（《元
史·世祖紀》）

以新附軍二萬，分隸六衞屯田。

至元十六年六月，左右衞屯田蝗蝻生。以新附軍二萬，分隸六
衞屯田。（《元史·世祖紀》）

西川旣平，復立屯田。

復立西川屯田

至元十六年六月，西川旣平，復屯田。（《元史·世祖紀》）

張庭瑞徒四川屯田經略副使，換成都總管，佩虎符。舟楫兵仗
糧儲，皆倚以辦。蜀平，陞諸蠻夷部宣慰使，其得蠻夷心。先時，運
糧由楊山泝江，往往覆陷。庭瑞始立屯田，人得免患。（《元史·張
庭珍傳》）

以襄陽屯田戶當驛役。

以屯戶當驛役

至元十六年六月，以襄陽田屯戶四百，代軍當驛役。（《元史·
世祖紀》）

僉大都屬邑編民三百戶，立屯田於寶坻。

立寶坻民屯

世祖至元十六年，僉大都屬邑編民三百戶，立屯於大都之寶坻
縣，爲田四百五十頃。（《元史·兵志》）

寶坻，至元十六年，於縣立屯田，所收子粒赴太倉及醴源倉輸
納。（《元史·地理志》）

從保寧府請，僉軍一千二百名，於保寧沿江屯種。

僉軍屯田保寧

保寧萬戶府軍屯。世祖至元一十六年，保寧府言，本管軍人，一
戶或二丁三丁，父兄子弟應役，實爲重併。若又遷於成都屯種，去
家隔遠，逃匿必多。乞令本府在營士卒，及夔路守鎮軍人，止於保
寧沿江屯種。從之。僉軍一千二百名。二十七年，發屯軍一百二十
九人，從萬戶也速迭兒西征。別僉漸丁軍人入屯，爲戶一千三百二

十九名，爲田一百一十八頃二十七畝。（《元史·兵志》）

撥編民立建昌、德昌路民屯。

世祖至元十六年，立建昌民屯，撥編民一百四戶。是年，又立德昌路民屯，撥編民二十一戶。（《元史·兵志》）

石高山屯田和林以給軍　命管軍總管石高山，同忽都魯領三衞軍，戍和林。因屯田以給軍儲。

石高山爲管軍總管，進顯武將軍。領兵北征，屯亦脫山。至元十六年，命同忽都魯，領三衞軍，戍和林。因屯田以給軍儲，歲用不乏。（《元史·石高山傳》）

劉恩屯田甘州　都元帥劉恩征斡端，師次甘州。奉詔留屯田，得粟二萬餘石。

劉恩至元十六年，授四川西道宣慰使，改副都元帥。率蒙古漢軍萬人，征斡端。進都元帥，宣慰使如故。師次甘州，奉詔留屯田，得粟二萬餘石。（《元史·劉恩傳》）

令河西畏吾屯田　十七年，令河西畏吾戶屯田。

至元十七年二月，畏吾戶居河西界者，令其屯田。（《元史·世祖紀》）

給月脫古思八部屯田牛具。

至元十七年三月，立畏吾境內交鈔提舉司，給月脫古思八部屯田牛具。（《元史·世祖紀》）

令沙州戍軍耕富戶餘田　令戍沙州漢軍耕種富戶餘田。

至元十七年五月，陞沙州爲路。括沙州戶丁，定常賦。其富戶餘田，令所戍漢軍耕種。（《元史·世祖紀》）

以忽都帶兒牧籍闌遺人民牛畜屯田。

至元十七年六月，以忽都帶兒牧籍闌遺人民牛畜。撥荒地，令屯田。（《元史·世祖紀》）

招逃民屯田漣海　用姚演言，收集逃民屯田漣海。

至元十七年七月，用姚演言，開膠東河，及收集逃民，屯田漣海。（《元史·世祖紀》）

立柳林營田司　立營田提舉司於柳林，割諸色戶隸之，官給牛種農具。

> 至元十七年十月，立營田提舉司，從五品，俾置司柳林。割諸色戶一千三百五十五隸之，官給牛種農具。（《元史·世祖紀》）

以漢軍屯田沙、甘二州。

以漢軍屯田

> 至元十七年十月，以漢軍屯田沙、甘州。（《元史·世祖紀》）

命熟券軍還襄陽屯田。

> 至元十七年十二月，以熟券軍還襄陽屯田。（《元史·世祖紀》）

淮西宣慰使昂吉兒請，以軍士屯田。阿塔海等以發兵非便，宜募民耕種。從之。後宣慰使燕公楠復以爲言，帝乃遣兵數千，即勺陂試之。果如昂吉兒所言，遂以兵二萬屯之。歲得米數十萬斛。

從昂吉兒請遣兵屯田淮西

> 至元十七年十二月，淮西宣慰使昂吉兒請以軍士屯田，阿塔海等以發兵非便，宜募民之願耕者，耕之。且免其租三年。從之。（《元史·世祖紀》）

> 昂吉兒遷淮西宣慰使。時兩淮兵革之餘，荆榛蔽野。昂吉兒請立屯田，以給軍餉。帝從之。既而阿塔海言，屯田所用，人牛農具甚衆。今方有事日本，若復調發，民兵將不勝動搖矣。議遂寢。未幾，宣慰使燕公楠復以爲言。帝乃遣數千人，即勺陂洪澤試之，果如昂吉兒所言。乃以二萬兵屯之，歲得米數十萬斛。（《元史·昂吉兒傳》）

從月兒魯言，於滅浧怯等處舊置驛站處，設立屯田。後發虎賁親軍入屯，改爲虎賁親軍都指揮使司屯田。

立虎賁親軍屯田

> 虎賁親軍都指揮使司屯田。世祖至元十七年十二月，月兒魯官人言，近於滅捏怯、土赤納、赤高州、忽蘭若班等處，改置驛傳。臣等議，司於舊置驛所，設立屯田。從之。二十八年，發虎賁親軍二千入屯。二十九年，增軍一千，凡三十四屯。於上都置司，爲軍三千人，佃戶七十九，爲田四千二百二頃七十九畝。（《元史·兵志》）

十八年，命肅州、沙州、瓜州置立管軍萬戶府

立瓜沙甘肅屯田

屯田。

　　管軍萬戶府屯田。世祖至元十八年正月，命肅州、沙州、瓜州置立屯田。先是，遣都元帥劉恩往肅州諸郡，視地之所宜。恩還，言宜立屯田。遂從之。發軍於甘州黑山子、滿峪、泉水渠、鴨子翅等處，立屯田。爲戶二千二百九十。爲田一千一百六十六頃六十四畝。（《元史·兵志》）

以太原新附軍五千，屯田甘州。

　　至元十八年六月，以太原新附軍五千，屯田甘州（《元史·世祖紀》）

　　世祖至元十六年，調歸附軍人於甘州。十八年，以充屯田軍人。（《元史·兵志》）

增陝西營田糧十萬石，以充常費。

　　至元十八年六月，增陝西營田糧十萬石，以充常費。（《元史·世祖紀》）

命訛羅戍軍力田自給　　　**命訛羅戍軍，力田以自給。**

　　至元十八年六月，命訛羅戍軍，力田以自給。（《元史·世祖紀》）

命中書省，會計漣海屯田所費，及歲入之數。如便，則行之。不便，則罷之。

　　至元十八年六月，命中書省，會計姚演所領漣海屯田官給之資，與歲入之數。便則行之，否則罷。（《元史·世祖紀》）

立回回砲手屯田　　　**括回回砲手，赴南京屯田。**

　　至元十八年七月，括回回砲手散居他郡者，悉令赴南京屯田。（《元史·世祖紀》）

拘怯薛所占田爲屯田　　　**給怯薛歹糧，拘其所占田爲屯田。**

　　至元十八年八月，給怯薛歹糧，拘其所占田爲屯田。（《元史·世祖紀》）

　　四怯薛，太祖功臣博爾忽、博爾朮、木華黎、赤老溫，時號掇里班曲律，猶言四傑也。太祖命其世領怯薛之長，怯薛者，猶言番直宿衛也。凡宿衛，每三日而一更。申酉戌日，博爾忽領之，爲第一怯薛，卽也可怯薛。博爾忽早絕，太祖命以別速部代之。而非四傑功臣之類，故太祖以自名領之。其云也可者，言天子自領之故也。亥

子丑日，博爾朮領之，爲第二怯薛。寅卯辰日，木華黎領之，爲第
三怯薛。已午未日，赤老溫領之，爲第四怯薛。若夫宿衛之士，則
謂之怯薛歹，亦以三日分番入衛。其初名數甚簡，後累增爲萬四千
人。揆之古制，猶天子之禁軍。是故，無事則各執其事，以備宿衛
禁庭。有事則惟天子之所指使。比之樞密各衛諸軍爲尤親信者也。然
四怯薛歹，自太祖以後，累朝所御幹耳朵，其宿衛未嘗廢。是故一
朝有一朝之怯薛。總而計之，其數滋多。每歲所賜鈔幣，動以億萬
計。國家大費，每敝於此焉。(《元史·兵志》)

賜謙州屯田軍鈔幣衣裘，農具漁具。

至元十八年閏八月，賜謙州屯田軍鈔幣、衣裘等物，及農具、
漁具。(《元史·世祖紀》)

以大都輸包銀編民，及真定闌遺戶，立蒙古站
屯田。

立蒙古站民屯

至元十八年九月，大都立蒙古站屯田。編戶歲輸包銀者，眞定
等路闌遺戶，並令屯田。其在眞定者，與免皮貨。(《元史·世祖紀》)

募民屯田淮西。

募民屯田淮西

至元十八年十月，募民淮西屯田。(《元史·世祖紀》)

命安西王府協濟戶，及南山隘口軍，於安西、
鳳翔等處屯田，立櫟陽等處屯田所。

立陝西軍民屯田

至元十八年十月，命安西王府協濟戶，及南山隘口軍，於安西、
延安、鳳翔、六盤等處屯田。(《元史·世祖紀》)

世祖至元十一年正月，以安西王所管編民二千戶，立櫟陽、涇
陽、終南、渭南屯田。十八年，立屯田所。(《元史·兵志》)

改大都、南陽、真定等處屯田孛蘭奚總管府爲
農政院。翌年，從和禮霍孫請，罷之。

至元十八年十月，改大都、南陽、眞定等處屯田孛蘭奚總管府
爲農政院。十九年六月，從和禮霍孫請，罷司徒府及農政院。(《元
史·世祖紀》)

發迤南軍人三千，屯田於涿州、霸州等處。分
設廣備萬益等六屯，別立農政院以領之。後以屯

發軍立武衛屯田

軍，改隸武衛。

武衛屯田。世祖至元十八年，發迤南軍人三千名，於涿州、霸州、保定、定興等處置立屯田。分設廣備萬益等六屯，別立農政院以領之。二十二年，罷農政院爲司農寺，自後與民相參屯種。二十五年，別立屯田萬戶府，分管屯種軍人。二十六年，以屯軍屬武衛，親軍都指揮使司兼領屯田事。仁宗皇慶元年，改屬衛率府，後復歸之武衛。英宗至治元年，命以廣備利民二千戶軍人所耕地土，與左衛率府忙古䚟屯田千戶所，互相更易。屯軍三千名，爲田一千八百四頃四十五畝。（《元史·兵志》）

以諸王札忽兒所占文安縣地，給屯田。

至元十八年十二月，以諸王扎忽兒所占文安縣地，給付屯田。（《元史·世祖紀》）

調新附軍屯田

調新附軍屯田。

至元十八年十二月，調新附軍屯田。（《元史·世祖紀》）

立汀漳屯田

發老弱士卒，募民戶，立汀、漳屯田。成宗時，復撥戍軍，及招降陳弔眼餘黨益之。

汀、漳屯田。世祖至元十八年，以福建調軍糧儲費用，依腹裏例，置立屯田。命管軍總官鄭楚等，發鎮守士卒年老不堪備征戰者，得百有十四人。又募南安等縣居民一千八百二十五戶。立屯耕作。成宗元貞三年，命於南詔黎畬，各立屯田。摘撥見戍軍人，每屯置一千五百名及將所招陳弔眼等餘黨入屯，與軍人相參耕種。爲戶，汀州屯一千五百二十五名，漳州屯一千五百一十三名。爲田，汀州屯二百二十五頃，漳州屯二百五十頃。（《元史·兵志》）

立德安軍民屯

以各翼漢軍及手號新附軍，立德安等處屯田萬戶府，分置十屯，後改爲總管府。

德安等處軍民屯田總管府。世祖至元十八年，以各翼取到漢軍，及各路拘收手號新附軍。分置十屯，立屯田萬戶府。三十一年，改立總管府。爲民，九千三百七十五名，軍五千九百六十五名。爲田，八千八百七十九頃九十六畝。（《元史·兵志》）

發歸附軍屯田

十九年，發歸附軍，立孝子林、張馬村屯田，於盩厔縣南。

世祖至元十九年二月，以盩厔南係官荒地，發歸附軍，立孝子林、張馬村軍屯。孝子林屯三百一戶，張馬村屯三百一十三戶。爲田，孝子林六十三頃八十畝，張馬村七十三頃八十畝。（《元史·兵志》）

的斤帖林以己貲充屯田之費，敕酬其直。

至元十九年三月，的斤帖林以己貲，充屯田之費。諸王阿只吉以聞，敕酬其直。（《元史·世祖紀》）

發迤南新附軍一千三百八十二戶，往寧夏等處屯田。後又遣塔塔裏千戶所管軍人益之。　　　　**立寧夏屯田**

寧夏等處新附軍萬戶府屯田。世祖至元十九年三月，發迤南新附軍一千三百八十二戶，往寧夏等處屯田。二十一年，遣塔塔裏千戶所管軍人九百五十八戶，屯田。爲田，一千四百九十八頃三十三畝。（《元史·兵志》）

中興屯田軍逃還太原，誅其拒命者，而賞其不逃者。

至元十九年四月，以甘州中興屯田軍逃還太原。誅其拒命者四人，而賞不逃者。（《元史·世祖紀》）

發六盤山屯田兵，以補劉恩之軍。

至元十九年六月，發六盤山屯田軍七百七十人，以補劉恩之軍。（《元史·世祖紀》）

征鴨池軍旋，命之屯田安西，並以鈔給之。又　　**立安西軍民屯田**
以怯憐口放還而無所歸者，立安西、平涼屯田，設提領所以領之。

至元十九年七月，征鴨池回軍屯田安西，以鈔給之。（《元史·世祖紀》）

至元十九年，以軍站屯戶，拘收爲怯憐口戶放還而無所歸者籍爲安西、平涼屯田。設提領所以領之。（《元史·兵志》）

以阿合馬沒官田產，充屯田。　　　　　　**以沒入阿合馬產業充屯田**

至元十九年九月，以阿合馬沒官田產，充屯田。（《元史·世祖紀》）

從游顯請，罷漣海州屯田，以其事隸管民官。

至元十九年九月，游顯乞罷漣海州屯田，以其事隸管民官。帝
從其請。（《元史·世祖紀》）

罷屯田總管府　　罷屯田總管府，令管軍萬戶兼掌其事，以隸於
樞密院。

至元十九年十月，罷屯田總管府。以其事隸樞密院，令管軍萬
戶兼之。（《元史·世祖紀》）

給瓜州屯田軍衣服。

至元十九年十一月，給瓜州屯田軍衣服。（《元史·世祖紀》）

罷南陽屯田總管府，以其事隸南陽府。

至元十九年十二月，罷南陽屯田總管府，以其事隸南陽府。（《元
史·世祖紀》）

至元八年，僉南陽諸色戶，設立營田使司領之。尋罷，改立南
陽屯田總管府。後復罷，止隸有司。爲戶，六千四十一。爲田，一
萬六百六十二頃七畝。（《元史·兵志》）

立貴赤屯田　　以放良不蘭奚及漏籍戶，於延安路貴赤草地，立
延安總管府屯田。

貴赤延安總管府屯。世祖至元十九年，以拘收贖身放良不蘭奚
及漏籍戶，計於延安路貴赤草地屯田。爲戶，二千二百二十七。爲田，四
百八十六頃。（《元史·兵志》）

僉紹慶路未當差民二十三戶，置立屯田，後三
次僉彭水縣民益之。

紹慶路民屯，世祖至元十九年，於本路未當差民戶內，僉二十
三名，置立屯田。二十年，於彭水縣籍管萬州寄戶內，僉撥二十戶。二
十一年，僉彭水縣未當差民戶三十二戶增入。二十六年，屯戶貧乏
者，多負逋。復僉彭水縣編民一十六戶補之，爲戶九十一。（《元史·
兵志》）

僉宋遺民四戶，立嘉定路民屯。至成宗時，復
撥義士軍八戶，增入。

嘉定路民屯。世祖至元十九年，僉亡宋編民四戶，置立屯田。成

宗元貞元年,撥成都義士軍八戶,增入,爲戶一十二。(《宋史·兵志》)

占城行省右丞唆都平占城。伐木爲城,闢田以 唆都墾田給軍
耕,積穀十五萬石,以給軍。悉定烏里越里諸夷。

> 唆都至元十八年,改右丞,行省占城。十九年,率戰船千艘,出
> 廣州。浮海伐占城,占城迎戰,兵號二十萬。唆都率敢死士擊之。斬
> 首幷溺死者五萬餘人。又敗之于大浪湖,斬首六萬級。占城降。唆
> 都造木爲城,闢田以耕。伐烏里越里諸小夷,皆下之。積穀十五萬,以
> 給軍。(《元史·唆都傳》)

王慶端初爲侍衞親軍都指揮使,建威武營,以
處衞兵。經畫田廬,使各安業。是年,慶端改詹事
丞,有司欲貸威武粟數萬石,以濟飢民。太子以問
慶端。慶端曰,軍民等耳,何間焉。卽命與之。

> 王慶端進侍衞軍都指揮使,建威武營,以處衞兵。經畫田廬,使
> 各安業。別立神鋒軍,親教以蹶張弩技。作整暇室,屏利局。浚渠
> 構室,如治家事。至元十九年,改詹事丞。時有司欲就威武貸粟數
> 萬石,濟飢民。裕宗在東宮,以問慶端。慶端對曰,兵民等耳,何
> 間焉。卽命與之。(《元史·王善傳》)

二十年,從樞密院請,改撥良田,給新城等處 給蒙古屯田軍良田
屯田蒙古侍衞軍。

> 至元二十年四月,樞密院臣言,蒙古侍衞軍於新城等處屯田。地
> 多砂礫,不可耕種。乞改撥良田。從之。(《元史·世祖紀》)

敕新附軍於東京屯田。 敕新附軍屯田

> 至元二十年八月,敕大名、眞定、北京、衞輝四路屯駐新附軍,於
> 東京屯田。(《元史·世祖紀》)

浙西宣慰使史弼陳弭盜之策,請惟誅其首謀 從史弼請令盜黨屯田
者,餘令屯田淮上。從之。詔以其事付弼。

> 至元二十年九月,史弼陳弭盜之策。爲首及主謀者死,餘屯田
> 淮上。帝然其言,詔以其事付弼,令賊黨耕種內地。以其妻孥送京
> 師,給鷹坊人等。(《元史·世祖紀》)

> 史弼至元十九年,爲浙西宣慰使。二十年,改淮東宣慰使。(《元

史·史弼傳》）

　　罷開城路屯田總管府，隸京兆宣慰司。

　　至元二十年十一月，罷開城路屯田總管府。入開城路，隸京兆宣慰司。（《元史·世祖紀》）

　　立司農司。

　　至元二十年十一月，立司農司，掌官田邸舍人民。（《元史·世祖紀》）

増立陝西軍屯

　　以南山巡哨軍人八百戶，於盩厔寧州屯田，隸陝西等處萬戶府。

　　陝西等處萬戶府屯田。至元二十年，以南山把口子巡哨軍人八百戶，於盩厔之杏園莊，寧州之大昌原屯田。杏園莊屯三百三十三戶，大昌原屯四百七十四戶。爲田，杏園莊一百一十八頃三十畝，大昌原一百五十八頃七十九畝。（《元史·兵志》）

從土土哈請以其所部屯田

　　同知衛尉院事土土哈請以所部哈剌赤屯田。詔給以文安縣田，並益以新附軍八百，俾土土哈領其事。

　　班都察從世祖征大理，以強勇稱。常侍左右，掌尚方馬畜。歲時挏馬乳以進，色清而味美。號黑馬乳，因目其屬曰哈剌赤。土土哈，班都察之子也。中統元年，父子從世祖北征，俱以功受上賞。班都察卒，乃襲父職。至元二十年，改同知衛尉院事，兼領羣牧司。請以所部哈剌赤，屯田畿內。詔給霸州、文安縣田四百頃，益以宋新附軍人八百，俾領其事。（《元史·土土哈傳》）

　　令西京宣慰司，送牛一千，赴和林屯田。

　　至元二十年，令西京宣慰司，送牛一千，赴和林屯田。（《元史·注》）

増立雲南軍屯

　　發爨僰軍百二十戶，立德昌路軍屯。

　　至元十六年，立德昌路民屯。二十年，始立軍屯，發爨僰軍人一百二十戶。（《元史·兵志》）

増芍陂屯田

　　二十一年，江淮行省請用三萬人，置芍陂屯田，中書議，於安豐縣立萬戶府，發軍士二千試之。有效，後增屯戶至萬四千餘。《元史·兵志》謂爲是年二月之事，《世祖紀》則言是年正月，闊闊你敦言，屯田芍陂兵二千，布種二千石，得粳糯二萬餘石，乞增軍二千。從之。又謂翌年正月，闊闊你敦言，奉詔遣軍二千，屯田芍陂，試土之肥瘠。去秋已收米二萬餘石，請增屯士二千。從之。其二十一年正月，闊闊你敦乞增軍屯田之事，疑爲衍文。而《沙全傳》則謂至元十二年，全爲華亭軍民達魯花赤，擊鹽徒，破降之。籍其名，得六千人。請於行省，遣之屯田芍陂。未知孰是。

至元二十一年正月，闊闊你敦言，屯田芍陂兵二千，布種二千石，得粳糯二萬五千石有奇。乞增新附軍二千。從之。二十二年正月，闊闊你敦言，先有旨，遣軍二千，屯田芍陂，試土之肥磽。去秋已收米二萬餘石，請增屯士二千。從之。（《元史·世祖紀》）

芍陂屯田萬戶府。世祖至元二十一年二月，江淮行省言，安豐之芍陂可溉田萬餘頃，乞置三萬人立屯。中書省議，發軍士二千人，姑試行之。後增屯戶至一萬四千八百八名。（《元史·兵志》）

至元二十一年，江淮行省言，安豐芍陂可溉田萬頃。若立屯開耕，實爲便益。從之。於安豐縣立萬戶府，屯戶一萬四千八百有奇。（《元史·注》）

沙全至元十二年，以功授華亭軍民達魯花赤。時民心未定，有未附鹽徒，聚衆數萬掠華亭。全擊降之。籍其名，得六千人。請行省遣之屯田，於淮之芍陂。（《元史·沙全傳》）

以別速帶逃軍付安西王屯田，給以牛具。　以逃軍屯田

至元二十一年二月，以別速帶逃軍七百餘人，付安西王屯田，給以牛具。（《元史·世祖紀》）

令軍民同築五衞屯田堤堰。

至元二十一年四月，令軍民同築隄堰，以利五衞屯田。（《元史·世祖紀》）

發新附軍屯田   發新附軍，於忻都察置立屯田。

> 世祖至元二十一年五月，發新附軍一千二百八十一戶，於忻都察置立屯田。（《元史·兵志》）

給蒙古軍鈔使力田   以鈔給西川蒙古軍，使耕遂寧沿江曠土以食。

> 至元二十一年閏五月，給西川蒙古軍鈔。使備鎧仗，耕遂寧沿江曠土以食。四頃以下者，免輸地稅。（《元史·世祖紀》）

       從憨答孫請，移阿剌帶和林屯田軍一千人，與其所部相合，屯田於五條河。

> 至元二十一年六月，從憨答孫請，移阿剌帶和林屯田軍，與其所部相合，屯田五條河。中衞屯田蝗。（《元史·世祖紀》）

> 嶺北行省屯田。世祖至元二十二年，併和林阿剌帶元領軍一千人，入五條河。（《元史·兵志》）

募人開墾江淮屯田   定漣海等處屯田法。命司農司立江淮屯田法，募人開耕。

> 至元二十一年十月，定漣海等處屯田法。十一月，以江淮間，自襄陽至東海，多荒田。命司農司立屯田法，募人開耕。免其六年租稅，并一切雜役。（《元史·世祖紀》）

發新附軍屯田   發新附軍，立亞柏鎮及威戎軍屯。

> 至元二十一年，發文州鎮戍新附軍九百人，立亞柏鎮軍屯。復以燕京戍守新附軍四百六十三戶，於德順州之威戎，立屯開耕。爲田，亞柏鎮二百六十八頃五十九畝，威戎一百六十四頃八十畝。（《元史·兵志》）

從四川行省議分遣戍軍大興屯田   從四川行省議，分遣戍軍，命官於成都諸處，擇膏腴地，立夔路，成都等路，河東、陝西等路，廣安等處，保寧、敍州、五路、興元、金州等處，隨路、八都、舊附等軍，礖手萬戶府，及順慶、平陽、遂寧州三處軍屯，凡創置屯田十四處。

> 夔路萬戶府軍屯。世祖至元二十一年，從四川行省議，除沿邊重地，分軍鎮守。餘軍一萬人，命官於成都諸處，擇膏腴地，立屯開耕。爲戶三百五十一人，爲田五十六頃七十畝。凡創立十四屯。成

都等路萬戶府軍屯，於本路崇慶州、義興鄉、楠木園置立。爲戶二百九十九人，爲田四十二頃七十畝。河東、陝西等路萬戶府軍屯，置立於灌州之青城陶坝，及崇慶州之大册頭等處。爲戶一千一百二十八名，爲田二百八頃七畝。廣安等處萬戶府軍屯，置立於成都路崇慶州之七寶坝。爲戶一百五十名，爲田二十六頃二十五畝。保寧萬戶府軍屯，置立於重慶州晉源縣之金馬。爲戶五百六十四名，爲田七十五頃九十五畝。敍州萬戶府軍屯，置立於灌州之青城。爲戶二百二十一名，爲田三十八頃六十七畝。五路萬戶府軍屯，置立於成都路崇慶州之大栅鎮、孝感鄉，及灌州青城縣之懷仁鄉。爲戶一千一百六十一名，爲田二百三頃一十七畝。興元金州等處萬戶府軍屯，置立於崇慶州、晉源縣、孝感鄉。爲戶三百四十四名，爲田五十六頃。隨路八都萬戶府軍屯，置立於灌州、青城、溫江縣。爲戶八百三十二名，爲田一百六十二頃五十七畝。舊附等軍萬戶府軍屯，置立於灌州、青城縣、崇慶州等處。爲戶一千二名，爲田一百二十九頃五十。礮手萬戶府軍屯，置立於灌州、青城縣、龍池鄉。爲戶九十六名，爲田一十六頃八十畝。順慶軍屯，置立於晉源縣、義興鄉、江源縣、將軍橋。爲戶五百六十五名，爲田九十八頃八十九畝。平陽軍屯，置立於灌州、青城、崇慶州、大栅頭。爲戶三百九十八名，爲田六十九頃六十五畝。遂寧州軍屯，爲戶二千名，爲田三百五十頃。(《元史·兵志》)

摘蒙古漢軍及嘉定新附軍，立嘉定屯田萬戶府於崇慶州等處。後還之元翼，止餘屯軍十三名。

嘉定萬戶府軍屯。世祖至元二十一年，摘蒙古、漢軍及嘉定新附軍三百六十人，於崇慶州、青城等處屯田。二十八年，還之元翼。止餘屯軍一十三名，爲田二頃二十七畝。(《元史·兵志》)

二十二年，移五條河屯田軍五百，於兀失蠻、札失蠻。

至元二十二年正月，移五條河屯田軍五百人，於兀失蠻、札失蠻。(《元史·世祖紀》)

括京師荒地，令宿衛耕種。

令宿衛墾荒地

至元二十二年正月，括京師荒地，令宿衛士耕種。(《元史·世祖紀》)

以崔黃口屯田歲潦不收，遷於清、滄等處，立廣濟署屯田。後又屢遷屯夫民戶益之。

> 廣濟署屯田。世祖至元二十二年正月，以崔黃口空城屯田。歲潦不收，遷於清、滄等處。後大司農寺以尚珍署舊領屯夫，二百三十戶歸之。既又遷濟南、河間五百五十戶，平灤、眞定、保定三路屯夫四百五十戶，併入本屯。爲戶共一千二百三十，爲田一萬二千六百頃三十八畝。（《元史・兵志》）

分甘州屯田新附軍二百人，屯田於亦集乃。

> 至元二十二年七月，分甘州新附軍二百人，田於亦集乃之地。（《元史・世祖紀》）

> 亦集乃屯田。世祖至元十六年，調歸附軍人於甘州。十八年，以充屯田軍。二十二年，遷甘州新附軍二百人，往屯亦集乃合卽渠開種，爲田九十一頃五十畝。（《元史・兵志》）

給鈔生息以贍屯田民

給鈔萬二千四百錠爲本，取息以贍甘肅州屯田貧民。

> 至元二十二年八月，給鈔萬二千四百錠爲本，取息以贍甘、肅二州屯田貧民。（《元史・世祖紀》）

分軍萬人屯田四川

分四川鎮守軍萬人，屯田成都。

> 至元二十二年八月，分四川鎮守軍萬人，屯田成都。（《元史・世祖紀》）

遣蒙古軍屯田

遣蒙古軍三千，屯田清、滄、靖海。

> 至元二十二年九月，遣蒙古軍三千人，屯田清、滄、靖海。（《元史・世祖紀》）

使鹽軍屯田

御史臺奏，內附鹽軍，習性兇暴，民患苦之。宜給以衣糧，使屯田自贍。從之。

> 至元二十二年十一月，御史臺臣言，昔宋以無室家壯士，爲鹽軍。內附之初，有五千人。除征占城運糧死亡者，今存一千一百二十二人。此徒皆習性兇暴，民患苦之。宜給以衣糧，使屯田自贍，庶絕其擾。從之。（《元史・兵志》）

雲南行省平章納速剌丁言，屯田課程專人主

之，可歲得金五千兩。從之。

至元二十二年，中書省臣奏，納速剌丁言，屯田課程，專人主之，可歲得金五千兩。從之。（《元史·世祖紀》）

納速剌丁，至元十七年，授資德大夫，雲南行中書省左丞，尋陞右丞。二十一年，進榮祿大夫平章政事。奏減合剌章冗官，歲省俸金九百餘兩。屯田課程專人掌之，歲得五千兩。（《元史·賽典赤贍恩丁傳》）

置豐潤署屯田，於大都路豐潤縣。　　　　　　　置豐潤署屯田

豐潤署，世祖至元二十二年，創立於大都路薊州之豐潤縣。爲戶八百三十七，爲田三百四十九頃。（《元史·兵志》）

時司農供膳，有司多擾民。大司農鐵哥奏曰，屯　　　立供膳司屯田
田則備諸物，立供膳司甚便。從之。

鐵哥至元十九年，遷同知宣徽院事，領尚膳監。進中奉大夫，司農寺達魯花赤。二十二年，進正奉大夫。奏，司農寺宜陞爲大司農司，秩二品，使天下知朝廷重農之意。制可。進資善大夫大司農。時司農供膳，有司多擾民。鐵哥奏曰，屯田則備諸物，立供膳司甚便。從之。（《元史·鐵哥傳》）

二十三年，亦集乃路總管忽都魯言，所部屯田新軍，鑿合刨渠，役久工大。乞以傍近民，及西僧餘戶，助其役。從之。翌年，忽都魯又乞疏濬管內河渠。亦從其請。

至元二十三年正月，忽都魯言，所部屯田新軍二百人，鑿河渠於亦集乃之地，役久工大。乞以傍近民及西僧餘戶，助其力。從之。二十四年八月，亦集乃路屯田總管忽都魯請疏浚管內河渠，從之。（《元史·世祖紀》）

至元二十三年，亦集乃路總管忽都魯言，所部有田可以耕作。乞以新軍二百人，鑿合刨渠。並以傍近民，西僧餘戶，助其力。從之。計屯田九十餘頃。（《元史·注》）

以新附軍千人屯田合思罕，官給農具牛種。　　　以新附軍屯田

至元二十三年正月，以新附軍千人，屯田合思罕關東曠地，官

給農具牛種。(《元史·世祖紀》)

樞密院奏，前遣蒙古軍萬人屯田，所穫，除歲費之外，可糴鈔三千錠。乞以之分廩諸翼軍士之貧者。從之。

至元二十三年二月，樞密院奏，前遣蒙古軍萬人屯田，所穫，除歲費之外，可糴鈔三千錠。乞分廩諸翼軍士之貧者。帝悅，令從便行之。(《元史·世祖紀》)

調新附軍屯田

調京師新附軍二千屯田。

至元二十三年二月，調京師新附軍二千，立營屯田。(《元史·世祖紀》)

敕免雲南從征交趾蒙古軍屯田租。

至元二十三年四月，敕免雲南從征交趾蒙古軍屯田租。(《元史·世祖紀》)

陝西行省言，火失不花軍逃散者，皆入延安屯田鷹坊總管府屯田。今復供秦王所部飼馬及輸他賦。詔嚴禁之。

至元二十三年四月，陝西行省言，延安置屯田鷹坊總管府，其火失不花軍逃散者，皆入屯田。今復供秦王阿難答所部阿黑答司飼馬，及輸他賦。有旨皆罷之，其不悛者，罪當死。(《元史·世祖紀》)

湖南行省線哥言，發本省戍軍征交趾，其精銳者，已起行。餘皆羸病屯田等軍，不可用。敕姑罷之。

至元二十三年六月，湖廣行省線哥言，今用兵交趾，分本省戍兵二萬八千七百人，期以七月，悉會靖江。今已發精銳起行。餘萬七千八百人，皆羸病屯田等軍，不可用。敕今歲姑罷之。(《元史·世祖紀》)

立江南營田司

用中書言，以江南官田，多爲豪强所據，立營田總管府，仍履畝計其所據田。

至元二十三年七月，用中書省臣言，以江南隸官之田，多爲豪强所據。立營田總管府，其所據田，仍履畝計之。(《元史·世祖紀》)

立淮南、洪澤南、北三屯，芍陂屯田萬戶府。後罷三屯萬戶，止立洪澤屯田萬戶府，領之。至元二十三年七月，立淮南洪澤、芍陂兩處屯田。（《元史・世祖紀》）

立兩淮屯田萬戶府

洪澤萬戶府屯田。世祖至元二十三年，立洪澤南、北三屯，設萬戶府以統之。先是，江淮行省言，國家經費，糧儲爲急。今屯田之利，無過兩淮。況芍陂洪澤，皆漢唐舊嘗立屯之地。若令江淮新附漢軍屯田，可歲得糧百五十餘萬石。至是，從之。三十一年，罷三屯萬戶。止立洪澤屯田萬戶府，以統之。其置立處所，在淮安路之白水塘、黃家疃等處。爲戶，一萬五千九百九十四名。爲田，三萬五千三百一十二頃二十一畝。（《元史・兵志》）

淮安路，至元二十三年，於本路之白水塘、黃家疃等處，立洪澤屯田萬戶府。（《元史・地理志》）

遣侍衞新附軍千人，屯田別十八里，置元帥府以總之。尋遣蒙古千戶曲出等，帥新附軍四百人益之。

遣新附軍屯田

至元二十三年十月，遣侍衞新附軍千人，屯田別十八里。置元帥府，即其地總之。十一月，遣蒙古千戶曲出等，總新附軍四百人，屯田別十八里。（《元史・世祖紀》）

徙甘州新附軍千人，屯田中興。千人，屯田亦里黑。

徙新附軍屯田

至元二十三年十月，徙戍甘州新附軍千人，屯田中興。千人，屯田亦里黑。（《元史・世祖紀》）

以阿里海牙所庇逃民千人屯田。

以逃民屯田

至元二十三年十二月，以阿里海牙所庇逃民無主者千人屯田。遣蒲昌赤貧民墾甘肅閑田，官給牛種農具。（《元史・世祖紀》）

立尚珍署屯田，於濟寧路之兗州。

立尚珍署屯田

尚珍署，世祖至元二十三年置立，於濟寧路之兗州。爲戶四百五十六，爲田九千七百一十九頃七十二畝。（《元史・兵志》）

兗州，至元二十三年，立尚珍署，領屯田四百五十六戶。收子粒赴濟寧官倉輸納，餘糧糶賣。所入鈔，納於光祿寺。（《元史・地

理志》）

從伯顏言立屯田打捕總
管府

　　從伯顏言，以唆都，哈得等拘刷漏籍放良不蘭
奚人戶，及還俗僧道，於瑞州荒地開耕，立屯田打
捕總管府，後罷總管府，改置打捕屯田所。

　　大寧路海陽等處打捕屯田所，世祖至元二十三年，以大寧、遼
陽、平灤諸路拘刷漏籍放良字蘭奚人戶，及僧道之還俗者。立屯於
瑞州之西，瀕海荒地開耕。設打捕屯田總管府。成宗大德四年，罷
之。止立打捕屯田所。爲戶，元撥并召募，共一百二十二。爲田二
百三十頃五十畝。（《元史·兵志》）

　　至元二十三年，伯顏奏准，以唆都、哈得等拘收戶，計種田立
屯於瑞州之西。撥瀕海荒閑地，及時開耕。設打捕屯田總管府。仍
以唆都、哈得等爲屯田官。（《元史·注》）

增立雲南軍民屯田

　　發爨僰軍戶，立建昌軍屯。發編民，立會川路
民屯。

　　至元十六年，立建昌民屯。二十三年，發爨僰軍人一百八十
戶，立軍屯。是年，又立會川路民屯。發本路所轄州邑編民四十
戶。（《元史·兵志》）

從忙兀台請立淮東屯田

　　江浙行省平章忙兀台請置淮東屯田，以給軍。並
以所餘餉京師。從之。

　　忙兀台，至元二十一年，拜江浙行省平章政事。二十二年，拜
行省左丞相。二十三年，言，淮東近地，宜置屯田。歲入糧以給軍，所
餘餉京師。帝悉從其言。（《元史·忙兀台傳》）

以新附軍屯田

　　命江浙行省左丞鄭溫以新附漢軍萬五千，屯田
淮安。

　　鄭溫，至元二十三年，陞江浙左丞。命以新附漢軍萬五千，於
淮安雲山泉塘立屯田。（《元史·鄭溫傳》）

　　二十四年，設勸農營田司六，隸江淮行大司農
司。陞行大司農司秩。

　　至元二十四年二月，陞江淮行大司農司事秩二品。設勸農營田
司六，秩四品。使、副各二員，隸行大司農司。（《元史·世祖紀》）

以陝西涇、邠、乾及安西屬縣閑田，立屯田總
管府。

至元二十四年六月，以陝西涇、邠、乾及安西屬縣閑田，立屯
田總管府。置官屬，秩三品。（《元史·世祖紀》）

以河西屯田軍同沙州居民，修河西瓜沙等處城。

至元二十四年七月，以河西管牙赤所部屯田軍，同沙州居民，修
城河西瓜沙等處。（《元史·世祖紀》）

立闍鄘屯田。

至元二十四年七月，立闍鄘屯田。（《元史·世祖紀》）

以北平伐木戶三千，屯田平灤。立永平屯田總
管府，豐贍、昌國、濟民三署，以領其事。

以伐木戶屯田立官署領之

至元二十四年八月，以北京伐木戶三千，屯田平灤。立豐贍、
昌國、濟民三署，秩五品。設達魯花赤、令、丞、直長各一員。（《元
史·世祖紀》）

永平屯田總管府。世祖至元二十四年八月，以北京採取材木百
姓三千餘戶，於灤州立屯。設官署，以領其事。爲戶三千二百九十，爲
田一萬一千六百一十四頃四十九畝。（《元史·兵志》）

從總帥汪惟和請，分所部戍四川軍五千，屯田
六盤山。

從汪惟和請分戍軍屯田

至元二十四年十月，從總帥汪惟和請，分所部戍四川軍五千
人，屯田六盤山。（《元史·世祖紀》）

以別十八里漢軍及新附軍，屯田合迷玉速曲。

以新附軍、漢軍屯田

至元二十四年十一月，以別十八里漢軍及新附軍五百人，屯田
合迷玉速曲之地。（《元史·世祖紀》）

發欽察衞軍，立左右手、欽察三屯田所於清州
等處。

立欽察衞屯田

左右欽察衞屯田。世祖至元二十四年，發本衞軍一千五百一十
二名，分置左右手屯田千戶所，及欽察屯田千戶所，於清州等處屯
田。英宗至治二年，始分左右欽察衞，以左右手屯田千戶所分屬之。文
宗天曆二年，創立龍翊侍衞，復以隸焉。爲軍，左手千戶所七百五

名，右手千戶所四百三十七名，欽察千戶所八百名。爲田，左手千戶所一百三十七頃五十畝，右手千戶所二百一十八頃五十畝，欽察千戶所三百頃。（《元史・兵志》）

以鹽軍屯田　　　　　二十五年，以平江鹽軍，屯田兩淮。

至元二十五年正月，以平江鹽軍，屯田於淮東西。（《元史・世祖紀》）

詔行大司農司、各道勸農屯田司，巡行勸課，舉察勤惰。

至元二十五年正月，詔行大司農司、各道勸農屯田司，巡行勸課，舉察勤惰。歲具府州縣勸農官實迹，以爲殿最。路經歷官縣尹以下，並聽裁決，或怙勢作威，侵官害農者，從提刑按察司究治。（《元史・世祖紀》）

從江淮行省請，增置淮東、西兩道勸農營田司。

至元二十五年正月，江淮行省言，兩淮土曠民稀，兼併之家皆不輸稅。又管內七十餘城，止屯田兩所。宜增置淮東、西兩道勸農營田司，督使耕之。制曰，可。（《元史・世祖紀》）

以六衞漢軍、新附軍及屯田兵，造尚書省。

至元二十五年三月，以六衞漢軍千二百、新軍四百、屯田兵四百，造尚書省。徐邳屯田及靈璧、睢寧二屯，雨雹如雞卵，害稼。（《元史・世祖紀》）

發新附軍屯田　　　　命甘肅發新附軍，屯田亦集乃，陝西督鞏昌兵，屯田六盤山。

至元二十五年四月，命甘肅行省，發新附軍三百人，屯田亦集乃。陝西行省督鞏昌兵五千人，屯田六盤山。（《元史・世祖紀》）

以延安屯田總管府，復隸安西。

至元二十五年六月，以延安屯田總管府，復隸安西行省。資國、富昌等一十六屯，雨水蝗，害稼。（《元史・世祖紀》）

命戍兵屯田　　　　　命斡端戍兵屯田。

至元二十五年七月，命斡端戍兵三百一十人屯田。（《元史・世祖紀》）

以忽撒馬丁爲管領甘肅、陝西等處屯田等戶達魯花赤，督幹端可失合兒工匠屯田。

督工匠屯田

至元二十五年十一月，以忽撒馬丁爲管領甘肅、陝西等處屯田等戶達魯花赤，督幹端可失合兒工匠千五十戶屯田。（《元史·世祖紀》）

罷建昌路屯田總管府。

至元二十五年十一月，罷建昌路屯田總管府。（《元史·世祖紀》）

命愛牙赤以屯田餘糧給合迷里飢民。

至元二十五年十一月，合迷里民飢，種不入土。命愛牙赤以屯田餘糧給之。（《元史·世祖紀》）

給六衞屯田更休衞士糧二月。

至元二十五年十二月，六衞屯田飢，給更休三千人，六十日糧。（《元史·世祖紀》）

湖廣行省左丞劉國傑平四望山盜詹一仔。降其餘黨，調德安屯田萬戶府軍士，立衡州、永州、武岡三屯，以備賊。使降者雜耕屯中，後皆爲良民。二十七年，又募民九戶益衡州清化屯。

劉國傑調軍立衡州屯田

劉國傑除僉書沿江樞密院，改僉院。至元二十三年，朝廷以湖廣重地，且多盜，拜行省左丞。二十五年，湖南盜詹一仔誘衡、永、寶慶、武岡人，嘯聚四望山。官軍久不能討，國傑破之。斬首盜，餘衆悉降。將校請曰，此輩久亂，急則降，降而有釁，復反矣，不如盡阬之。國傑曰，多殺不可，況殺降耶。吾有以處之矣。乃相要地爲三屯。在衡曰清化，在永曰烏符，在武岡曰白倉，遷其衆守之。每屯五百人，以備賊，且墾廢田榛棘，使賊不得爲巢穴。降者有故田宅，盡還之。無者，使雜耕屯中。後皆爲良民。（《元史·劉國傑傳》）

湖南道宣慰司衡州等處屯田。世祖至元二十五年，調德安屯田萬戶府軍士，一千四百六十七名。分置衡州之清化、永州之烏符、武岡之白倉，置立屯田。二十七年，募衡陽縣無土產居民，得九戶，增入清化屯。爲戶，清化屯軍民五百九戶，烏符屯軍民五百戶，白倉

屯同。爲田，清化屯一百二十頃一十九畝，烏符屯一百三頃五十畝，白倉屯八十六頃九十二畝。（《元史・兵志》）

立行大司農司及營田司於江南。命燕公楠爲大司農，領八道勸農營田司事。公楠按行郡縣，劾罷貪吏，興利除弊，績用大著。

至元二十五年，立行大司農司及營田司於江南。（《元史・食貨志》）

燕公楠僉江浙行中書省事，俄移江淮。尚書省立，就僉江淮行尚書省事。江淮在宋爲邊陲，故多閑田。公楠請置兩淮屯田，勸導有方，田日以墾。二十五年，除大司農，領八道勸農營田司事。按行郡縣，興利除弊，績用大著。劾江西營田使沙不丁貪橫，罷之。（《元史・燕公楠傳》）

二十六年，從樞密院請，以侍衞軍六千，大都屯田軍三千，江南戍軍一千，立武衞親軍都指揮使司。

至元二十六年正月，立武衞親軍都指揮使司。以侍衞軍六千，屯田軍三千，迤南鎮守軍一千，合兵一萬，隸焉。（《元史・世祖紀》）

至元二十六年，樞密院官暗伯奏，以六衞六千人，塔那海字可所掌大都屯田三千人，及近路迤南萬戶府一千人，總一萬人。立武衞親軍都指揮使司。（《元史・兵志》）

愛牙合赤請屯田省餉　　愛牙合赤請以所部屯田。

至元二十六年二月，愛牙合赤請以所部軍，屯田咸平懿州，以省糧餉。（《元史・世祖紀》）

立左右翼屯田萬戶府　　罷蒙古侍衞軍從人之屯田者，別以漢軍及新附軍，合併屯田於大都路。設左右翼二屯田萬戶府，以領之。

至元二十六年二月，立左右翼屯田萬戶府，秩從三品。（《元史・世祖紀》）

左翼屯田萬戶府。世祖至元二十六年二月，罷蒙古侍衞軍從人之屯田者。別以幹端、別十八里回還漢軍，及大名、衞輝兩翼新附軍，與前後二衛，迤東還戍士卒，合併屯田。設左右翼屯田萬戶府，以領之。遂於大都路霸州及河間等處，立屯開耕。置漢軍左右手二千戶，新附軍六千戶所。爲軍，二千五百一十一名。爲田，一千三百九十九頃五十二畝。右翼屯田萬戶府，其置立歲月，與左翼同。成宗大德元年十一月，發眞定軍人三百名，於武淸縣崔黃口增置屯田。仁宗延祐五年四月，立衞率府，以本府屯田并屬詹事院，後復歸之樞密。分置漢軍千戶所三。別置新附軍千戶所六。爲軍，一千五百四十人。爲田，六百九十九頃五十畝。(《元史·兵志》)

省屯田六署爲營田提舉司，武淸復有營田提舉司，不詳其建置之始。

至元二十六年二月，省屯田六署爲營田提舉司。(《元史·世祖紀》)

營田提舉司，不詳其建置之始。其設立處所，在大都漷州之武淸縣。爲戶，軍二百五十三，民一千二百三十五，析居放良四百八十，不蘭奚二百三十二，火者一百七十口，獨居不蘭奚一十二口，黑瓦木丁八十二名。爲田，三千五百二頃九十三畝。(《元史·兵志》)

僉爨僰軍，立雲南大理、曲靖等處屯田，以供軍儲。後復僉軍戶增入。　　　　　　　　増立雲南軍屯

至元二十六年三月，立雲南屯田以供軍儲。(《元史·世祖紀》)

世祖至元二十六年，立大理軍屯。於爨僰軍內，撥二百戶。二十七年，復僉爨僰軍人二百八十一戶，增入。(《元史·兵志》)

曲靖等處宣慰司兼管軍萬戶府軍民屯田。世祖至元十二年，立澂江民屯。二十六年，始立軍屯。於爨僰軍內，僉一百六十九戶。二十七年，復僉一百二十六戶增入。十二年，立仁德府民屯。二十六年，始立軍屯。僉爨僰軍四十四戶。二十七年，續僉五十六戶增入：所耕田畝四百雙，俱係軍人己業。(《元史·兵志》)

賜陝西屯田總管府農器種粒。

至元二十六年三月，賜陝西屯田總管府農器種粒。(《元史·世祖紀》)

復立寧夏營田司。

至元二十六年四月，復立營田司於寧夏府。(《元史·世祖紀》)

省江淮屯田打捕提舉司十九所爲十二所。

至元二十六年四月，置福建、江西打捕鷹坊總管府。福建轉運司及管軍總管，言其非宜。詔罷之。省江淮屯田打捕提舉司七所。存者徐邳、海州、揚州、兩淮、淮安、高郵、昭信、安豐、鎮巢、蘄黃、魚綱、石湫猶十二所。（《元史·世祖紀》）

泰安寺、尚珍署、平灤營田提舉司、左右衛等處屯田大水，兩淮屯田雨雹害稼，保定等處屯田飢。蠲泰安寺、兩淮屯田租，給尚珍署屯田兵從帝親征海都者之家，發米賑左右衛屯田新附軍，平灤、昌國屯田戶發常平倉，賑保定等處屯田戶。

至元二十六年五月，泰安寺屯田大水，免今歲租。七月，海都兵犯邊，帝親征。尚珍署屯田大水，從征者給其家。兩淮屯田雨雹害稼，蠲今歲田租。平灤屯田霖雨損稼。九月，以保定新城定興屯田糧賑其戶之飢貧者。平灤昌國等屯田霖雨害稼。十月，營田提舉司水害稼。閏十月，左右衛屯田新附軍以大水傷稼，乏食，發米萬四百石賑之。寶坻屯田大水害稼。發常平倉米萬五千石，賑保定等屯田戶飢，給九十日糧。十一月，平灤昌國屯戶飢，賑米千六百五十六石。陝西鳳翔屯田大水。（《元史·世祖紀》）

湖廣行省言，招降贛賊胡海，令將其衆，屯田自給。今已過耕種之時，請恤之，免生他變。從之。

至元二十六年十月，湖廣行省臣言，近招降贛州賊胡海等，令將其衆，屯田自給。今過耕時，不恤之，恐生他變。命贛州路，發米千八百九十石賑之。（《元史·世祖紀》）

立順慶軍屯

發軍於沿江立順慶等處萬戶府軍屯。

順慶等處萬戶府軍屯。世祖至元二十六年，發軍於沿江下流漢初等處屯種。爲戶，六百五十六名。爲田，一百一十四頃八十畝。（《元史·兵志》）

分新附軍屯田

分京師應役新附軍千人，屯田合思罕。

至元二十六年，分京師應役新附軍一千人，屯田合思罕關東荒地。（《元史·兵志》）

二十七年，給滕竭兒回回屯田牛種。

至元二十七年正月，給滕竭兒回回屯田三千戶牛種。（《元史·世祖紀》）

罷行大司農司及各道勸農營田司。增按察司僉事二員，領勸農事。

至元二十七年三月，罷行大司農司，及各道勸農營田司。增提刑按察司僉事二，總勸農事。（《元史·世祖紀》）

立江南營田提舉司，掌僧寺貲產。

至元二十七年三月，立江南營田提舉司，秩從五品，掌僧寺貲產。（《元史·世祖紀》）

放壽潁屯田軍爲民。撤江南戍兵代之。

放屯田軍爲民以戍軍代之

至元二十七年三月，放壽潁屯田軍千九百五十九戶爲民。撤江南戍兵代之。（《元史·世祖紀》）

太傅玉呂魯言，招集幹者所屬亦乞烈，已得六百餘人。令與高麗民屯田，宜給其食。從之。

至元二十七年四月，太傅玉呂魯言，招集幹者所屬亦乞烈，今已得六百二十一人。令與高麗民屯田，宜給其食。敕遼陽行省，驗實給之。（《元史·世祖紀》）

遣使鈎考延安屯田。

至元二十七年十一月，遣使鈎考延安屯田。（《元史·世祖紀》）

京兆行省上屯田所出羊價鈔，敕以賜扎散暗伯貧民。

至元二十七年十二月，京兆行省上屯田所出羊價鈔六百九錠，敕以賜扎散暗伯民之貧乏者。（《元史·世祖紀》）

僉爨僰軍戶，立鶴慶路、威楚路、中慶路、臨安宣慰司軍屯。

增立雲南軍屯

鶴慶路軍民屯田。世祖至元十二年，僉鶴慶路編民一百戶，立民屯。二十七年，僉爨僰軍一百五十二戶，立軍屯。爲田，軍屯六百八雙，民屯四百雙，俱已業。（《元史·兵志》）

威楚路軍民屯田。世祖至元十五年，立威楚民屯。二十七年，始

45

立軍屯於本路爨僰軍內，僉三百九十九戶。內一十五戶，官給荒田六十雙。餘戶，自備己業田一千五百三十六雙。（《元史·兵志》）

　　臨安宣慰司兼管軍萬戶府軍民屯田。世祖至元十二年，立臨安民屯二處。二十七年，續立爨僰軍屯。爲戶，二百八十八。爲田，一千一百五十二雙。（《元史·兵志》）

撥舊附軍屯田　　　　　撥舊附漢軍，立廣安萬戶府軍屯於新明等處。

　　廣安等處萬戶府軍屯。世祖至元二十七年，撥廣安舊附漢軍一百一十八名，於新明等處，立屯開耕。爲田二十頃六十五畝。（《元史·兵志》）

以雲南戍軍餉絀增立軍　　以雲南戍軍，糧餉不足。僉和曲、祿勸爨僰軍，立
民屯　　　　　　　　　武定路總管府軍屯。

　　武定路總管府軍屯。世祖至元二十七年，以雲南戍軍糧餉不足。於和曲、祿勸二州爨僰軍內，僉一百八十七戶，立屯耕種。爲田七百四十八雙。（《元史·兵志》）

　　　　　　　　　　又僉爨僰軍，立烏撒宣慰司軍民屯田，及會通民屯。

　　烏撒宣慰司軍民屯田。世祖至元二十七年，立烏撒路軍屯。以爨僰軍一百一十四戶屯田。又立東川路民屯，屯戶亦係爨僰軍人，八十六戶，皆自備己業。（《元史·兵志》

　　世祖至元二十七年，立會通民屯，屯戶係爨僰土軍。（《元史·兵志》）

命虎賁衛軍屯田　　　　二十八年，命上都虎賁士二千屯田，官給牛具農器，鈔二萬錠。

　　至元二十八年二月，以上都虎賁士二千人屯田，官給牛具農器，用鈔二萬錠。（《元史·世祖紀》）

令蒙古戍兵屯田四川　　令蒙古戍兵屯田川中，以禦寇。

　　至元二十八年五月，發兵，塞晃火兒月連地河渠，修城堡。令蒙古戍兵，屯田川中以禦寇。（《元史·世祖紀》）

　　　　　　　　　　敕屯田官，以三歲爲滿任。

　　至元二十八年六月，敕屯田官，以三歲爲滿。互於各屯內調

46

用。(《元史·世祖紀》)

設安西、延安、鳳翔三屯田總管府。

至元二十八年九月，立安西、延安、鳳翔三路屯田總管府。(《元史·世祖紀》)

以歲荒，免平灤屯田去年田租。遣使賑大同屯田兵。廣濟署屯田水，免其租。出米賑豐贍、濟民二署飢。

至元二十八年九月，以歲荒，免平灤屯田二十七年田租三萬六千石有奇。十月，遣使發倉，賑大同屯田兵，及教化的所部軍士之飢者。十二月，廣濟署大昌等屯水，免田租萬九千五百石。平灤路及豐贍濟民二署飢，出米萬五千石賑之。(《元史·世祖紀》)

改營田提舉司爲規運提點所，升其秩。

至元二十八年十二月，升營田提舉司爲規運提點所，正四品。(《元史·世祖紀》)

二十九年，詔遣脫忽思等，至合敦奴孫界，與駙馬闊里思議行屯田。

至元二十九年三月，詔遣脫忽思、儂獨赤、昔烈門，至合敦奴孫界，與駙馬闊里吉思議行屯田。(《元史·世祖紀》)

樞密院言，桑哥罷延安、鳳翔、京兆三路軍三千爲民，請復籍爲軍，屯田於六盤山，從之。　復籍桑哥所罷軍屯田

至元二十九年三月，樞密院臣奏，延安、鳳翔、京兆三路，籍軍三千人，桑哥皆罷爲民。今復其軍籍，屯田六盤山。從之(《元史·世祖紀》)

湖廣行樞密副使劉國傑討上思州黃勝許，勝許逃交阯。夏，國傑還師，盡取賊巢地爲屯田，募獞人耕之。後蠻人謂屯田爲省地，莫敢犯者。　劉國傑募獞人屯田以制蠻

劉國傑加湖廣右丞。至元二十八年，置湖廣等處行樞密院，遷副使，還軍武昌。秋，廣東盜再起，國傑復出道州。時，知上思州黃勝許恃其險遠，與交趾爲表裏，寇邊。二十九年，詔國傑討之。賊衆勁悍，出入巖洞篁竹中如飛鳥。發毒矢，中人無愈者。國傑身率

士奮戰，賊不能敵，走象山。山近交趾，皆深林，不可入。乃度其出入，列柵圍之。徐伐山通道，且戰且進。二年，拔其寨。勝許挺身走交趾，擒其妻子，殺之。國傑三以書責交趾，索勝許，交趾竟匿不與。夏，師還，盡取賊巢地爲屯田，募度遠諸獞人耕之，以爲兩江蔽障。後蠻人謂屯田爲省地，莫敢犯者。（《元史·劉國傑傳》）

免屯田租一萬餘石，免廣濟署屯田今年租。

至元二十九年七月，罷衞州路錄事司，免屯田租一萬二千八百一十一石。八月，以廣濟署屯田，旣蝗復水，免今年田租九千二百十八石。（《元史·世祖紀》）

以寧夏府屯田成功，賞其官脫兒赤。

至元二十九年八月，寧夏府屯田成功，陞其官脫兒赤。（《元史·世祖紀》）

山東廉訪司劾宣慰使樂實盜庫鈔官物，受屯田鈔，宜解其職。從之。

至元二十九年九月，山東東西道廉訪司劾宣慰使樂實，盜庫鈔百二十錠。買庫銀九百五十兩，官局私造弓勒等物，受屯田鈔百八十錠。樂實宜解職。從之。（《元史·世祖紀》）

押女眞戶屯田

押回由反地驅出水達達女眞，分置萬夫、千夫、百夫內屯田。

至元二十九年九月，水達達女眞民戶，由反地驅出者，押回本地。分置萬夫、千夫、百夫內屯田。（《元史·世祖紀》）

以蠻軍及女眞屯田

以蠻軍三百戶、女真百九十戶，於咸平府屯種。翌年，立浦峪路屯田萬戶府，以領其事。後以蠻軍撥屬肇州蒙古萬戶府，止存女真戶屯田。

浦峪路屯田萬戶府。世祖至元二十九年十月，以蠻軍三百戶、女眞一百九十戶，於咸平府屯種。三十年，命本府萬戶和魯古觧領其事。仍於茶剌罕，剌憐等處立屯。三十一年，罷萬戶府屯田。仁宗大德二年，撥蠻軍三百戶屬肇州、蒙古萬戶府。止存女眞一百九十戶，依舊立屯，爲田四百頃。（《元史·兵志》）

增上都屯軍

樞密院奏，木八剌沙屯田上都，有成，請增軍

千人。從之。明年二月，益上都屯田軍千人，命木
八剌沙董之，給鈔五千錠市牛具。

至元二十九年十一月，樞密院奏，一衞萬人嘗調二千屯田。木
八剌沙上都屯田，二年有成。擬增軍千人。從之，三十年二月，益
上都屯田軍千人。給農具牛價鈔五千錠，以木八剌沙董之。（《元史·
世祖紀》）

摘大同等處軍人四千，於燕只哥赤斤地面，及
紅城周迴，置立屯田，命西京宣慰司領其事，後改
立大同等處屯儲萬戶府。命石安琬爲萬戶，領江左
新附軍萬人，屯田紅城。

摘軍人立紅城屯田

世祖至元二十九年十一月，命各萬戶府，摘大同、隆興、太原、
平陽等處軍人四千名，於燕只哥赤斤地面，及紅城周迴，置立屯田，開
耕荒田二千頃。仍命西京宣慰司領其事，後改立大同等處屯儲萬戶
府，以領之。（《元史·兵志》）

石安琬至元中，累功至右衞親軍副都指揮使，賜金虎符，後授
大同等處萬戶。領江左新附卒萬人，屯田紅城。（《元史·石天應傳》）

廣西兩江道宣慰副使烏古孫澤以徼外蠻數爲
寇，募民四千餘戶，置雷留、那扶十屯，列營以守，陂
水墾田，爲軍儲，邊民賴之。

烏古孫澤屯田防蠻

烏古孫澤至元二十九年，以行省員外郎，從征海內黎，黎人
平。軍還上功，授廣南西道宣慰副使。秋七月，併左右兩道歸廣西
宣慰司，置元帥府。澤爲廣西兩江道宣慰副使，僉都元帥府事。邕
管徼外蠻數爲寇。澤循行並徼，得陀塞處。布畫遠邇，募民伉健者，四
千六百餘戶。置雷留、那扶十屯，列營堡以守之。陂水墾田，築八
堨，以節瀦洩。得稻田若干畝，歲收穀若干石，爲軍儲。邊民賴之。（《元
史·烏古孫澤傳》）

三十年，令和林漢軍三百，屯田杭海。

至元三十年正月，和林漢軍四百人。留百人，餘令耕屯杭
海。（《元史·世祖紀》）

詔令兀渾察部兀木魯罕軍，耕屯自給以省餽運。

令兀木魯罕軍耕屯自給

至元三十年正月，樞密院臣奏，兀渾察部兀木魯罕軍，每歲運米六千五百二十六石以給之。計傭值，爲鈔萬二千八百五十二錠。詔，邊境無事，令本軍耕屯以食。（《元史‧世祖紀》）

　　從江北河南行省平章伯顏請，揚州屯田，官種之外，聽民耕墾。

至元三十年正月，江北河南行省平章伯顏言，揚州忙兀台所立屯田，爲田四萬頃。官種之外，宜聽民耕墾。詔從其議。（《元史‧世祖紀》）

令女眞屯田揚州　　以舊隸乃顏勝納合兒所部女眞，虛糜廩食，令之屯田揚州。

至元三十年正月，詔舊隸乃顏勝納合兒女眞戶四百，虛糜廩食，令之屯田揚州。（《元史‧世祖紀》）

令遼陽戍兵耕漁自給　　敕由海道運米十萬石，給遼陽戍兵。仍諭令耕漁自養。

至元三十年二月，敕海運米十萬石，給遼陽戍兵。仍諭其省官薛闍干，令伯鐵木部欽察等軍耕漁自養，糧不須給。（《元史‧世祖紀》）

令新附軍屯田　　令新附軍三百人，屯田眞定，人給鈔十錠。

至元三十年二月，給新附軍三百人鈔，人十錠，屯田眞定。（《元史‧世祖紀》）

立洪澤芍陂屯田　　立行大司農司，詔減洪澤、芍陂四屯田萬戶府，爲二萬戶府，立民屯二十。

至元三十年三月，立行大司農司。洪澤、芍陂屯田，舊委四處萬戶。詔存其二，立民屯二十。（《元史‧世祖紀》）

　　徙江南行大司農司於揚州，以兼管兩淮農事。

至元三十年四月，江南行大司農司，自平江徙揚州，兼管兩淮農事。（《元史‧世祖紀》）

　　免雲南屯田軍逋租。

至元三十年七月，免雲南屯田軍逋租萬石。（《元史‧世祖紀》）

以乞兒吉恩戶屯田　　以只兒合忽所汰、乞兒吉思戶，屯田合思罕。

至元三十年七月，以只兒合忽所汰、乞兒吉思戶七百戶，屯田合思罕之地。(《元史·世祖紀》)

括各處無主荒田，令放良漏籍等戶屯田。

至元三十年八月，括所在荒田無主名者，令放良漏籍等戶屯田。(《元史·世祖紀》)

從湖廣行省言，召募民戶，并發新附軍士卒，於海北、海南屯田。設萬戶府，以董之。至成宗時，以地多瘴癘，縱屯田軍還，罷屯田萬戶府，止令民戶留屯。　立海南海北軍民屯田

至元三十年八月，湖廣行省臣言，海南海北多曠土，可立屯田。詔設鎮守黎蠻海北海南屯田萬戶府，以董之。(《元史·世祖紀》)

海北海南道宣慰司都元帥府民屯。世祖至元三十年，召募民戶，并發新附士卒，於海南海北等處，置立屯田。成宗元貞元年，以其地多瘴癘，縱屯田軍二千人，還各翼。留二千人，與召募民之屯種。大德三年，罷屯田萬戶府。屯軍悉令還役，止令民戶八千四百二十八戶屯田。瓊州路五千一十一戶，雷州路一千五百六十六戶，高州路九百四十八戶，化州路八百四十三戶，廉州路六十戶。爲田，瓊州路二百九十二頃九十八畝，雷州路一百六十五頃五十一畝，高州路四十五頃，化州路五十五頃二十四畝，廉州路四頃八十八畝。(《元史·兵志》)

營田提舉司及廣濟署所轄屯田大水，免其租。

至元三十年八月，營田提舉司所轄屯田百七十七頃爲水所沒，免其租四千七百七十二石。十月，廣濟署大水，損屯田百六十五頃，免田租六千二百一十三石。(《元史·世祖紀》)

梁王遣使詣雲南行省言，以漢軍屯田於烏蒙，後遷於新興州。　立烏蒙軍屯

梁千戶翼軍屯。世祖至元三十年，梁王遣使詣雲南行省言，以漢軍一千人，置立屯田。三十一年，發三百人，備鎮戍巡邏。止存七百人，於烏蒙屯田。後遷於新興州。爲田三千七百八十九雙。(《元史·兵志》)

詔發湖湘富民萬家，屯田廣西以圖交趾。湖廣　募南丹戶屯田

行省平章哈剌哈孫遣使密奏，往年遠征無功，瘡痍未復。今又徙民瘴鄉，必將怨叛。使還，報罷，民皆感悅。後廣西元帥府請於行省，募南丹五千戶屯田。哈剌哈孫曰，此土著之民，誠爲便之。內可以實空地，外可以制交趾。卽命度地立屯，給以牛種農具。

哈剌哈孫，至元二十八年，拜榮祿大夫，湖廣行省平章政事。三十年，有旨發湖湘富民萬家，屯田廣西，以圖交趾。哈剌哈孫密遣使奏曰，往年遠征無功，瘡痍未復。今又徙民瘴鄉，必將怨叛。吏莫知其奏，抱卷請署，弗答。吏再請，則曰，姑緩之。未幾，使還報罷，民皆感悅。及廣西元帥府請募南丹五千戶屯田，事上行省。哈剌哈孫曰，此土著之民，誠爲便之。內足以實空地，外足以制交趾之寇。可不煩士卒，而饋餉有餘。卽命度地，立爲五屯。統以屯長，給牛種農具與之。（《元史·哈剌哈孫傳》）

命張均屯田和林

三十一年，成宗卽位，命親軍副都指揮使張均，屯田和林。諸王岳木忽兒北征，給餉賴之。

至元三十一年正月，世祖崩。四月，帝至上都卽皇帝位。（《元史·成宗紀》）

張均，至元二十六年，從北征，擢前衞親軍副都指揮使。成宗卽位，命屯田和林，規畫備悉有法。諸王岳木忽兒北征，給餉賴之，未嘗乏絕。帝嘉其能，賜予有加。（《元史·張均傳》）

給瓜、沙二州民徙甘州屯田者，牛價鈔。

至元三十一年七月，給瓜、沙之民徙甘州屯田者，牛價鈔二千六百錠。（《元史·成宗紀》）

罷貴赤屯田總管府。

至元三十一年十一月，罷貴赤屯田總管府。（《元史·成宗紀》）

罷瓜沙屯田

元貞元年，罷瓜、沙等州屯田。

元貞元年正月，罷瓜、沙等州屯田。（《元史·成宗紀》）

罷行大司農司。

元貞元年五月，罷行大司農司。（《元史·成宗紀》）

減海南屯田軍之半。

元貞元年七月，減海南屯田軍之半，還其元翼。（《元史·成宗紀》）

以乃顔不魯古赤，及打魚水達達、女真等戶，立肇州屯田萬戶府，命遼陽行省右丞阿散領其事。翌年，立屯田，賜以農具種食。　　　　　　　立肇州屯田

元貞元年七月，立肇州屯田萬戶府，以遼陽行省左丞阿散領其事。武衛屯田大水。金、復州屯田有蟲食禾。九月，武衛萬盈屯隕霜殺禾。二年七月，肇州萬戶府立屯田，給以農具種食。（《元史·成宗紀》）

肇州蒙古屯田萬戶府。成宗元貞元年七月，以乃顔不魯古赤及打魚水達達、女眞等戶，於肇州旁近地開耕。爲戶不魯古赤二百二十戶，水達達八十戶，歸附軍三百戶，續增漸丁五十二戶。（《元史·兵志》）

也速帶兒之軍與民爭地，命別以境內荒田給之。正軍五頃，餘丁二頃。

元貞元年十二月，也速帶兒之軍因李璮之亂，去山東。其元駐之地，爲人所墾。歲久成業，爭訟不已。命別以境內荒田給之。正軍五頃，餘丁二頃。已滿數者不給。（《元史·成宗紀》）

摘六衛漢軍千人，屯田青海。　　　　　　　　　摘漢軍屯田

元貞元年，摘六衛漢軍一千名，赴青海屯田。（《元史·兵志》）

辰、澧二州，宋嘗選民立屯，免其徭役，使禦諸蠻。宋亡，皆廢，湖廣行省平章劉國傑悉復其制。又經畫茶陵、衡、郴、道、桂陽。凡廣東、江西盜所出入之地，置戍三十八，分屯將士以守之。制度周密，諸蠻不復能入寇，盜賊遂息。　　　　　　　劉國傑復湖廣民屯以禦蠻

劉國傑，元貞元年，卽軍中加榮祿大夫，湖廣行省平章政事。辰、澧地接溪洞，宋嘗選民立屯。免其繇役，使禦之。在澧者曰隘丁，在辰者曰寨兵。宋亡，皆廢，國傑悉復其制。繼又經畫茶陵、衡、郴、道、桂陽。凡廣東、江西盜所出入之地，南北三千里，置戍三十有

八，分屯將士以守之。由是，東盡交廣，西亘黔中。地周湖廣，四境皆有屯戍。制度周密，諸蠻不能復寇，盜賊遂息。（《元史·劉國傑傳》）

二年，免忽剌出所部貧乏屯夫田租。

元貞二年正月，以忽剌出千戶所部屯夫貧乏，免其所輸租。（《元史·成宗紀》）

給稱海屯田軍，及禿禿合所部屯田農具。

元貞二年二月，給稱海屯田軍農具，給禿禿合所部屯田農器。（《元史·成宗紀》）

遣軍屯田

遣軍萬人屯田，自六盤山至於黃河。

元貞二年二月，命自六盤山至黃河，立屯田，置軍萬人。（《元史·成宗紀》）

以洪澤芍陂屯田軍萬人，修大都城。

元貞二年十一月，以洪澤、芍陂屯田軍萬人，修大都城。（《元史·成宗紀》）

立敍州軍屯

遷遂寧屯軍於敍州，開耕荒地，立敍州等處萬戶府軍屯。

敍州等處萬戶府軍屯。成宗元貞二年，改立敍州軍戶。遷遂寧屯軍二百三十九人，於敍州宣化縣喎口上下荒地開耕。爲田四十一頃八十三畝。（《元史·兵志》）

大德元年，賜昔寶赤爲叛寇所掠者農具牛種，俾耕種自給。

大德元年正月，昔寶赤等爲叛寇所掠，仰食於官。賜以農具牛種，俾耕種自給。（《元史·成宗紀》）

怯薛者，猶言番直宿衞也。其怯薛執事之名，則主弓矢鷹隼之事者，曰火你赤、昔寶赤。（《元史·兵志》）

摘漢軍屯田以給岳木忽兒等所部

因岳木忽兒等所部貧，摘和林漢軍，屯田於五條河，以資之。尋又給以種子。

大德元年正月，以岳木忽兒等所部貧乏，摘和林漢軍，置屯田於五條河，以歲入之租資之。四月，給岳木忽兒所部和林屯田種。（《元

史·成宗紀》)

給晉王所部屯田農具，可溫種田戶耕牛。

大德元年正月，給晉王所部屯田農器千具，給可溫種田戶耕牛。(《元史·成宗紀》)

以新附軍三千，屯田漳州。　　　　　　　　　以新附軍屯田

大德元年二月，以新附軍三千，屯田漳州。(《元史·成宗紀》)

增晉王所部屯田戶。

大德元年七月，增晉王所部屯田戶。(《元史·成宗紀》)

總帥汪惟和以所部軍，屯田瓜、沙二州。賜以　　汪惟和屯田瓜、沙
中統鈔二萬餘錠，置牛種農器。

大德元年十一月，總帥汪惟和以所部軍，屯田沙州、瓜州。給以中統鈔二萬三千二百餘錠，置牛種農具。(《元史·成宗紀》)

徙襄陽合剌魯屯田軍於南陽。戶給田百五畝，及
牛種農具。

大德元年十二月，徙襄陽屯田合剌魯軍於南陽。戶授田百五十畝，給種牛農具。(《元史·成宗紀》)

復立芍陂、洪澤屯田。　　　　　　　　　　復芍陂洪澤屯田

大德元年十二月，復立芍陂、洪澤屯田。(《元史·成宗紀》)

瓜州屯田軍貧乏，命減千人，別以兵補之。　　減屯田貧兵

大德元年閏十二月，瓜州屯田軍萬人貧乏。命減一千，以張萬戶所領兵補之。(《元史·成宗紀》)

增兩淮屯田軍。　　　　　　　　　　　　　增兩淮屯田兵

大德元年閏十二月，增兩淮屯田軍爲二萬人。(《元史·成宗紀》)

二年，置汀州屯田。　　　　　　　　　　　置汀州屯田

大德二年正月，置汀州屯田。(《元史·成宗紀》)

發贛州路所轄寨兵，及宋舊役弓手，漏籍人　　立屯田府於贛州以防盜
戶，立屯田，以鎮遏盜賊。

贛州路南安寨兵萬戶府屯田。成宗大德二年正月，以贛州路所

55

轄信豐、會昌、龍南、安遠等處，賊人出沒。發寨兵及宋舊役弓手，與抄數漏籍人戶，立屯耕守，以鎮遏之。爲戶，三千二百六十五。爲田，五百二十四頃六十八畝。（《元史·兵志》）

從樞密院請，分六衛軍、屯田軍、撤里台軍，代阿剌脫觮忽思所部軍人之貧乏者。

大德二年正月，樞密院臣言，阿剌脫觮忽思所領漢人、女眞、高麗等軍二千一百三十六名。內有靑海對陣者，有久戌四五年者，物力消乏。乞於六衛軍內，分一千二百人，大同屯田軍八百人，徹里台軍二百人，總二千二百人，往代之。制可。（《元史·兵志》）

以兩淮閑田給蒙古軍。

大德二年三月，以兩淮閑田給蒙古軍。（《元史·成宗紀》）

罷海南黎蠻屯田萬戶府，以其事隸瓊州路安撫司。

大德二年五月，罷海南黎兵萬戶府，及黎蠻屯田萬戶府。以其事入瓊州路軍民安撫司。（《元史·成宗紀》）

立吉、贛屯田

立吉、贛二州屯田。

大德二年九月，吉、贛立屯田。（《元史·成宗紀》）

置廣西獞民屯田

從部民呂瑛請，以黃勝許所棄水田，募溪洞猺獞❶，開屯耕種。後平大任洞賊黃德寧等，以其所遺田土，續置藤州屯田。

廣西兩江道宣慰司都元帥獞民屯田。成宗大德二月，黃聖許叛，逃之交趾。遺棄水田五百四十五頃七畝。部民有呂瑛者，言募牧蘭等處，及融、慶、溪洞猺獞民丁，於上浪，忠州諸處，開屯耕種。從之。十年，平大任洞賊黃德寧等，以其地所遺田土，續置藤州屯田。爲戶，上浪屯一千二百八十二戶，忠州屯六百一十四戶，那扶屯一千九戶，雷留屯一百八十七戶，水口屯一千五百九十九戶。續增藤州屯二百八頃一十九畝。（《元史·兵志》）

三年，甘肅亦集乃路屯田旱，並賑之。

大德三年十二月，淮安揚州飢，甘肅亦集乃路屯田旱，並賑以

---

❶　"猺""獞"爲古代對少數民族之蔑稱。——編者註

糧。(《元史·成宗紀》)

以五條河漢軍，悉併入靑海屯田。

成宗元貞元年，摘六衞漢軍，赴靑海屯田。大德三年，以五條河漢軍，悉併入靑海。(《元史·兵志》)

四年，徙稱海屯田於呵札，給以農具種子。

大德四年二月，罷稱海屯田。改置於呵札之地，以農具種實給之。(《元史·成宗紀》)

置西京太和嶺屯田。　　　　　　　　　置西京屯田

大德四年二月置西京太和嶺屯田。(《元史·成宗紀》)

置五條河屯田。　　　　　　　　　　　置五條河屯田

大德四年四月，置五條河屯田。(《元史·成宗紀》)

發紅城漢軍及民夫九千餘人，立屯開耕西京黃華嶺田土。設軍儲所宣慰使，以領之。六年，改設屯儲萬戶府。後放漢軍還紅城屯所，止存民夫。仁宗時，又改萬戶府爲總管府。

發軍民屯田黃華嶺

大同等處屯儲總管府屯田。成宗大德四年，以西京黃華嶺等處，田土頗廣。發軍民九千餘人，立屯開耕。六年，始設屯儲軍民總管萬戶府。十一年，放罷漢軍，還紅城屯所，止存民夫在屯。仁宗時，改萬戶府爲總管府。爲戶，軍四千二十，民五千九百四十五。爲田，五千頃。(《元史·兵志》)

大德六年十月，置大同路黃華嶺屯田。罷軍儲所，立屯儲軍民總管萬戶府，設官六員。仍以軍儲所宣慰使法忽魯丁掌之。(《元史·成宗紀》)

五年，詔河南占役江西省軍，除屯田洪澤、芍陂者外，皆令發還。

大德五年三月，詔河南省，占役江浙省軍一萬一千四百七十二名。除洪澤、芍陂屯田外，餘皆令發還元翼。(《元史·兵志》)

禿剌帖木兒等言，和林屯田，宜令軍官，廣事墾闢，量給農具。倉官宜用選人。從之。

大德五年八月，禿剌帖木兒等自和林犒軍還言，和林屯田，宜

令軍官，廣其墾闢，量給農具。倉官宜任選人，可革侵盜之弊。從
之。（《元史·成宗紀》）

以屯田給畏吾兒戶　　撥南陽府屯田地，給新籍畏吾兒戶，俾耕以
自贍。

大德五年十月，撥南陽府屯田地，給新籍畏吾兒戶。俾耕以自
贍，仍給糧三月。（《元史·成宗紀》）

分碉門黎雅軍戍蠻夷，命陝西屯田萬戶也不干
等將之。

大德五年十月，分碉門黎雅軍戍蠻夷。命陝西屯田萬戶也不干
等將之。（《元史·成宗紀》）

六年，築渾河隄，資屯田軍民耕種。

大德六年正月，築渾河隄，長八十里。仍禁豪家，毋侵舊河。令
資屯田軍及民耕種。（《元史·成宗紀》）

給貧乏漢軍田土　　給貧乏漢軍田土，並存恤其孤寡，招逃散者
復業。

大德六年五月，給貧乏漢軍地。三丁者一頃，四丁者二頃，五
丁者三頃。其孤寡者，存恤六年。逃散者，招諭復業。（《元史·成
宗紀》）

遣阿牙赤撒罕禿，會計稱海屯田歲入之數。自
後，仍令宣慰司等掌之。

大德六年九月，遣阿牙赤撒罕禿，會計稱海屯田歲入之數。仍
自今令宣慰司官與阿剌台共掌之，（《元史·成宗紀》）

中書省言，羅里等擾民，宜依例決遣，令之屯
田。從之。

大德六年九月，中書省臣言，羅里等擾民，宜依例決遣，置屯
田所。從之。（《元史·成宗紀》）

配盜黨於兩淮屯田　　湖南宣慰司討衡州袁舜一等，獲舜一及其餘
黨。命誅其首謀三人，餘配洪澤、芍陂屯田。

大德六年十二月，衡州袁舜一等誘集二千餘人，侵掠郴州。湖

南宣慰司發兵討之，獲舜一及其餘黨。命誅其首謀者三人。餘者配
洪澤、芍陂屯田。其脅從者招諭復業。(《元史·成宗紀》)

七年，命樞密院，選習農軍士，教軍前屯田。

大德七年正月，命樞密院，選軍士習農業者十人，教軍前屯
田。(《元史·成宗紀》)

罷營田提舉司。

大德七年五月，罷營田提舉司。(《元史·成宗紀》)

從御史臺請，命蒙古軍萬人，分鎮瓜、沙二州。並
立屯田，以供軍食。　　　　　　　　　　　　　　屯田瓜沙以供軍食

大德七年六月，御史臺臣言，瓜、沙二州，自昔爲邊鎮重地。今
大軍屯駐甘州，使官民反居邊外，非宜。乞以蒙古軍萬人，分鎮險
隘。立屯田以供軍，實爲便益。從之。(《元史·成宗紀》)

罷護國仁王寺元設江南營田提舉司。

大德七年八月，罷護國仁王寺元設江南營田提舉司。(《元史·
成宗紀》)

八年，命諸王出伯所部軍，屯田於薛出合出谷。　命出伯所部屯田

大德八年二月，命諸王出伯所部軍，屯田於薛出合出谷。(《元
史·成宗紀》)

命諸衛兵皆半隸屯田。仍諭各衛屯官，視其勤　命諸衛軍半隸屯田
惰，以爲賞罰。

大德八年三月，命凡爲衛兵者，皆半隸屯田。仍諭各衛屯田
官，屯田者視其勤惰，以爲賞罰。(《元史·成宗紀》)

永平、清滄、柳林屯田水，免其逋租及民所貸糧。

大德八年四月，以永平、清滄、柳林屯田被水。其逋租及民貸
食者，皆勿徵。(《元史·成宗紀》)

復立洪澤、芍陂屯田，命阿散領其事。尋詔，其　復洪澤、芍陂屯田
屯田爲豪右占據者，悉令輸租。

大德九年五月，復立洪澤、芍陂屯田。令河西行省平章阿散領
其事。十月，詔，洪澤、芍陂等屯田爲豪右占據者，悉令輸租。(《元
史·成宗紀》)

以屯田供孔子林廟歲祀　　　以尚珍署屯田五十頃，給曲阜孔子林廟洒掃戶，供歲祀。

> 大德九年八月，給曲阜孔子林廟洒掃戶，以尚珍署屯田五十頃，供歲祀。（《元史·成宗紀》）

復立雲南屯田　　　　復立雲南屯田，命伯顏察兒董之。

> 大德九年十一月，復立雲南屯田，命伯顏察兒董其事。（《元史·成宗紀》）

以軍官督太和嶺屯田　　　十年，樞密院言，太和嶺屯田，舊置總管督之。人給地五十畝，歲輸糧三十石。或他役，不及耕作，悉如數徵之，以致重困。乞令軍官統治，以宣慰使總其事。從之。

> 大德十年四月，樞密院臣言，太和嶺屯田，舊置屯儲總管府，專督其課程。人給地五十畝，歲輸糧三十石。或他役不及耕作，悉如數徵之。人致重困。乞令軍官統治，以宣慰使玉龍失不花總其事。視軍民所收多寡，以爲賞罰。從之。（《元史·成宗紀》）

括兩淮屯田　　　　大德時，又嘗命都水監羅璧括兩淮屯田。

> 羅璧，大德中，爲都水監。奉命括兩淮屯田，得疾，歸鎮江而卒。（《元史·羅璧傳》）

十一年，武宗即位。諸王出伯請拘瓜、沙二州屯田戶漸丁，隸所部。中書言，瓜州雖諸王分地，其民役於驛傳，宜勿從出伯請。

> 武宗大德十一年五月，即位於上都。七月，諸王出伯言，瓜州、沙州屯田戶漸成丁者，乞拘隸所部。中書省臣言，瓜州雖諸王分地，然其民役於驛傳。出伯言宜勿從。（《元史·武宗紀》）

哈剌哈孫浚古渠治青海屯田　　太傅哈剌哈孫行省和林，浚古渠，溉田數千頃，治青海屯田，教部落雜耕其間，歲得米二十餘萬石。

> 大德十一年七月，罷和林宣慰司，置行中書省及青海等處宣慰司、都元帥府、和林總管府。以太師月赤察兒爲和林行省右丞相。中

書右丞相哈剌哈孫答剌罕爲和林行省左丞相。依前太傅，錄軍國重事。(《元史·武宗紀》)

　　哈剌哈孫曾祖啟昔禮賜號答剌罕。至元九年，世祖錄勳臣後，命掌宿衛，襲號答剌罕。武宗即位，拜太傅，錄軍國重事，仍總百揆。禿剌譖於帝，由是罷相，出鎮北邊。詔曰，和林爲北邊重鎮。今諸部降者，又百餘萬，非重臣不足以鎮之。念無以易哈剌哈孫者。賜黃金三百兩，白銀三千五百兩，鈔十五萬貫，帛四萬端，乳馬六十匹。以太傅、右丞相，行和林省事。太后亦賜帛二百端，鈔五萬貫。至鎮，斬爲盜者一人。分遣使者，賑降戶。奏出鈔帛，易牛羊，以給之近水者教取魚食，會大雪，民無所得食，命諸部置傳車，相去各三百里。凡十傳，轉米數萬石，以餉飢民。不足，則益以牛羊。又度地置內倉，積粟以待來者。浚古渠，溉田數千頃。治青海屯田，教部落雜耕其間。歲得米二十餘萬，北邊大治。(《元史·哈剌哈孫傳》)

改也里合牙營田司，爲屯田運糧萬戶府。

　　大德十一年八月，改也里合牙營田司，爲屯田運糧萬戶府。(《元史·武宗紀》)

以漢軍萬人，屯田和林。

以漢軍屯田和林

　　大德十一年十二月，以漢軍萬人，屯田和林。(《元史·武宗紀》)

初詔發軍萬人，屯田青海。海都之亂多被俘，至是，來歸，有貧乏至鬻子女者。樞密副使吳元珪以聞，詔賜錢贖之。

　　吳元珪擢樞密都事，陞經歷。初，江南既定，樞密奏裁定官屬。京師五衛，行省萬戶府，設官有差。均俸祿，給醫藥，設學校，置屯。田多元珪所論建。武宗即位，由簽樞密院事拜樞密副使。初，詔發軍萬人，屯田青海，以實邊。海都之亂，被俘者衆，至是，頗有來歸者。飢寒不能自存，至鬻子以活。元珪具其事以聞。詔賜錢贖之。(《元史·吳元珪傳》)

至大元年，以鈔十萬錠，賑和林北來貧民。仍於大同、隆興等處，糴糧給之，就令屯田。

令北來貧民屯田

　　至大元年二月，和林貧民北來者衆，以鈔十萬錠濟之。仍於大同、隆興等處，糴糧給之，就令屯田。(《元史·武宗紀》)

立左衞率府屯田

　　立左衞率府屯田於大都路及保定路。

　　左衞率府屯田，武宗至大元年六月，命於大都路漷州武清縣及保定路新城縣，置立屯田。（《元史·兵志》）

　　中書省言，天下屯田百二十餘所，所用多非其人，以致廢弛。乞除爲地絶遠者外，餘選習農務者，與行省宣慰。親履其地，具籍其宜興宜廢者以聞。從之。

　　至大元年十一月，中書省臣言，國用不給，請沙汰宣徽、利用、太府等院，籍定應給人數。其在上都行省者，委官裁省。又天下屯田百二十餘所，由所用者，多非其人，以致廢弛。除四川、甘州、應昌府、雲南爲地絶遠外，餘當選習農務者往，與行省宣慰司，親履其地。可興者興，可廢者廢，各具籍以聞。並從之。（《元史·武宗紀》）

從月赤察見請遣軍屯田金山

　　月赤察兒奏，禿苦滅、察八兒本懷攜貳。昔者篤娃先衆請和，雖死，宜遣使安撫其子款徹。而諸部既降，牧地不足。宜處諸降人於金山之南，遣軍屯田金山之北。可益軍食，又成重戍。從之。於是，北邊始寧。

　　至大元年，月赤察兒遣使奏曰，諸王禿苦滅本懷攜貳，而察八兒游兵近境。叛黨素無悛心，倘今謀致死，則垂成之功，顧爲國患。臣以爲昔者篤娃，先衆請和，雖死，宜遣使安撫其子款徹，使不我異。又諸部既已歸明，我之牧地不足。宜處諸降人於金山之陽，吾軍屯田金山之北。軍食既饒，又成重戍。就彼有謀，吾已擣其腹心矣。奏入，帝曰，是謀甚善，卿宜移軍阿答罕三撒海地。月赤察兒既移軍，察八兒、禿苦滅果欲奔款徹，不見納。去留無所，遂相率來降。於是，北邊始寧。（《元史·博爾忽傳》）

　　擢何瑋爲河南行省平章，提調屯田事。帝召瑋至榻前，諭以河南事重，屯田久廢，當爲國竭力。

　　何瑋，至大元年，拜中書左丞，仍平章政事，商議中書省事。未幾，擢河南行省平章政事，佩金虎符，提調屯田。帝召至榻前，面諭曰，汴省事重，屯田久廢。卿當爲國竭力。賜以黑貂裘一，錦衣

二襲。(《元史·何伯祥傳》)

二年，以和林屯田去秋大稔，賞其官吏、部校、軍士有差。

至大二年二月，以和林屯田去秋收九萬餘石。其宣慰司官吏、部校、軍士，給賞有差。(《元史·武宗紀》)

令各衛屯田官，三年一易。

至大二年二月，命各衛董屯田官，三年一易。(《元史·武宗紀》)

摘漢軍五千，給田萬頃，於直沽沿海屯種。別益以康里軍二千，立鎮守海口屯儲親軍都指揮使司。 屯田直沽沿海

至大二年四月，摘漢軍五千人。給田萬頃，於直沽沿海口屯種。又益以康里軍二千人，立鎮守海口屯儲親軍都指揮使司。(《元史·武宗紀》)

中書省言，瓜、沙屯田以撒的迷失叛，不令其軍入屯，遂廢。乞仍舊遣軍屯種，選知農事色目人、漢人各一員，領之。從之。 復瓜、沙屯田

至大二年八月，中書省臣言，甘肅省僻在邊垂，城中蓄金穀，以給諸王軍馬。世祖成宗，嘗修其城池。近撒的迷失擅興兵甲，掠圇王出伯輜重，民大驚擾。今撒的迷失已伏誅，其城若不修，慮啟寇心。又沙、瓜州摘軍屯田，歲入糧二萬五千石。撒的迷失叛，不令其軍入屯，遂廢。今乞仍舊，遣軍屯種。選知屯田地利色目、漢人各一員，領之。皆從之。(《元史·武宗紀》)

左都威衛言，營西渾河大隄，潰決南流。沒左、右二翼及後衛屯田麥，請遷置營司，或多差軍民修築。翌年，中書命左、右翼及後衛、大都路，委官修治。

渾河，本盧溝水，從大興縣，流至東安州武清縣，入漷州界。至大二年十月，渾河水決左都威衛營西大隄。泛溢南流，沒左右二翊及後衛屯田麥。由是，左都威衛言，十月五日，水決武清縣王甫村隄，闊五十餘步，深五尺許。水西南漫平地流，環圓營倉局水不沒者無幾。恐來春冰，夏雨水作，衝決成渠，軍民被害。或遷置營司，或

多差軍民修塞，庶免墊溺。三年二月十二日，省準下左右翊及後衛大都路，委官督工修治，至五月二十日工畢。（《元史·河渠志》）

發康里軍屯田　三年，發康里軍屯田永平，官給之牛。

至大三年三月，發康里軍屯田永平，官給之牛。（《元史·武宗紀》）

以鈔九千餘錠，市耕牛農具，給直沽屯田軍。

至大三年四月，以鈔九千一百五十八錠有奇，市耕牛農具，給直沽酸棗林屯田軍。（《元史·武宗紀》）

令過川軍屯田　四年，仁宗卽位，敕甘肅行省，給過川軍牛種農具，令之屯田。

仁宗至大四年三月，卽皇帝位。六月，敕甘肅行省，給過川軍牛種農具，令之屯田。（《元史·仁宗紀》）

遣官經理稱海屯田　命和林行省右丞孛里馬速忽經理稱海屯田。

至大四年六月，命和林行省右丞孛里馬速忽，經理稱海屯田。（《元史·仁宗紀》）

命延安、鳳翔、安西軍屯田紅城者，還陝西屯田。尋復以陝西屯田軍三千，隸紅城萬戶府。

至大四年十一月，命延安、鳳翔、安西軍屯田紅城者還陝西屯田。十二年，復以陝西屯田軍三千人，隸紅城萬戶府。（《元史·仁宗紀》）

以黃華嶺新附屯田軍，併歸大同侍衛。改大同侍衛爲中都威衛。分屯軍二千爲弩軍，祇以二千人屯田。黃華嶺新附軍屯如故。

世祖摘軍人四千名，立大同等處屯儲萬戶府，以領之。成宗大德十一年，改侍衛親軍都指揮使司，仍領屯田。武宗至大四年，以黃華嶺新附屯田軍一千人，併歸本衛，別立屯署。是年，改大同侍衛爲中都威衛，屬之徽政院。分屯軍二千，置弩軍翼。止以二千人，分置左、右手屯田千戶所。黃華嶺新附軍屯如故。（《元史·兵志》）

皇慶元年，存恤稱海屯田漢軍，給稱海屯田牛二千頭。

皇慶元年二月，救稱海屯田漢軍，存恤二年。給稱海屯田牛二千頭。(《元史·仁宗紀》)

以霸州屯田水災，遣官疏決之。

皇慶元年二月，以霸州文安縣屯田水災，遣官疏決之。(《元史·成宗紀》)

左衞言，渾河決，屯田被淹，不能耕種，已發軍修治。

皇慶元年二月二十七日，樞密知院塔失帖木兒奏，左衞言，渾河決隄口二處。屯田被浸，不能耕種，已發軍五百修治。臣等議，治水有司職耳，宜令中書，戒所屬用心修治。從之。(《元史·河渠志》)

遣戶部尚書馬兒，經理河南屯田。　　　　　　　　遣官經理河南屯田

皇慶元年三月，遣戶部尚書馬兒，經理河南屯田。(《元史·仁宗紀》)

調汀漳畬軍，代亳州等處漢軍屯田。

皇慶元年十一月，調汀漳畬軍，代亳州等翼漢軍，於本處屯田。(《元史·仁宗紀》)

二年，交趾犯邊。命千戶劉元亨等，同赴湖廣行省詢察。元亨上言，萬全之計，莫若遣使諭安南，正其疆界，申飭邊吏，毋令侵越。別於永平，募兵置砦，給以土田牛具，令自耕爲食。遇有緩急，首尾相應。則可永保無虞。從之。自是及至治之末，貢獻不絕。　　　　　　　　　　　　　　　　　　從劉元亨請屯田永平以防交趾

仁宗皇慶二年正月，交趾軍約三萬餘衆，馬軍二千餘騎，犯鎮安州雲洞，殺掠居民，焚燒倉廩廬舍。又陷祿洞、知洞等處。虜生口孳畜及居民貲產而還。復分兵三道，犯歸順州，屯兵未退。廷議，俾湖廣行省，發兵討之。四月，復得報，交趾世子親領兵，焚養利州官舍民居，殺掠二千餘人。且聲言，昔右江歸順州五次劫我大源路，掠我生口五千餘人。知養利州事趙珏禽我思浪州商人，取金一碾，侵田一千餘頃。故來讎殺。六月，中書省俾兵部員外郎阿爾烏遜、樞密院俾千戶劉元亨，同赴湖廣行省，詢察之。元亨等親詣上中下由

村，相視地所，詢之居民農伍。又遣下思明知州黃嵩壽往詰之，謂是阮盈世子太史之奴。元亨等推原其由，因上言，交人昔侵永平邊境，今倣效成風。兼聞阮盈世子，乃交趾跋扈之人。爲今之計，莫若遣使諭安南，歸我土田，返我人民。仍令當國之人，正其疆界。究其主謀開釁之人，戮於境上。申飭邊吏，毋令侵越。卻於永平，置寨募兵，設官統領。給田土牛具，令自耕食。編立部伍，明立賞罰。令其緩急，首尾相應。如此，則邊境安靖，永保無虞。事聞，有旨，俟安南使至，卽以諭之。自延祐初元以及至治之末，疆場寧謐，貢獻不絕。（《元史·外夷傳》）

敕屯田儲粟備賑　　延祐元年，敕稱海、五條河屯田，儲粟備賑。

延祐元年四月，敕儲稱海、五條河屯田粟，以備賑濟。（《元史·仁宗紀》）

令諸王屬戶屯田自贍　　給諸王察八兒屬戶貧乏者糧，仍令之屯田自贍。

延祐元年六月，諸王察八兒屬戶貧乏，給糧一歲，仍俾屯田以自贍。（《元史·仁宗紀》）

發軍增墾屯田　　發軍，增墾河南等處屯田。

延祐元年六月，發軍增墾河南芍陂等處屯田。（《元史·仁宗紀》）

左衞言，渾河決武清縣，差軍七百，與東安州民夫同修。

延祐元年六月十七日，左衞言，六月十四日，渾河決武清縣劉家莊隄口。差軍七百，與東安州民夫，協力同修之。（《元史·河渠志》）

復甘肅屯田　　復甘肅屯田，置瓜、沙屯儲總管萬戶府。

延祐元年十月，復甘肅屯田，置瓜、沙等處屯儲總管萬戶府，秩正三品。（《元史·仁宗紀》）

敕經界諸衞屯田。

延祐元年十二月，敕經界諸衞屯田。（《元史·仁宗紀》）

二年，省兩淮屯田總管府官四員，併提領所，入提舉司。

延祐二年七月，省兩淮屯田總管府官四員，併提領所，入提舉

司。(《元史·仁宗紀》)

　　敕阿速衞貧戶，屯田於連怯烈，給以牛種耕具。　敕阿速衞貧軍屯田

延祐二年七月，敕阿速衞戶貧乏者，給牛種耕具，於連怯烈之地屯田。(《元史·仁宗紀》)

　　遷紅城屯田軍，於古北口屯種。

仁宗延祐二年，遷紅城屯田軍，於古北口太平莊屯種。(《元史·兵志》)

　　從雲南行省請，發畏吾兒及新附漢軍，屯田　發畏吾兒及新附軍屯田
烏蒙。

烏蒙等處屯田總管府軍屯。仁宗延祐二年，立烏蒙軍屯。先是，雲南行省言，烏蒙乃雲南咽喉之地，別無屯戍軍馬。其地廣闊，土脈膏腴，皆有古昔屯田之蹟。乞發畏吾兒，及新附漢軍，屯田鎮遏。至是，從之。爲戶軍五千人，爲田一千二百五十頃。(《元史·兵志》)

　　三年，調海口屯儲漢軍千人，隸臨清運糧萬戶　調屯軍運糧
府，以供轉漕。

延祐三年二月，調海口屯儲漢軍千人，隸臨清運糧萬戶府，以供轉漕，給鈔二千錠。(《元史·仁宗紀》)

　　發高麗、女眞、漢軍千五百人，於濱州、遼河　發高麗女眞漢軍屯田
等處屯田。

延祐三年七月，發高麗、女眞、漢軍千五百人，於濱州、遼河、慶雲、趙州屯田。(《元史·仁宗紀》)

　　滄州言，昔景州御河水溢，萬戶千奴恐傷屯田，差軍塞郎兒口。水無所洩，浸民田數萬頃。近又決於吳橋縣，千戶移僧復遣軍塞郎兒口。水壅不得洩，必致漂蕩張管等三十餘村。翌年，都水監與河間路，遣官相視，開郎兒口，濬故河，決積水以入於海。

延祐三年七月，滄州言，清池縣民告，往年景州、吳縣諸處，御河水溢，衝決隄岸。萬戶千奴爲恐傷其屯田，差軍築塞舊洩水郎兒

口。故水無所洩，浸民廬及已熟田數萬頃。曾乞遣官疏闢，引水入海。及七月四日，決吳橋縣柳斜口東岸，三十餘步。千戶移僧又遣軍閉塞郎兒口，水壅不得洩，必致漂蕩張管、許河、孟村三十餘村黍穀廬舍。故本州摘官相視，移文約會開闢。不從。四年五月，都水監遣官與河間路官，相視元塞郎兒口。東西長二十五步，南北闊二十尺。及隄南高一丈四尺，北高二丈餘。復按視郎兒口下流故河，至滄州約三十餘里，上下古跡寬闊，乃減水故道，名曰盤河。令爲開闢郎兒口，增濬故河，決積水。由滄州城北達滹沱河，以入于海。(《元史·河渠志》)

復五條河屯田

罷青海屯田，復立屯田於五條河。

延祐三年九月，復五條河屯田。(《元史·仁宗紀》)

仁宗延祐三年，罷青海屯田，復立屯於五條河。(《元史·兵志》)

調軍屯田烏蒙

調四川軍二千，雲南軍三千，屯田烏蒙等處，置總管萬戶府以領之。

延祐三年十月，調四川軍二千人，雲南軍三千人，烏蒙等處屯田。置總管萬戶府，秩正三品，設官四員，隸雲南省。(《元史·仁宗紀》)

四年，德安府屯田旱，免其租。

延祐四年三月，德安府旱，免屯田租。(《元史·仁宗紀》)

給兩淮屯田總管府職田。

延祐四年十月，給兩淮屯田總管府職田。(《元史·仁宗紀》)

五年，敕以紅城屯田米，賑淨州等處流民。

延祐五年三月，敕以紅城屯田米，賑淨州平地等處流民。(《元史·仁宗紀》)

給中翌府屯田鈔萬錠，置牛種農具。

延祐五年四月，給中翌府閻臺順州屯田鈔萬錠，置牛種農具。(《元史·仁宗紀》)

調軍五千，屯田烏蒙，置總管萬戶府。

延祐五年七月，調軍五千，烏蒙等處屯田。置總管萬戶府，秩正三品，給銀印。(《元史·仁宗紀》)

改黃花嶺屯儲軍民總管府爲屯儲總管府。

延祐五年十一月，改黃花嶺軍民總管府，設官四員。（《元史·仁宗紀》）

用四川行省平章趙世延議，立屯田於重慶路，摘軍墾之，省成都歲漕萬二千石。

＜用趙世延議摘軍屯田重慶＞

延祐五年十二月，置重慶路江津、巴縣等處屯田，省成都歲漕萬二千石。（《元史·仁宗紀》）

趙世延延祐五年，守大都留守乞補外，拜四川行省平章政事。世延議，卽重慶路立屯田。物色江津、巴縣閑田，七百八十三頃，摘軍千二百人墾之。歲得粟萬一千七百名。（《元史·趙世延傳》）

僉中都威衛軍，於左都威衛所轄地內立屯。

＜僉衛軍立屯＞

延祐五年，復僉中都威衛軍八百人，於左都威衛所轄地內，別立屯署。（《元史·兵志》）

六年，詔以駝馬牛羊，給朔方邊戍，俾牧之自贍。仍命議興屯田。

＜議興朔方邊戍屯田＞

延祐六年六月，詔以駝馬牛羊，分給朔方蒙古兵民戍守邊徼者，俾牧養蕃息以自贍。仍命議興屯田。（《元史·仁宗紀》）

分揀奴兒，及流囚，屯田肇州。

＜揀奴兒流囚屯田肇州＞

延祐六年七月，命分揀奴兒，及流囚罪稍輕者，屯田肇州。（《元史·仁宗紀》）

敕晉王部貧民，屯田稱海。

延祐六年十一月，敕晉王部貧民二千，徙居稱海屯田。（《元史·仁宗紀》）

置河西屯田於塔塔刺，立軍民萬戶府。

＜置河西屯田＞

延祐六年十二月，河西塔塔剌地置屯田，立軍民萬戶府。（《元史·仁宗紀》）

分揀蒙古軍五千，屯田青海。

＜復青海蒙古軍屯田＞

延祐六年，分揀蒙古軍五千人，復屯田青海。（《元史·兵志》）

七年，發軍千二百，於重慶路三堆、中嶀等處耕屯。

＜發軍耕屯重慶＞

重慶五路鎮守萬戶府軍屯。仁宗延祐七年，發軍一千二百人，於

重慶路三堆、中嶕、趙市等處屯耕。爲田四百二十頃。（《元史·兵志》）

復稱海、五條河屯田

七年，英宗卽位，復置稱海、五條河屯田，立屯田萬戶府。

英宗延祐七年三月，卽位。四月，左衛屯田旱蝗，左翊屯田蟲食麥苗。五月，復置稱海、五條河屯田。（《元史·英宗紀》）

延祐七年，命依世祖舊制，青海、五條河俱置屯田。發軍一千人，於五條河立屯。英宗時，立屯田萬戶府。爲戶四千六百四十八，爲田六千四百餘頃。（《元史·兵志》）

營田提舉司請，修治廣賦屯北渾河隄。都水監委濠寨官，會同提舉司、武清縣，督夫修完。

延祐七月五月，營田提舉司言，去歲十二月二十一日，屯戶視巡廣賦屯北，渾河隄二百餘步將崩。恐春首冰解水漲，浸沒爲患。乞修治。都水監委濠寨官會同營田提舉司官、武清縣官，督夫修完。廣武屯北，陷薄隄一處，計二千五百工。永興屯北隄，低薄一處，計四千一百六十六工。落堡村西，衝圯一處，計三千七百三十三工。永興屯北，崩圯一處，計六千五百十八工。北王村莊西河東岸，至白墳兒，南至韓村西道口，計六千九十三工。劉邢莊西河東岸，北至寶僧百戶屯，南至白墳兒，計三萬七百十二工。總用工五萬三千七百二十二。（《元史·河渠志》）

立普定屯田

分烏撒、烏蒙屯田卒二千，立普定路屯田。

祐延[❶]七年七月，立普定路屯田。分烏撒、烏蒙屯田卒二千赴之。是月，後衛屯田水。是歲，諸衛屯田隕霜殺稼。（《元史·英宗紀》）

罷左都威衛及太平莊、白草營屯田。復於紅城立屯，隸於中都威衛。翌年，改爲忠翊侍衛屯田。

延祐七年十二月，罷左都威衛，及太平莊、白草營等處屯田。復於紅城周迴立屯，仍屬中都威衛，至治元年，始改爲忠翊侍衛，屯田如故。爲田二千頃。後移置屯所，不知其數。（《元史·兵志》）

陝西屯田府修涇陽石渠

至治元年，陝西屯田府言，每年例於八月，差民戶，自涇陽截河築堰。改涇水入白渠，分漑三原、

---

❶ "祐延"當爲"延祐"。——編者註

櫟陽、雲陽、高陵、涇陽五縣官民田七萬餘頃。至
大三年，行臺御史王承德請，於涇陽洪口，展修石
渠，爲萬世之利。會集奉元路諸縣、涇陽渭南諸屯
官及耆老議。咸以爲展修石渠八十五步，計用石工
二百，丁夫三百，二百五十五日工畢。所用錢糧，不
及二年築隁之費。可謂一勞永逸之計。都省委屯田
府達魯花赤只里赤督工。延祐元年二月，入役。至
六月，鑿僅一丈。近續展十七步，二百四十二日可
以畢功。

洪口渠在奉元路。英宗至治元年十月，陝西屯田府言，自秦漢
至唐末，年例八月，差使水戶，自涇陽縣西仲山下，截河築洪隁。改
涇水入白渠，下至涇陽縣北，白公斗門，分爲三限，并平石限。蓋
五縣分水之要所。北限入三原、櫟陽、雲陽。中限入高陵。南限入
涇陽。澆溉官民田，七萬餘畆。近至大三年，陝西行臺御史王承德
言，涇陽洪口，展修石渠，爲萬世之利。由是，會集奉元路三原、
涇陽、臨潼、高陵諸縣，泊涇陽、渭南、櫟陽諸屯官，及耆老議，如
準所言。展修石渠八十五步，計四百二十五尺，深二丈，廣一丈五
尺。計用石十二萬七千五百尺，人日採石積方一尺，工價二兩五錢。石
工二百，丁夫三百，金火匠二，用火焚水淬，日可鑿石五百尺。二
百五十五日工畢。官給其糧食用具。丁夫就役使水之家，顧匠傭直，使
水戶均出。陝西省議，計所用錢糧，不及二年之費，可謂一勞永逸。准
所言便。都省準委屯田府達魯花赤只里赤督工。自延祐元年二月十
日，發夫匠入役。至六月十九日，委官言，石性堅厚，鑿僅一丈，水
泉湧出。近前續展一十七步，石積二萬五千五百尺。添夫匠百人，日
鑿六百尺，二百四十二日可畢。（《元史·河渠志》）

以營田提舉司榷酒稅擾民，命有司兼徵之。

至治元年十一月，以營田提舉司徵酒稅擾民，命有司兼榷
之。（《元史·英宗紀》）

以武衛與左衛率府屯田，地相雜，不便耕作，命
互易之。分置三翼屯田千戶所。

英宗至治元年，以武衞與左衞率府屯田，地相雜，隔絕不便耕作。命以兩衞屯田，互更易之，分置三翼屯田千戶所。爲軍三千人，爲田一千五百頃。（《元史·兵志》）

二年，南陽府西穰屯風雹，洪澤、芍陂屯田去年旱蝗，並免其租。

至治二年四月，南陽府西穰等屯風雹，洪澤、芍陂屯田去年旱蝗，並免其租。十二月，河南芍陂屯田水，豐贍署大惠屯風，河南及雲南烏蒙等處屯田旱，諸衞屯田蝗。（《元史·英宗紀》）

調漢軍充屯田卒　　調五衞漢軍二千，充宗仁衞屯田卒，於大寧等處屯田。

至治二年五月，調各衞漢軍二千，充宗仁衞屯田卒。（《元史·英宗紀》）

宗仁衞屯田。英宗治二年，發五衞漢軍二千人，於大寧等處，創立屯田。分置兩翼屯田千戶所，爲田二千頃。（《元史·兵志》）

三年，罷稱海宣慰司及萬戶府，改立屯田總管府。

至治三年二月，罷稱海宣慰司及萬戶府，改立屯田總管府。（《元史·英宗紀》）

安豐、芍陂屯田飢，給糧一月賑之。

至治三年三月，安豐、芍陂屯田女眞戶飢，賑糧一月。五月，大同路雁門屯田旱，損麥，諸衞屯田水。六月，諸衞屯田水，壞田六千餘頃。七月，漷州雨水，害屯田稼。是歲夏，諸衞屯田霖雨傷稼。秋，忠翊侍衞屯田所、營田象食屯田所隕霜殺禾。（《元史·英宗紀》）

賜禿剌屯田貧民鈔四十餘萬貫，市牛具。

至治三年七月，賜禿剌屯田貧民鈔四十六萬八千貫，市牛具。（《元史·英宗紀》）

罷大同屯田　　泰定帝泰定元年，罷大同黃華嶺及崇慶屯田。

泰定元年三月，罷大同路黃花嶺及崇慶屯田。（《元史·泰定帝紀》）

置海剌禿屯田總管府。

泰定元年六月，置海剌禿屯田總管府。（《元史·泰定帝紀》）

甘肅河渠營田，大司農及武衛屯田雨，傷稼，定州河溢山崩。給甘肅營田糧二月，發粟賑大司農及諸衛屯田，免定州營田租。

泰定元年四月，雲南昆明、中慶屯田水。六月，甘肅河渠營田雨，傷稼，賑糧二月。大司農屯田、諸衛屯田雨，傷稼，皆發粟賑之。湖廣、河南諸屯田皆旱。七月，定州屯河溢山崩。免河渠營田租。九月，諸衛屯田水。（《元史·泰定帝紀》）

二年，命整治屯田。河南行省左丞姚煒，請禁屯田吏蠶食屯戶。不報。 整治屯田

泰定二年閏正月，命整治屯田。河南行省左丞姚煒，請禁屯田吏蠶食屯戶及勿務增羨，以廢裕民之意。不報。（《元史·泰定帝紀》）

永平路屯田總管府言，國之經費，咸出於民。民之所業，無過農作。本屯闢田，以供內府，不爲不重。灤河隄防，去歲大水衝潰，屯民田苗，終歲無收。請差夫補築。

泰定二年三月，永平路屯田總管府言，國家經費，咸出於民。民之所生，無過農作。本屯闢田收糧，以供億內府之用，不爲不重。訪馬城東北五里許，張家莊龍灣頭，在昔有司差夫築隄，以防灤水西南連清水河。至公安橋，皆本屯地分。去歲，霖雨水溢，衝盪皆盡。浸死屯民田苗，終歲無收。方夸農隙，若不預修，必致爲害。工部移文都水監，差濠寨泊本屯官，及灤州官，親詣相視。督令有司，差夫補築。（《元史·河渠志》）

永平及豐贍、昌國等署屯田雨，傷稼，免其租。

泰定二年六月，永平屯田豐贍、昌國、濟民等署雨，傷稼，蠲其租。七月，宗仁衛屯田隕霜殺禾。（《元史·泰定帝紀》）

三年，洪澤屯田旱，免其租。怯憐口屯田霜，賑以糧二月。

泰定三年五月，洪澤屯田旱，揚州路屬縣財賦官田水，並免其租。七月，怯憐口屯田霜，賑糧二月。諸衛屯田蝗。（《元史·泰定帝紀》）

王瑞請以土民屯田備蠻

廣西宣慰副使王瑞，請以土民屯田備蠻。

泰定三年七月，廣西宣慰副使王瑞請益戍兵及以土兵屯田備蠻，仍置南寧安撫司。（《元史·泰定帝紀》）

四年，以馬忽思爲雲南行省平章，提調烏蒙屯田。

泰定四年二月，以馬忽思爲雲南行省平章政事，提調烏蒙屯田。八月，河南等路屯田旱。（《元史·泰定帝紀》）

虞集請募民屯田京東

泰定時，復有國子祭酒虞集與同列進議，京師之東，瀕海數千里。用浙人之法，築隄捍水爲田。募富人之欲得官者，合其衆，能以萬夫耕者，授以萬夫之田，爲萬夫長。千夫、百夫亦如之。察其惰者，則易之。三年，視其成，定課額，以次漸征之。五年，有積蓄，命以官。十年，賜之符印，得以傳子孫。則近可得民兵數萬，以衛京師。遠減東南海運，以寬疲民。議定於中，說者謂一有此制，執事者必賄成，事遂寢。《元史》"集傳"謂，其後海口萬戶府之設，大略宗集之說。而《元史》別無設海口萬戶之文。惟《武宗紀》載至大二年，摘漢軍及康里軍立鎮守海口屯儲親軍都指揮使司，於沿海屯種。事在集等獻議之前。

虞集泰定初，除國子司業，遷祕書少監，拜翰林直學士，俄兼國祭酒。嘗因講罷，論京師恃東南運糧爲食，竭民力以航不測。非所以寬遠人，而因地利也。與同列進曰，京師之東，瀕海數千里。北極遼海，南濱青齊，萑葦之場也。海潮日至，淤爲沃壤。用浙人之法，築堤捍水爲田。聽富民欲得官者合其衆，分授以地，官定其畔以爲限。能以萬夫耕者，授以萬夫之田，爲萬夫之長。千百夫亦如之。察其惰者，而易之。一年，勿征也。二年，勿征也。三年，視其成。以地之高下，定額於朝廷，以次漸征之。五年，有積蓄命以官，就所儲給以祿。十年，佩之符印，得以傳子孫，如軍官之法。則東面民兵數萬，可以近衞京師，外禦島夷。遠寬東南海運，以紓疲民。遂富民得官之志，而獲其用。江海游食盜賊之類，皆有所歸。議定于中，說者以爲一有此制，則執事者必以賄成，而不可爲矣。事遂寢。其後海口萬戶之設，大略宗之。(《元史·虞集傳》)

至大二年四月，摘漢軍五千，於直沽沿海口屯種。又益以康里軍，立鎮守海口屯儲親軍都指揮使司。(《元史·武宗紀》)

致和元年，帝崩。僉樞密院事燕帖木兒執平章烏伯都剌、伯顏察兒等，宣言北迎明宗，復恐道遠，未能猝至。遣使迎立文宗，徵五衞屯田兵赴京師。 **徵屯田兵**

歲戊辰，致和元年七月，泰定皇帝崩於上都。時僉樞密院事燕帖木兒留守京師。八月，召百官集興聖宮，兵皆露刃。號於衆曰，武皇有聖子二人，當迎立之，不從者死。乃縛平章烏伯都剌、伯顏察兒，以中書左丞朵朵、參知政事王士熙等下于獄。燕鐵木兒與西安王阿剌忒納失里固守內廷。於是，帝方遠在沙漠，猝未能至，慮生他變。乃迎帝弟懷王于江陵。且宣言，已遣使北迎帝，以安衆心。九月，懷王即位，是爲文宗。(《元史·明宗紀》)

致和元年九月，徵五衞屯田兵赴京師。(《元史·文宗紀》)

陝西靖安王等出兵潼關，河南告急。行省平章阿禮海牙徵軍，以備險要。芍陂等屯兵，本自襄鄧諸軍來田者，均令歸其軍。益以民，使守襄陽、峽州諸隘。

阿禮海牙，至治初，出爲平章政事，歷鎮江浙、湖廣、河南、陝西四省。丁父憂，解官家居。文宗入承大統，阿禮海牙易服南迎。帝命復鎮汴省。文宗即位，陝西官府連結靖安王等起兵。東擊潼關，掠閿鄉，披靈寶，河南告急之使狎至。阿禮海牙徵湖廣之平陽、保定兩翼軍，與河南之鄧、新翼、盧州、沂、郯砲弩手諸軍，以備虎牢。裕州哈剌魯、鄧州孫萬戶兩軍，以備武關荊子口。以屬郡之兵及蒙古兩都萬戶、左右兩衛諸部，丁壯之可入軍者,給馬乘賫裝,立行伍,以次備諸隘。芍陂等屯兵,本自襄鄧諸軍來田者,還其軍,益以民之丁壯,使守襄陽、白土、峽州諸隘。(《元史·阿禮海牙傳》)

天歷二年，德安府屯田飢，賑以糧千石。豐樂八屯飢，屯軍死者六百餘，賑以官鈔。陝西延安諸屯旱，免其逋糧。永平屯田昌國、濟民諸署蝗及水災，免今年租。

天歷二年四月,德安府屯田飢,賑糧千石。五月,陝西行省言,豐樂八屯軍士飢,死者六百五十人,萬戶府軍士飢者千三百人。賑以官鈔百三十錠,從之。六月,永平屯田府所隸昌國諸屯,大風驟雨,平地出水。陝西延安諸屯,以旱免徵舊所逋糧千九百七十石。永平屯田府昌國、濟民、豐贍諸署,以蝗及水災,免今年租。七月,宗仁衛屯田大水,壞田二百六十頃。十月,免永平屯田總管府田租。(《元史·文宗紀》)

天歷二年，河南府旱疫，又被兵，賑以本府屯田租。

天歷二年八月,河南府路旱疫,又被兵,賑以本府屯田租及安豐路遞運糧。(《元史·文宗紀》)

至順元年，芍陂屯田飢，賑以糧一月，尋又賑糧二月。命陝西行省，賑河州蒙古屯田衛士糧兩月。

至順元年正月,芍陂屯及鷹房軍士飢,賑以糧一月。四月,芍陂屯飢,賑糧二月。五月,右衛左右手屯田大水,害稼八百餘頃。大有、千斯等屯蝗。六月,前後衛武衛屯田水災。左都威衛屯田蝗。七月,忠翊侍衛左右手屯田,自夏至於是月不雨。武衛宗仁衛左衛率府諸屯蝗。閏七月,忠翊衛左右手屯田,隕霜殺稼。八月,京畿諸衛大司農諸屯水,沒田八千餘頃。十一月,命陝西行省,賑河州蒙古屯田衛士糧兩月。(《元史·文宗紀》)

詔以屯田子粒鈔萬錠，助建佛寺，免其軍士土木之役。

至順元年二月,詔諭樞密院,以屯田子粒鈔萬錠,助建佛寺,免

其軍士土木之役。(《元史‧文宗紀》)

立宣忠扈衞，市民田賜之，尋又給以牛種農具。 市田賜軍

至順元年十月，立宣忠扈衞親軍都萬戶營田於大都之北。市民田百三十餘頃,賜之。十二月,給宣忠扈衞斡羅思屯田牛種農具。(《元史‧文宗紀》)

二年，命以龍翊衞屯田租，贍衞卒之貧者。

至順二年二月，命龍翊衞，以屯田歲入粟，贍衞卒之孤貧者。(《元史‧文宗紀》)

敕河南行省右丞那海提督屯田。 遣官督屯

至順二年三月，敕河南行省右丞那海提督境內屯田。(《元史‧文宗紀》)

陝西行省言，終南屯田去年大水，傷稼，詔蠲其租。

至順二年四月，陝西行省言，終南屯田去年大水，損禾稼四百餘頃。詔蠲其租。三年五月，滹沱河溢，沒河間、清州等處屯田四十三頃。(《元史‧文宗紀》)

順帝元統二年，立湖廣黎兵屯田萬戶府，統千戶所十三。每所屯兵千人，屯戶五百。官給田土牛種，免其差徭。 立黎兵屯田府

元統二年十月，立湖廣黎兵屯田萬戶府。統千戶一十三所。每所兵千人，屯戶五百，皆土人爲之。官給田土，牛種農器，免其差徭。(《元史‧順帝紀》)

後至元元年，河南芍陂旱，賑屯軍糧兩月。

至元元年四月，河南旱。賑恤芍陂屯軍糧兩月。(《元史‧順帝紀》)

二年，以甘肅白城子屯田，賜宗王喃勿里。 以屯田賜宗王

至元二年，以甘肅行省白城子屯田之地，賜宗王喃勿里。(《元史‧順帝紀》)

三年，立宣鎮侍衞屯田萬戶府於寧夏。

至元三年正月，立宣鎮侍衞屯田萬戶府於寧夏。(《元史‧順

帝紀》）

置雄州屯田。

至元三年十一月，立屯田於雄州。（《元史·順帝紀》）

命探馬赤屯田　　命阿速衞探馬赤屯田。

至元三年十二月，命阿速衞探馬赤軍屯田。（《元史·順帝紀》）

四年，升兩淮屯田打捕總管府秩。

至元四年五月，升兩淮屯田打捕總管府爲正三品。（《元史·順帝紀》）

至正元年，罷兩淮屯田手號打捕軍役。

至正元年三月，罷兩淮屯田手號打捕軍役，令所屬本所領之。（《元史·順帝紀》）

命衞軍屯種　　命屯儲衞軍於洪澤、芍陂、德安屯種。

至元元年三月，命屯儲衞軍於河南洪澤、芍陂、德安三處屯種。（《元史·順帝紀》）

遣官督屯　　命河南行省平章燕帖木兒提調屯田。

至正元年三月，命河南行省平章燕帖木兒就佩金符，提調屯田。（《元史·順帝紀》）

五年，遣使宣撫四方，除王守誠河南行省參政，使四川。守誠上言，蜀省地僻路遙，仕者祿薄，無以自養。請籍戶絕田及屯田之荒者，召人耕種，收租以增官俸。

王守誠爲燕南廉訪使，至正五年，帝遣使宣撫四方。除守誠河南行省參知政事，與大都留守答爾麻失里，使四川。州縣官多取職田者，累十有四人。悉釐正之。因疏言，仕於蜀者，地僻路遙。俸給之薄，何以自養。請以戶絕及屯田之荒者，召人耕種，收其入，以增祿秩。（《元史·王守誠傳》）

設山東屯田　　六年，改立山東宣慰使司都元帥府，設屯田。

至正六年十二月，改立山東東西路宣慰使司都元帥府，開設屯田，駐軍馬。（《元史·順帝紀》）

立海海、刺禿屯田二處。

至元六年十二月，設立海、海刺禿屯田二處。（《元史·順帝紀》）

八年，以北邊苦寒，罷海、海刺禿屯田。

至元八年二月，以北邊沙土苦寒，罷海、海刺禿屯田。（《元史·順帝紀》）

從左丞太平請，復立孛答、乃禿、忙兀三處屯田。

至正八年二月，左丞太平言，孛答、乃禿、忙兀三處屯田，世祖朝，以行營舊站，撥屬虎賁司。後爲豪有力者所奪，遂失其利。今宜仍前撥還。從之。（《元史·順帝紀》）

復立五條河屯田。

至正八年七月，復立五條河屯田。（《元史·順帝紀》）

十一年，潁寇將渡淮，淮西廉訪陳思謙請宣讓王帖木兒不花，亟調芍陂屯田卒用之。王以未奉詔，不敢調。思謙曰，非常之變，理宜從權。擅發之罪，思謙當之。王感其言，從之。思謙姪立本襲祖父職，爲屯田萬戶，又召勉以忠義。　　調屯卒禦寇

陳思謙，至正十一年，改淮西廉訪使。廬州盜起，思謙亟命廬州路總管杭州不花領弓兵捕之，而賊已不可撲滅矣。言于宣讓王帖木兒不花曰，承平日久，民不知兵。王以帝室之胄，鎮撫淮甸，豈得坐視。思謙願與王戮力殄滅，且王府屬怯薛人等，數亦不少，必有能摧鋒陷陣者，惟王圖之。王曰：此吾責也。但鞍馬器械未備，何能禦敵。思謙括官民馬，置兵甲，不日而集。分道並進，遂禽渠賊。廬州平。既而，潁寇將渡淮。又言于王，曰：潁寇東侵，亟調芍陂屯卒用之。王曰：非奉詔，不敢調。思謙言：非常之變，理宜從權。擅發之罪，思謙坐之。王感其言，從之。其姪立本爲屯田萬戶，召語曰，吾祖宗以忠義傳家。汝之職，乃我先人力戰所致。今國家有難，汝當身先士卒，以圖報效。庶無負朝廷也。（《元史·陳思謙傳》）

陳祐，至元十四年，遷浙東道宣慰使。值玉山鄉盜，不及爲備，遂遇害。子夔芍陂屯田萬戶，孫思魯，襲芍陂屯田萬戶。思謙，湖廣行省參知政事。（《元史·陳祐傳》）

濟寧路總管董摶霄擊安豐賊，未下，朱皋固始

盜復猖獗。軍少，不足以分討。摶霄獎勞大山民砦及芍陂屯田軍，障蔽朱皋，率師襲賊於沘水。大敗之，遂復安豐。

　　董摶霄，至正十一年，除濟寧路總管。奉旨從江浙平章教化，征進安豐。兵至合肥定林站遇賊，大破之。時，朱皋固始賊復猖獗，軍少不足以分討。有大山民砦及芍陂屯田軍，摶霄皆獎勞而約束之，遂得障蔽朱皋。乃遣進士程明仲往諭賊中，招徠者千二百家，因悉知其虛實。夜縛浮橋於沘水，既渡，賊始覺，一鼓而擊之。賊大敗，相藉而死者二十五里，遂復安豐。（《元史·董摶霄傳》）

從脫脫請設官耕京畿稻田

十二年，海運不通，太師脫脫請召募江南人，於京畿耕種，歲可得粟麥百餘萬石。不煩海運，而京師足食。從之。乃立都水庸田使司於汴梁，掌種植之事。

　　至正十二年八月，詔脫脫以答剌罕、太傅、中書右丞相，分省於外，督制諸處軍馬，討徐州。九月，復徐州。詔加脫脫爲太師，班師還京。十二月，脫脫言京畿近地水利，召募江南人耕種，歲可得粟麥百萬餘石。不煩海運，而京師足食。帝曰：此事有利於國家，其議行之。是歲，海運不通，立都水庸田使司于汴梁，掌種植之事。（《元史·順帝紀》）

大興水利以官地屯田種稻

十三年，從中書左丞烏古孫良楨請，命良楨與右丞悟良哈台，兼大司農卿，給分司農司印。東至遷民鎮，西至西山，南至保定，北至檀州，皆興水利。凡各處官地及屯田，咸召募農夫，市牛種農具，立法佃種。賜鈔五百萬錠，以供其用，歲穫二十萬石。

　　至正十三年正月，以中書添設平章政事哈麻爲平章政事，參知政事悟良哈台爲右丞，參知政事烏古孫良楨爲左丞。命悟良哈台、烏古孫良楨兼大司農卿，給分司農司印。西自西山，南至保定、河間，北至檀、順州，東至遷民鎮。凡係官地，及元管各處屯田，悉從分司農司立法佃種。合用工價、牛具、農器、穀種、召募農夫諸費，給鈔五百萬錠，以供其用。（《元史·順帝紀》）

烏古孫良楨,至正十三年,陞左丞,兼大司農卿。會軍餉不給,請與右丞悟良哈台主屯田,歲入二十萬石。(《元史‧烏古孫良楨傳》)

從中書省請,於江浙淮東,募種水田修圍堰人,各一千名,爲分司農司農師。並降空名敕牒十二道,有能募農民百名至三百名者,授官有差,卽令管領所募農夫。

募水田農師

至正十三年正月,中書省臣言,近立分司農司,宜於江浙淮東等處,召募能種水田及修築圍堰之人,各一千名,爲農師,教民播種。宜降空名添設職事勅牒,一十二道。遣使齎往其地,有能募農民一百名者,授正九品。二百名者,正八品。三百名者,從七品。卽書塡流官職名,給之。就令管領所募農夫,不出四月十五日,俱至田所。期年爲滿,卽放還家。其所募農夫,每名給鈔十錠。從之。(《元史‧順帝紀》)

以武衛鹽臺屯田荒閑之地,盡付分司農司。

至正十三年正月,以武衛所管鹽臺屯田八百頃,除軍戶見種外。荒閑之地,盡付分司農司。(《元史‧順帝紀》)

命脫脫領大司農司,是歲,大稔。

脫脫領大司農

至正十三年三月,命脫脫領大司農司。(《元史‧順帝紀》)

至正十三年,脫脫用左丞烏古孫良楨、右丞悟良哈台議,屯田京畿。以二人兼大司農卿,而脫脫領大司農事。西至西山,東至遷民鎮,南至保定、河間,北至檀、順州,皆引水利,立法佃種。歲乃大稔。(《元史‧脫脫傳》)

以各衙門官地及宗仁等衛屯田,付分司農司播種。

至正十三年三月,以各衙門係官田地及宗仁等衛屯田地土,並付分司農司播種。(《元史‧順帝紀》)

以禮部掌薪司地土付分司農司。

至正十三年四月,以禮部所轄掌薪司,并地土,給付分司農司。(《元史‧順帝紀》)

詔取徐州、汝寧、南陽等處荒田,戶絕、沒官田，立司牧署，掌分司農耕牛。

至元十三年四月，詔取勘徐州、汝寧、南陽、鄧州等處荒田，并戶絕、籍沒入官者，立司牧署，掌分司農司耕牛。（《元史·順帝紀》）

立玉田屯署。

至元十三年四月，立玉田屯署。（《元史·順帝紀》）

十四年，立遼陽漕運庸田使司，隸分司農司。

至正十四年正月，立遼陽等處漕運庸田使司，隸分司農司。（《元史·順帝紀》）

詔江浙應有撥賜田糧及江淮財賦、稻田、營田各提舉司糧，盡數赴倉，以備軍儲。

至正十四年十一月，詔江浙應有諸王、公主、后妃、寺觀、官員撥賜田糧及江淮財賦、稻田、營田各提舉司糧，盡數赴倉，聽候海運，以備軍儲。價錢依本處。（《元史·順帝紀》）

命哈麻兼大司農，呂思誠兼司農卿，提調農務。

至正十四年十二月，以宣政院使哈麻爲中書平章政事，兼大司農。呂思誠兼司農卿，提調農務。（《元史·順帝紀》）

命衛軍屯田京畿

十五年，以各衛軍人，屯田京畿。人給鈔五錠，日支鈔二兩五錢，仍給牛種農具。

至正十五年閏正月，以各衛軍人，屯田京畿。人給鈔五錠，即日入役。日支鈔二兩五錢，仍給牛種農具。命司農司，令本管萬戶，督其勤惰。（《元史·順帝紀》）

收潰兵屯田

河南行省平章答失八都魯與劉福通戰於長葛，爲其所敗，將士奔潰。答失八都魯收散卒，至中牟，團結屯種。

答失八都魯，至正十四年，陞四川行省平章政事，兼知樞密院事，總荊襄諸軍。詔與太不花會軍討安豐，復鄭、均、許三州，河陰、鞏縣。十五年，命答失八都魯就管領太不花一應諸王藩將兵馬，許以便宜行事。六月，拜河南行省平章政事。進次許州長葛，與劉福通野戰，爲其所敗，將士奔潰。九月，至中牟，收散卒，團結屯種。（《元史·答失八都魯傳》）

詔，凡有水田之處，設大兵農司。招集人夫，且
耕且戰。

至正十五年十二月，詔，凡有水田之處，設大兵農司。招集人
夫，有警，乘機進討，無事栽植播種。(《元史·順帝紀》)

淮南行省左丞相太平總制諸軍，駐於濟寧。時，
諸軍久出，糧餉不繼。太平請於朝，以兵部尚書崔
敬兼濟寧軍民屯田使，給鈔十萬錠，市牛具，募軍
民，立營屯種。歲收百萬斛，以給軍食。復議立土
兵元帥府，輪番耕戰。　　　　　　　　　　太平募軍民屯田給軍

太平初姓賀氏，名惟一。後賜姓蒙古氏，名太平。至正十五年，詔
命太平為淮南行省左丞相，兼知行樞密院事。總制諸軍，駐于濟
寧。時，諸軍久出，糧餉苦不繼。太平命有司，給牛具，以種麥。自
濟寧達于海州，民不擾，而兵賴以濟。議立土兵元帥府，輪番耕
戰。(《元史·太平傳》)

崔敬，至正十五年，為兵部尚書，兼濟寧軍民屯田使。朝廷給
以鈔十萬錠，散於有司，招致居民軍士，立營屯種。歲收得百萬斛，以
給邊防。居歲餘，其法井井。(《元史·崔敬傳》)

十六年，御史臺言，係官牧地，多爲權豪所占。乞
除規運總管府所種外，令大司農，募人耕墾，以資
國用。從之。

至正十六年三月，御史臺臣言，係官牧馬草地，俱爲權豪所
占。今後，除規運總管府見種外，餘盡取勘。令大司農，招募耕墾。歲
收租課，以資國用。從之。(《元史·順帝紀》)

命大司農，於雄、霸二州屯種，以給京師。　　　　命屯種以給京師

至正十六年十二月，命大司農，屯種雄、霸二州，以給京師，號
京糧。(《元史·順帝紀》)

汝潁之寇南渡淮，宣讓王帖木兒不花復調芍陂　　調屯卒禦寇
屯田軍拒之。

帖木兒不花，鎮南王脫歡第四子也。脫歡薨，子老章襲封。老

章蔑，弟脫不花襲對。脫不花薨，子孛羅不花幼，帖木兒不花乃襲封鎮南王。天歷二年，孛羅不花已長，帖兒不花請以位復還孛羅不花。朝廷以其讓而不居也，改封宣讓王。至正十六年，命帖木兒不花與寬徹普化以兵鎮遏懷慶路。既而汝潁之寇南渡淮，帖木兒不花復以便宜，調勺陂屯田軍拒之。（《元史‧帖木兒不花傳》）

五十九請禁屯田擾民

十七年，監察御史五十九言，朝廷給鈔，市農具。命總兵官，於河南克復州郡，且耕且戰，甚合寓兵於農之意。宜選軍官之長於撫字軍民者，兼郡縣官。則擾民之害除，而匱乏之憂亦釋。帝嘉納之。

至正十七年四月，監察御史五十九言，今京師周圍，雖設二十四營，軍卒疲弱，素不訓練，誠爲虛設。儻有不測，誠可寒心。宜速選擇驍勇精銳，衛護大駕，鎮守京師，實當今奠安根本、固堅人心之急務。況武備莫重于兵，而養兵莫先于食。今朝廷撥降鈔錠，措置農具。命總兵官，于河南克復州郡，且耕且戰，甚合寓兵于農之意，爲今之計，權命總兵官，從宜于軍官府，選委能撫字軍民者，兼路、府、州、縣之職。務要農事有成，軍民得所。則擾民之害益除，而匱乏之憂亦釋矣，帝嘉納之。（《元史‧順帝紀》）

董搏霄大興淮海屯田安輯流亡以事耕戰

同僉淮南行樞密院事董搏[1]霄建議，於黃河上下游及瀕淮海之地，南自沭陽，北抵沂、莒、贛楡，布連珠營。每三十里，設總砦小砦各一，使斥候相望。遇賊則并力野戰，無事則屯種而食。然後進有援，退可守。而江淮流移之民，其壯者既爲軍。老弱無所依歸，宜設軍民防禦司，擇軍官材堪牧守者，籍其民以屯故地。練兵積穀，內全山東完固之邦，外禦淮海出沒之寇，而後恢復可圖也。從之。《元史‧順帝紀》謂事在至正十七年七月，而《搏霄傳》以爲十六年之事，未知孰是。

---

❶ "搏"當爲"搏"。——編者註

至正十七年十一月，山東道宣慰使董摶霄建言，請令江淮等處，各枝官軍，分布連珠營寨，于隘口屯駐守禦。宜廣屯田，以足軍食。從之。(《元史·順帝紀》)

董摶霄至正十六年，建議于朝，曰：淮安爲南北襟喉，江淮要衝之地。一失，兩淮皆未易復也，則救援淮安，誠爲急務。爲今日計，莫若於黃河上下，幷瀕淮海之地，及南自沭陽，北抵沂、莒、贛榆諸州縣，布連珠營。每三十里，設一總砦。就三十里中，又設一小砦。使斥堠烽燧相望，而巡邏往來。遇賊則幷力野戰，無事則屯種而食。然後進有援，退有守。善戰者所以常爲不可勝，以待敵之可勝也。又海寧一境，不通舟楫，軍糧惟可陸運。而凡瀕淮海之地，人民屢經盜賊，宜加存撫。權令軍人搬運。其陸運之方，每人行十步，三十六人可行一里，三百六十人可行一十里，三千六百人可行一百里。每人負米四斗，以夾布囊盛之，用印封識。人不息肩，米不著地。排列成行，日行五百回。計路二十八里，輕行一十四里，重行一十四里，日可運米二百石。每運給米一升，可供二萬人。此百里一日運糧之術也。又江淮流移之民，幷安東、海寧、沭陽、贛榆等州縣俱廢。其民，壯者既爲軍。老弱無所依歸者，宜設置軍民防禦司。擇軍官材堪牧守者，使居其職。而籍其民，以屯故地。於是，練兵積穀，且耕且戰。內全山東完固之邦，外禦淮海出沒之寇，而後恢復可圖也。(《元史·董摶霄傳》)

十八年，毛貴陷濟南路，立賓興館，選用故官。立屯田三百六十所於萊州，每屯相去三十里，造大車以輓運糧儲。

毛貴據山東立屯田於萊州

至正十八年二月，毛貴陷濟南路，守將愛的戰死。毛貴立賓興院，選用故官，以姬宗周等分守諸路。又于萊州，立三百六十屯田，每屯相去三十里。造大車百輛，以輓運糧儲。官民田十分收二分，冬則陸運，夏則水運。(《元史·順帝紀》)

韓林兒本起盜賊，無大志。又聽命劉福通，徒擁虛名。諸將在外者，率不遵約束。所過焚劫，至啖老弱爲糧。且皆福通故等夷，福通亦不能制。兵雖盛，威命不行。數攻下城邑，元兵亦數從其後復之，不能守。惟毛貴稍有智略，其破濟南也，立賓興院，選用元故官姬宗周等，分守諸路。又於萊州立屯田三百六十所，每屯相距三十里。造輓運大車百輛。凡官民田，十取其二。多所規畫，故得據山東者三年。後爲其黨趙均用所殺，有續繼祖者，又殺均用。（《明史·韓林兒傳》）

從中書左丞張沖請，立奉元、延安等處及鞏昌等處，團練、安撫、勸農使。

至正十八年九月，中書左丞張沖請立團練、安撫、勸農使二道。一奉元、延安等處，一鞏昌等處。從之。（《元史·順帝紀》）

陝西行省左丞察罕帖木兒既破河東賊，進右丞。詔守禦關、陝、晉、冀。察罕帖木兒益務練兵訓農。

察罕帖木兒復關、陝，授陝西行省左丞。至正十八年，曹濮賊分道踰太行，焚上黨，掠晉、冀，陷雲中、鴈門、代郡。烽火數千里，復大掠而南。且還。察罕帖木兒先遣兵伏南山阻隘，而自勒重兵，屯聞喜、絳陽。賊果走南山，縱伏兵橫擊之。賊皆棄輜重走山谷，其得南還者無幾，河東悉定。進陝西行省右丞，兼陝西行臺侍御史，同知河南行樞密院事。於是，天子乃詔察罕帖木兒守禦關、陝、晉、冀，撫鎮漢、沔、荊、襄，便宜行閫外事。察罕帖木兒益務練兵訓農，以平定四方爲己責。（《元史·察罕帖木兒傳》）

十九年，詔孛羅帖木兒鎮大同，領大都督兵農司。仍置分司十道，專督屯種。所在侵奪民田，不勝其擾。

詔孛羅帖木兒領兵農督屯種

至正十九年二月，詔孛羅帖木兒移兵鎮大同，以爲京師捍蔽。置大都督兵農司。仍置分司十道，專督屯種，以孛羅帖木兒領之。所在侵奪民田，不勝其擾。（《元史·順帝紀》）

察罕帖木兒撫潰卒屯田

太不花所部潰兵數萬，鈔掠山西。察罕帖木兒遣官招撫之，悉送其首領赴河南屯種。

至正十九年二月，太不花潰散之兵數萬，鈔掠山西。察罕帖木兒遣陳秉直，分兵駐楡次，招撫之。其首領悉送河南屯種。（《元史·順帝紀》）

察罕帖木兒既定河南，乃修船，繕甲兵，務農積穀，訓練士卒，謀大舉以復山東。

至正十九年，察罕帖木兒圖復汴梁。五月，以大軍水陸並下，俱會汴城下。賊嬰城以守。八月，遂拔之。劉福通奉其偽主，從數百騎遁。不旬日，河南悉定。以功拜河南行省平章政事，兼知河南樞密院事，仍便宜行事。察罕帖木兒既定河南，乃以兵分鎮關、陝、荊、襄、河、洛、江、淮，而以重兵屯太行，營壘旌旗相望數千里。乃日修車船，繕兵甲，務農積穀，訓練士卒，謀大舉以復山東。（《元史・察罕帖木兒傳》）

二十年，從察罕帖木兒請以鞏縣改立軍民萬戶府，招民屯種。

至正二十年正月，察罕帖木兒請以鞏縣改立軍民萬戶府，招民屯種。從之。（《元史・順帝紀》）

二十一年，命孛羅帖木兒於保定以東，河間以南，屯田。

命孛羅屯田

至正二十一年九月，命孛羅帖木兒於保定以東，河間以南，從便屯種。（《元史・順帝紀》）

是歲，京師大飢，屯田收糧四十萬石，賜司農丞胡秉彝上尊酒金幣，以旌其功。

至正二十一年，京師大飢。屯田成，收糧四十萬石。賜司農丞胡秉彝上尊金幣，以旌其功。（《元史・順帝紀》）

二十二年，命察罕帖木兒屯田陝西。

命察罕屯田

至正二十二年正月，以太尉完者帖木兒為陝西行省左丞相，仍命察罕帖木兒屯種於陝西。（《元史・順帝紀》）

樞密副使李士瞻上疏，極言時政，凡二十條。十三曰，罷軍官屯種，俾有司經理。十六曰，廣給牛具，以備屯田之用。

至正二十二年，樞密副使李士瞻上疏，極言時政，凡二十條。一曰，悔己過，以詔天下。二曰，罷造作，以快人心。三曰，御經筵，以講聖學。四曰，延老成，以詢治道。五曰，去姑息，以振乾綱。六曰，開言路，以求得失。七曰，明賞罰，以厲百司。八曰，公選舉，以息奔競。九曰，察近倖，以杜奸弊。十曰，嚴宿衛，以備非常。十一曰，省佛事，以節浮費。十二曰，絕濫賞，以足國用。十三曰，罷各官屯種，俾有司經理。十四曰，減常歲計置，爲諸宮用度。十五曰，招集散亡，以實八衛之兵。十六曰，廣給牛具，以備屯田之用。十七曰，獎勵守令，以勸農務本。十八曰，開誠布公，以禮待藩鎮。十九曰，分遣大將，急保山東。二十曰，依唐廣寧故事，分道進取。（《元史·順帝紀》）

擴廓立山東屯田

二十三年，擴廓帖木兒率師還河南，留鎖住領兵守益都。以山東州縣，立屯田萬戶府。

至正二十三年二月，擴廓帖木兒自益都領兵還河南，留鎖住率兵守益都。以山東州縣，立屯田萬戶府。（《元史·順帝紀》）

孛羅屯田擾民激成內亂

二十四年，孛羅帖木兒遣部將，會禿堅帖木兒，提兵犯闕，索右丞相搠思監宦官朴不花。先是，嘗命中書左丞也先不花，提督屯田，擾及禿堅帖木兒親里，搆成嫌隙。也先不花譖禿堅不花於朝，孛羅帖木兒遣人白其無罪。太子與搠思監議，削孛羅帖木兒官，遂致激變。帝執搠思監、朴不花與之。太子復命擴廓帖木兒討孛羅帖木兒，兵連不解。至孛羅帖木兒被刺，其事始已。

孛羅帖木兒，至正二十二年，陞太尉，中書平章。二十三年，朝廷旣黜御史大夫老的沙安置東勝州。帝別遣宦官，密諭孛羅帖木兒，令留軍中。而太子累遣官索之，孛羅帖木兒匿不發。二十四年三月辛卯，詔罷孛羅帖木兒兵權。孛羅帖木兒殺使者拒命，遣部將，會禿堅帖木兒，提兵犯闕。揚言，索右丞相搠思監、資正院使朴不花二人。先是，朝廷立衛屯田，嘗命中書右丞也先不花提督。與禿堅帖木兒分院之地相近，因擾及其親里，搆成嫌隙。也先不花乃譖禿堅帖木兒詆毀朝政，孛羅帖木兒知其誣，遣人白其非罪。皇太子以孛羅帖木兒與禿堅帖木兒交通，又匿不軌之臣。遂與丞相搠思監議，請削其官。孛羅帖木兒謂非帝意，故不聽命，舉兵。四月，至清河列營，將犯闕。帝遣達勒達國師曼濟院使問故。乃命屏搠思監於嶺北，竄朴不花於甘肅，實執送與之。禿堅帖木兒入見帝延春閣，慟哭請罪。帝賜宴慰勉，詔赦其罪。皇太子悉怒不已，再徵擴廓帖木兒調諸道軍，分討大同。擴廓帖木兒乃大發兵，諸道夾攻大同，調麾下白鎖住守護京師，兵不滿萬。擴廓帖木兒自將至太原，調督諸軍。七月，孛羅帖木兒率兵與禿堅帖木兒、老的沙等復犯闕。白鎖住脅束宮官，從大子出奔太原。孛羅帖木兒等入見，泣拜訴冤。帝亦爲之泣。就命孛羅帖木兒、老的沙、禿堅帖木兒總攬國柄。數月間，誅狎臣，罷三宮，不急造作，汰宦官，省錢糧，禁西番僧人佛事。數遣使請皇太子還朝，使至太原，拘留不報。二十五年，皇太子調嶺北、甘肅、遼陽、陝西及擴廓帖木兒等軍，進討孛羅帖木兒。孛羅帖木兒遣禿堅帖木兒討上都附皇太子者。威順王子和尚受帝密旨，結勇士，陰圖刺之。七月，禿堅帖木兒遣人來告捷，孛羅帖木兒入奏，勇士刺殺之。詔皇太子還朝，諸道兵聞詔罷歸。（《元史·逆臣傳》）

二十五年，侯伯顏答失奉威順王寬徹普化，自雲南經四川，轉戰至成州。欲之京師，李思齊扼不令行，俾屯田於成州。

至正二十五年五月，侯伯顏答失奉威順王，自雲南經蜀，轉戰而出，至成州。欲之京師，李思齊俾屯田於成州。（《元史·順帝紀》）

寬徹普化泰定三年，封威順王。至正二十五年，侯伯顏答失奉寬徹普化，自雲南經蜀，轉戰而出，至成州。欲之京師，李思齊以取蜀爲名，扼不令行。俾屯田於成州，以沒。（《元史·寬徹普化傳》）

二十六年，監察御史玉倫普建言八事。其四曰，八衞屯田。帝嘉納之。

至正二十六年三月，監察御史玉倫普建言八事。一曰用賢，二曰申嚴宿衞，三曰保全臣子，四曰八衞屯田，五曰禁止奏請，六曰培養人才，七曰罪人不孥，八曰重惜名爵。帝嘉納之。（《元史·順帝紀》）

第九章　明之屯田

明太祖素重農事。丙申歲，帝初爲吳國公，卽
遣儒士勸農桑。

> 至正十六年，丙申秋七月，諸將奉太祖爲吳國公。置江南行中
> 書省，自總省事，置僚佐。九月，遣儒士，告諭父老，勸農桑。（《明
> 史·太祖紀》）

吳良屯田江陰

丁酉歲，克江陰，命吳良守之。良仁恕儉約，訓
將練兵，常如寇至。大開屯田，均徭省賦。在境十
年，封疆晏然。太祖命學士宋濂等，爲詩文美之。

> 至正十七年丁酉六月，趙繼祖克江陰。（《明史·太祖紀》）
> 吳良與趙繼祖等取江陰。張士誠兵據秦望山，良攻奪之，遂克
> 江陰。卽命爲指揮使，守之。時，士誠據全吳，跨淮東浙西，兵食
> 足。江陰當其要衝，枕大江，扼南北襟喉。良備禦修飭，以敗敵功，進
> 樞密院判官。當是時，太祖數自將，爭江楚上流，與陳友諒角。大
> 軍屢出，金陵空虛。士誠不敢北出，侵尺寸地，以良在江陰爲屏蔽
> 也。良仁恕儉約，聲色貨利無所好。夜宿城樓，枕戈達旦。訓將練
> 兵，常如寇至。暇則延儒生，講論經史。新學宮，立社學。大開屯
> 田，均徭省賦。在境十年，封疆晏然。太祖常召良勞曰，吳院判保
> 障一方，我無東顧憂，功甚大。車馬珠玉，不足旌其勞。命學士宋
> 濂等，爲詩文美之。仍遣還鎮。（《明史·吳良傳》）

命康茂才爲營田使

戊戌歲，帝以軍興民失農業，命康茂才爲都水
營田使。

> 至正十八年戊戌二月，以康茂才爲營田使。（《明史·太祖紀》）
> 康茂才授秦淮翼水軍元帥。太祖以軍興民失農業，命茂才爲都
> 水營田使，仍兼帳前總制親兵左副指揮使。（《明史·康茂才傳》）

令諸將分兵屯田

立民兵萬戶府，寓軍於農。又令諸將，分軍屯田。

> 明太祖戊戌十一月，立民兵萬戶府，寓軍於農。又令諸將，分
> 軍於龍江諸處屯田。（《續文獻通考》）

庚子歲，徵劉基、宋濂、章溢、葉琛至應天。授
溢、琛營田司僉事。溢巡行江淮，分籍定稅，民甚
便之。

至正二十年庚子三月，徵劉基、宋濂、章溢、葉琛至應天。(《明史・太祖紀》)

葉琛以薦徵，至應天，授營田司僉事。(《明史・葉琛傳》)

章溢退隱匡山，明兵克處州，避入閩，太祖聘之。與劉基、葉琛、宋濂同至應天。太祖勞基等曰，我爲天下，屈四先生。今天下紛紛，何時定乎。溢對曰，天道無常，惟德是輔。惟不嗜殺人者，能一之耳。太祖韙其言。授僉營田司事，巡行江東兩淮田，分籍定稅。民甚便之。(《明史・章溢傳》)

壬寅歲，布衣葉兌獻書。列一綱三目，言天下大計。謂宜北絕李察罕，南併張九四。撫溫台，取閩越。定都建康，拓地江廣。進越淮以北征，退憑江以自守。而稱若以大軍直擣平江。於城外別築長圍，分命將士，四面屯田，斷其出入之路。分兵略定屬邑，張九四必坐困。平江既下，餘郡瓦解，實爲上計。帝奇其言，厚賜之。

葉兌請屯田以困張士誠

至正二十二年六月，察罕以書來報，察罕尋爲田豐所殺。十二月，元遣尚書張昶航海至慶元，授太祖江西行省平章政事，不受。(《明史・太祖紀》)

葉兌，元末以布衣獻書太祖，列一綱三目，言天下大計。時，太祖已定寧越，規取張士誠、方國珍。而察罕兵勢甚盛，遣使至金陵，招太祖。故兌書曰，愚聞取天下者，必有一定之規模。今之規模，宜北絕李察罕，南併張九四。撫溫台，取閩越。定都建康，拓地江廣。進則越兩淮以北征，退則畫長江而自守，以觀天下之變。此其大綱也。至其目有三。張九四之地，南包杭紹，北跨通泰，而以平江爲巢穴。今欲攻之，莫若聲言掩取杭、紹、湖、秀，而大兵直擣平江。城固難以驟拔，則以鎖城法困之。於城外矢石不到之地，別築長圍。分命將卒，四面立營，屯田固守，斷其出入之路。分兵略定屬邑，收其稅糧，以贍軍中。彼坐守空城，安得不困。平江既下，巢穴已傾。杭越必歸，餘郡解體。此上計也。張氏重鎮在紹興。若一軍攻平江，斷其糧道；一軍攻杭州，絕其援兵。紹興必拔。紹興既拔，杭城勢孤，湖秀風靡。然後進攻平江，犁其心腹。江北餘孽，隨而瓦解。此次計也。方國珍狼子野心，不可馴狎。往年大兵取婺州，彼卽奉書納款。後遣夏煜、陳顯道招諭，彼復狐疑不從。顧遣使從海道報元，謂江東委之納款，誘令張泉齋詔而來。且遣韓叔義爲說客，欲說明公奉詔。其反覆如是。然彼言杭越一平，卽當納土。宜限以日期，責其歸順。彼自方國璋之沒，自知兵不可用。又叔義還，稱義師之盛，氣已先挫。今因陳顯道以自通，正可脇之而從也。福建本浙江一道，兵脆城陋。兩浙旣平，必圖歸附。威聲已振，然後進取兩廣，猶反掌也。太祖奇其言，欲留用之，力辭去。賜銀幣襲衣。（《明史·葉兌傳》）

褒康茂才屯田之功並申諭諸將

癸卯歲，以諸處屯田，惟康茂才功績最著，下令褒之。並申諭將士，以兵興之後，連年飢饉。若軍食盡資於民，則民必重困。故令將士屯田，且耕且戰。各將帥俱已分定城鎮，數年未見功緒。惟茂才所屯，得穀一萬五千餘石。給軍之外，尚餘七千石。以此較彼，蓋人有勤惰耳。自今諸將宜督軍士，及時開墾，以收地利。《明史·太祖紀》，以爲是時始令將士屯田積穀者誤也。

至正二十三年癸卯二月，命將士屯田積穀。（《明史·太祖紀》）

屯田之制，曰軍屯，曰民屯。太祖初立民兵萬戶府，寓兵於農，其法最善。又令諸將，屯兵龍江諸處，惟康茂才績最。乃下令褒之，因以申飭將士。（《明史·食貨志》）

癸卯二月，諸處屯田，惟都水營田使康茂才屯積充牣，諸將皆不及。乃下令申諭曰，興國之本，在於強兵足食。自兵興以來，民無寧居。連年飢饉，田地荒蕪。若兵食盡資於民，則民力重困。故令將士屯田，且耕且戰。今各將帥，已有分定城鎮。然隨處地利未能盡墾，數年未見功緒。惟康茂才所屯，得穀一萬五千餘石，以給軍餉，尚餘七千石。以此較彼，地力均而入有多寡，蓋人力有勤惰故耳。自今諸將，宜督軍士，及時開墾，以收地利。（《續文獻通考》）

太祖謀兵農兼務以圖中原

甲辰歲，旣平陳友諒。帝志圖中原。謂郎中孔克仁曰，吾欲督江淮之民，及時耕種，加以訓練，兵農兼資。俟軍食旣足，中原可圖。克仁以爲長策。

至正二十三年四月，陳友諒大舉兵圍洪都。七月，太祖自將救洪都。友諒聞太祖至，解圍，逆戰於鄱陽湖，大敗，斂舟自守。八月，友諒食盡，遂突湖口。太祖邀擊之，順流搏戰。友諒中流矢死，張定邊以其子理奔武昌。二十四年甲辰二月，自將征武昌，陳理降。漢、沔、荊、岳皆下。(《明史·太祖紀》)

孔克仁由行省都事，進郎中。陳友諒既滅，太祖志圖中原。謂克仁曰，元運既斁，豪傑互爭，其釁可乘。吾欲督兩淮江南諸郡之民，及時耕種，加以訓練。兵農兼資，進取退守。仍於兩淮間，餽運可通之處，儲糧以俟。兵食既足，中原可圖。卿以爲何如。克仁對曰，積糧訓兵，觀釁待時，此長策也。(《明史·孔克仁傳》)

乙巳歲，荊襄初平。湖廣按察僉事章溢議分兵屯田，且以控制北方。帝從之。以鄧愈爲湖廣行省平章，鎮襄陽。以書賜愈，令謹守法度。山寨來歸者，軍民悉仍故籍。小校以下，盡使屯田。襄陽地鄰擴廓，若惠加於民，令行於軍，則彼所部，皆將慕義來歸。愈披荊棘，立軍府營屯。循拊招徠，威惠甚著。

令鄧愈屯田荊襄以圖進取

至正二十五年乙巳四月，常遇春徇襄漢諸路。五月，克安陸，下襄陽。(《明史·太祖紀》)

鄧愈進江西行省右丞。已而，常遇春克襄陽，以愈爲湖廣行省平章，守其地。賜以書曰，爾戍襄陽，宜謹守法度。山寨來歸者，兵民悉仍故籍。小校以下，悉令屯種，且耕且戰。爾所戍地鄰擴廓，若爾愛加於民，法行於軍。則彼所部，皆將慕義來歸，如脫虎口就慈母。我賴爾如長城，爾其勉之。愈披荊棘、立軍府營屯。拊循招徠，威惠甚著。(《明史·鄧愈傳》)

章溢遷湖廣按察僉事。時荊襄初平，多廢地。議分兵屯田，且以控制北方。從之。(《明史·章溢傳》)

吳元年，置司農司。未幾，罷之。

吳元年，置司農司，卿正三品，少卿正四品，丞正五品，典簿司計正七品。洪武元年罷。(《明史·注》)

洪武元年，太祖卽皇帝位。御史中丞劉基奏立

劉基奏立軍衞屯田法

軍衛法。制屯田，以都司統攝。每軍種田五十畝，軍士三分守城，七分屯種。亦有以田土肥瘠，地方衝緩而異者。歲收子粒，以省餽餉。耕牛農具，皆給於官。

洪武元年正月，祀天地於南郊，卽皇帝位。定有天下之號曰明，建元洪武。（《明史·太祖紀》）

劉基拜御史中丞，兼太史令。太祖卽皇帝位，基奏立軍衛法。（《明史·劉基傳》）

國初，兵荒之後，民無定居。耕稼盡廢，糧餉匱乏。初命諸將，分屯於龍江等處。後設各衛所，創制屯田，以都司統攝。每軍種田五十畝爲一分。又或百畝，或七十畝，或三十畝，二十畝不等。軍士三分守城，七分屯種。又有二八、四六、一九、中半等例。皆以田土肥瘠，地方衝緩爲差。又令少壯者守城，老弱者屯種，餘丁多者亦許耕墾。其徵收則例，或增減殊數，本折互收，皆因時因地而異。（《明會典》）

國初，以軍食爲重。自內地及邊境，荒閒田土，各衛所撥軍開墾。歲收子粒，爲官軍俸糧，以省餽餉。其耕種器具牛隻，皆給於官。（《明會典》）

命諸將於滁、和、廬、鳳、燕山、兀良哈分軍屯田。

洪武元年，命諸將分軍屯種，於滁、和、廬、鳳地方開立屯所。京衛旗軍七分下屯，三分守城。每分田五十畝，設都指揮一員統之。又置北平府，領燕山等衛。復置大寧都司於兀良哈地，各置屯田。以五十畝爲一分。七分屯種，三分守城。授田之制，以五十畝爲中。（《明會典》）

立商屯法謂之開中

三年，從山西行省請，召商輸米於大同、太原，給以淮鹽，謂之開中。其後各省邊境，多召商中鹽。軍儲鹽法邊計，相輔而行，謂之商屯。《明史·郁新傳》以爲新爲戶部尚書時所定。按《七卿表》，新，洪武二十六年六月，始爲戶部尚書。傳所稱者誤也。

有明鹽法，莫善於開中。洪武三年，山西行省言，大同糧儲，自陵縣運至太和嶺，路遠費煩。請令商人，於大同倉入米一石，太原倉入米一石三斗，給淮鹽一小引。商人鬻畢，即以原給引目，赴所在官司繳之。如此，則轉運費省，而邊儲充。帝從之。召商輸糧，而與之鹽，謂之開中。其後各行省邊境，多召商中鹽，以爲軍儲。鹽法邊計相輔而行。（《明史·食貨志》）

募鹽商於各邊開中，謂之商屯。洪武三年六月，以大同糧儲，自陵縣運至太和嶺，路遠費重。從山西行省言，令商人於大同倉入米一石，太原倉入米一石三斗者，給淮鹽一小引，以省運費而充邊儲，謂之開中。其後，各行省邊境，多召商中鹽。輸米諸倉，以爲軍儲。計道里遠近，自五石至一石有差。先後增減則例不一。率視時緩急，米直高下，中納者利否。道遠地險，則減而輕之。王圻曰，屯田乃食足，兵之要道，而通商中鹽，則又所以維持屯田於不壞者也。洪、永間，純任此法，所以邊圉富強，不煩轉運。而蠲租之詔，無歲無之。後來屯田鹽法，漸非其舊，而邊餉不足，軍民俱困矣。（《續文獻通考》）

郁新，洪武中，以人才徵，授戶部度支主事，遷郎中。踰年，擢本部右侍郎。太祖嘗問天下戶口田賦，地理險易，應答無遺。帝稱其才。尋進尚書。以邊餉不繼，定召商開中法。令商輸粟塞下，按引支鹽，邊儲以足。（《明史·郁新傳》）

洪武二十六年六月，郁新任戶部尚書。（《明史·七卿表》）

中書省請稅太原、朔州等衞屯田。帝命勿徵。

洪武三年九月，中書省請稅太原、朔州等衞屯田。官給牛種者，十稅五。自備者，稅其四。帝曰，邊軍勞苦，能自給足矣，猶欲取其稅乎？命勿徵。（《續文獻通考》）

以中原田多荒蕪，復置司農司，設治所於河南。遷民分屯，按其丁力，計畝給之。尋又罷司農司，以民屯隸之有司。

設民屯以墾中原荒田

洪武三年，復置司農司，開治所於河南。設卿一人，少卿二人，丞四人，主簿、錄事各二人。四年，又罷之。（《明史·職官志》）

以中原田多蕪，命省臣議，計民授田。設司農司，開治河南掌其事。臨濠之田，驗其丁力，計畝給之，毋許兼幷。北方近城地多不治，召民耕。人給十五畝，蔬地二畝，免租三年。太祖仍元里社之制，河北諸州土著者，以社分里甲。遷民分屯之地，以屯分里甲。（《明史·食貨志》）

移民就寬鄉，或召募，或罪徙者，爲民屯，皆領之有司。桂彥良《太平治要》曰，中原爲天下腹心，號膏腴之地。因人力不至，久致荒蕪。近雖令諸郡屯種，墾闢未廣。莫若於四方，地瘠民貧，戶口衆多之處，令有司募民開耕。願應募者，資以物力，寬其徭賦，使之樂於趨事。及犯罪者，亦謫之屯田。使荒閑之地，無不農桑。三五年間，中州富庶矣。（《續文獻通考》）

淮安侯華雲龍言，元降卒留永平屯田者，所得不償所費，宜併入燕山等衞。從之。

華雲龍，洪武三年冬，論功，封淮安侯。雲龍上言，北平邊塞，東自永平、薊州，西至灰嶺下。隘口一百二十一。相去可二千二百里。其王平口至官坐嶺，隘口九，相去五百餘里。俱衝要，宜設兵。紫荊關及蘆花山嶺尤要害，宜設千戶守禦所。又言，前大兵克永平，留故元八翼軍士，千六百人屯田。人月支糧五斗，所得不償費。宜入燕山諸衞，補伍操練。俱從之。（《明史·華雲龍傳》）

令邊將屯田歲有常課

時，諸將在邊，屯田募伍，歲有常課。惟平涼侯費聚鎮平涼，頗躭酒色，無所事事。帝召聚還，切責之。

費聚，洪武二年，會大軍取西安。改西安衞指揮使，進都督府僉事，鎮守平涼。三年，封平涼侯，歲祿千五百石，予世券。時，諸將在邊，屯田募伍，歲有常課。聚頗躭酒色，無所事事。又以招降無功，召還。切責之。（《明史·費聚傳》）

寧正修漢唐古渠，開寧夏屯田

甯正爲河州衞指揮使。初至衞，邑城空虛，正勤於勞徠，河州遂爲樂土。後帝嘉其功，令兼領寧夏衞事。正又修築漢唐舊渠，引河水溉田。開屯田數萬頃，兵食饒足。

寧正，幼爲韋德成養子，冒姓韋。洪武三年，授河州衞指揮使。上言，西民轉粟餉軍甚勞，而茶布可易粟，請以茶布給軍。令自相貿易，省輓運之苦。詔從之。正初至衛，城邑空虛，勤於勞徠。不數年，河州遂爲樂土。璽書嘉勞，始復寧姓。兼領寧夏衛事。修築漢唐舊渠，引河水溉田。開屯田數萬頃，兵食饒足。(《明史·寧正傳》)

廣西省臣言，溪洞蠻苗，獷戾好畔，而郡縣無兵以馭之。近盜寇鬱林，同知王彬集民丁拒守，潯州經歷徐成祖亦以民兵敗賊，是則土兵未始不可用。乞令邊郡，輯民丁，置兵械，籍之有司。有事則捕賊，無事則務農。詔從之。置南寧、柳州二衛。並賞彬、成祖等。

從廣西省請，置土兵以事耕戰

洪武二年，上思州蠻賊黃龍冠聚衆萬餘，寇鬱林州。知州趙鑑、同知王彬集民丁拒守。賊圍城半月，不能下。海北等衛官軍來援，賊夜遁。追至上思州境，破之。三年，置南寧、柳州二衛。時，廣西省臣言，廣西地接雲南、交阯，所治皆溪洞，苗蠻性狼戾多畔。府衛兵遠在靖江數百里外，卒有警，難相援。乞立衛置兵以鎮。又言，廣海俗素獷戾，動相讎殺。蓋緣郡縣無兵以馭之。近盜寇鬱林，同知王彬集民兵拒守。潯州經歷徐成祖，亦以民兵千餘敗賊。是土兵未始不可用。乞令邊境郡縣，輯民丁之壯者，置衣甲器械，籍之有司。有事則捕賊，無事則務農。詔從之。遂置衛，益兵守禦。賞王彬、徐成祖等有功者。(《明史·廣西土司傳》)

四年，從右丞相徐達請，徙山後民萬七千餘戶，屯北平。又令於山北口外，極邊沙漠之地，分設千百戶，收撫邊民。無事則耕，有事則戰。

從徐達請招邊民屯田

洪武四年三月，徙山後民萬七千戶，屯北平。(《明史·太祖紀》)

洪武四年三月，徙山後民萬七千餘戶，屯北平。從中書右丞相徐達請也。時，又令於山北口外，東勝、蔚、朔、安豐、雲、應等州，極邊沙漠之地，各設千百戶，收撫邊民。無事則耕，有事則戰。就以所儲糧草給之。(《續文獻通考》)

達尋又徙沙漠遺民三萬二千餘戶，屯田北平，實諸衛府，置二百五十四屯，墾田千三百餘頃。

洪武四年六月，徙山後民三萬五千戶於內地。又徙沙漠遺民三

萬二千戶，屯田北平。（《明史·太祖紀》）

徐達，洪武三年，進太傅，中書右丞相，參軍國事，改封魏國公。明年，帥盛熙等，赴北平。練兵馬，修城池。徙山後民，實諸衞府。置二百五十四屯，墾田一千三百餘頃。其冬，召還。（《明史·徐達傳》）

至六月，達又以沙漠遺民三萬二千餘戶，屯田北平。凡置屯二百五十四，開田一千三百四十三頃。（《續文獻通考》）

中書省請稅河南、山東、北平、陝西等處屯田。詔仍勿徵。俟三年後，畝收租一斗。

洪武三年，中書省請稅太原、朔州等衞屯田。帝命勿徵。明年十一月，又言，河南、山東、北平、陝西、山西及直隸、淮安諸府屯田，凡官給牛種者，十稅五。自備者，十稅三。仍詔勿徵。俟三年後，畝收租一斗。（《續文獻通考》）

馬雲、葉旺墾田遼東

指揮僉事葉旺、馬雲偕鎮遼東，立軍府。撫軍民，墾田萬餘頃，遂爲永利。

葉旺，六安人。與合肥人馬雲同隸長鎗軍謝再興，爲千戶。再興叛，二人自拔歸。數從征，積功並授指揮僉事。洪武四年，偕鎮遼東。旺與雲之鎮遼也，翦荊棘，立軍府。撫輯軍民，墾田萬餘頃，遂爲永利。旺尤久，先後凡十七年，遼人德之。嘉靖初，以二人有功於遼，命有司立祠，春秋祀之。（《明史·葉旺傳》）

發罪人屯田臨濠

五年，詔發罪人，屯田臨濠。

洪武五年正月，詔，罪人當戍兩廣者，悉發臨濠屯田。（《續文獻通考》）

徙江南富民十四萬戶，田濠州，命李善長經理之。明初，又嘗徙江南貧民四千餘戶，田臨濠。給牛種車糧，以資遣之。

明初，嘗徙蘇、松、嘉、湖、杭民之無田者，四千餘戶，往耕臨濠。給牛、種、車、糧，以資遣之。三年不征其稅。（《明史·食貨志》）

李善長，洪武三年，授太師，中書左丞相，封韓國公。四年，以疾致仕。踰年，病愈。命徙江南富民十四萬，田濠州，以善長經理

之。留濠者數年。(《明史·李善長傳》)

六年，從太僕丞梁也先帖木兒言。招集流亡，屯田寧夏、四川，兼行中鹽之法。

> 洪武六年四月，詔屯田寧夏、四川等處。太僕丞梁也先帖木兒言，黃河迤北，寧夏境內及四川，西南至船城，東北至塔灘，相去八百里。土田膏沃，舟楫通行。宜招集流亡屯田，兼行中鹽之法。從之。其後，又命四川建昌衛，附近田土，先儘軍人。次與小旗、總旗、百戶、千戶、指揮屯種自給。陝西、臨洮、岷州、寧夏、洮州、西寧、甘州、莊浪、河州、甘肅、山丹、永昌、涼州等衛屯田，歲穀種外，餘糧以十分之二上倉，給守城軍士。(《續文獻通考》)

詔屯田陝西、寧夏、甘肅、四川

七年，命都督僉事王簡、王誠、平章李伯昇，屯田河南等處。

> 洪武七年正月，命都督僉事王簡、王誠、平章李伯昇屯田河南、山東、北平。(《明史·太祖紀》)

命屯田河南

八年，命衞國公鄧愈、河南侯陸聚等十三人，屯田戍守北平、陝西、河南。

> 洪武八年正月，鄧愈、湯和等十三人，屯戍北平、陝西、河南。(《明史·太祖紀》)
>
> 陸聚，洪武三年，封河南侯。八年，同衞國公鄧愈屯田陝西，置衞戍守。(《明史·陸聚傳》)

命屯田北平、陝西

宥罪人，輸作屯種鳳陽以贖罪。

> 洪武八年二月，宥雜犯死罪以下，及官犯私罪者，謫鳳陽，輸作屯種贖罪。(《明史·太祖紀》)

以罪人屯種鳳陽

永嘉侯朱亮祖同李善長督理屯田，巡海道。

> 朱亮祖，洪武三年，封永嘉侯。八年，同傅友德鎮北平，還。又同李善長督理屯田，巡海道。(《明史·朱亮祖傳》)

九年，徙山西、真定貧民，屯田鳳陽。

> 洪武九年十一月，徙山西及真定民之無產者，屯田鳳陽。(《續文獻通考》)

徙貧民屯田鳳陽

時，官吏有罪者，笞以上，悉謫屯鳳陽。陝西

謫官吏犯罪者屯田

按察司僉事韓宜可疏爭之。謂宜論其罪之大小，情之輕重，乞分別，以協衆心。帝可之。

韓宜可，洪武九年，出爲陝西按察司僉事。時，官吏有罪者，笞以上，悉謫屯鳳陽，至萬數。宜可疏爭之，曰，刑以禁淫慝，一民軌。宜論其情之輕重，事之公私，罪之大小。今悉令謫屯，此小人之幸，君子殆矣。乞分別，以協衆心。帝可之。（《明史・韓宜可傳》）

葉伯巨請勿謫官徙民屯田鳳陽

以星變求直言。平遙訓導葉伯巨應詔上書。略曰，當今之事，太過者三。分封太侈，一也。用刑太繁，二也。求治太急，三也。其論用刑太繁也，謂議者以宋、元中葉，專務姑息，賞罰無章，以致滅亡。主上痛懲其弊，制不宥之刑。今之爲士，以屯田工役，爲必獲之罪。鞭笞捶楚，爲尋常之辱。朝廷取士，務無餘逸。而洎乎居官，一有差跌，苟免誅戮，則必在屯田工役之科，不稍顧惜。鳳陽皇陵所在，而率以罪人居之，殆非恭承宗廟之意。新附戶之民，向者流移他所。朝廷許其復業，今又徙之。近已納稅糧之家，雖分釋還家。已起戶口，猶留開封。朝廷宜存大體，赦小過，嚴禁深刻之吏。鳳陽屯田之戶，見在居屯者，聽其耕種起科。已起戶口，見留開封者，悉放復業。則兆民自安，天變自消矣。

葉伯巨以國子生，授平遙訓導。洪武九年，星變，詔求直言。伯巨上書，略曰，臣觀當今之事，太過者三。分封太侈也，用刑太繁也，求治太急也。議者曰，宋、元中葉，專事姑息，賞罰無章，以致亡滅。主上痛懲其弊，故制不宥之刑，權神變之法。而用刑之際，多裁自聖衷。遂使治獄之吏，務趨求意旨，深刻者多功，平反者得罪。欲求治獄之平，豈易得哉？近者特旨，雜犯死罪，免死充軍。又刪定舊律諸則，減宥有差矣。然未聞有戒敕治獄者，務從平恕之條。是以法司，猶循故例。雖聞寬宥之名，未見寬宥之實。古之爲士者，以

登士爲榮，以罷職爲辱。今之爲士者，以屯田工役爲必獲之罪，以
鞭笞捶楚爲尋常之辱。其始也，朝廷取天下之士，網羅捃摭，務無
餘逸。比到京師除官，所學或非所用。致使朝不謀夕，棄其廉恥。或
事掊克，以備屯田工役之資者，率皆是也。漢嘗徙大族於山陵矣，未
聞實之以罪人也。今鳳陽皇陵所在，龍興之地，而率以罪人居之。怨
嗟愁苦之聲，充斥園邑，殆非所以恭承宗廟意也。新附之衆，向者
流移他所，朝廷許其復業。今附籍矣，而又復遷徙。是法不信於民
也。夫戶口盛，而後田野闢，賦稅增。今責守令，年增戶口，正爲
是也。近者，已納稅糧之家，雖承旨分釋還家，而其心猶不自安。已
起戶口，雖蒙憐恤，而猶見留開封祗候。訛言驚動，不知所出。臣
願自今，朝廷宜存大體，赦小過。明詔天下，修舉八議之法，嚴禁
深刻之吏。斷獄平允者，超遷之。殘酷哀斂者，罷黜之。鳳陽屯田
之制，見在居屯者，聽其耕種起科。已起戶口，見留開封者，悉放
復業。如此，則足以隆好生之德，樹國祚長久之福。而兆民自安，天
變自消矣。(《明史·葉伯巨傳》)

十一年，置貴州都司衛所，開立屯田。

立貴州屯田

凡開立屯田，洪武十一年，置貴州都司衛所，開設屯堡。(《明
會典》)

十二年，平羌將軍丁玉平松潘，置立軍衛。翌
年，帝以松州山多田少，屯種不給，餽餉爲難。命
罷之。未幾，指揮耿忠經略其地。奏言，松州爲番
蜀要害，軍衛不可罷。命復置之。

丁玉屯田松州

丁玉，洪武十年，召爲右御史大夫。四川威茂土酋董貼里叛，以
玉爲平羌將軍，討之。至威州，貼里降。承制設威州千戶所。十二
年，平松州，玉遣指揮高顯等城之。請立軍衛。帝謂松州山多田少，耕
種不能贍軍，守之非策。玉言，松州爲西羌要地，軍衛不可罷。遂
設官築戍，如玉議。(《明史·丁玉傳》)

松潘，古氐羌地，西漢置護羌校尉於此。唐初置松州都督，廣
德初，陷於吐蕃。宋時，吐蕃將潘羅支領之，名潘州。元置吐蕃宣
慰司。洪武十二年，命平羌將軍御史大夫丁玉定其地，遂併潘州於
松州。置松州衛指揮使司。丁玉遣寧州衛指揮高顯城其地。十三年,帝
以松州衛遠在山谷，屯種不給，餽餉爲難。命罷之。未幾，指揮耿

忠經略其地。奏言，松州爲番蜀要害地，不可罷。命復置。（《明史·四川土司傳》）

釋屯田罪人　　　　　　　十三年，釋在京及臨濠屯田輸作者。

洪武十三年五月，大赦。釋在京及臨濠屯田輸作者。（《明史·太祖紀》）

命屯田北平　　　　　　　命景川侯曹震等屯田北平。

洪武十三年九月，景川侯曹震、滎陽侯唐璟、永城侯薛顯屯田北平。（《明史·太祖紀》）

薛顯封永城侯，數奉命巡視河南，屯田北平，練軍山西。（《明史·薛顯傳》）

詔陝西屯田　　　　　　　詔陝西，以衞軍三分之二屯田。

洪武十三年九月，詔陝西衞軍以三分之二屯田。（《明史·太祖紀》）

沐英屯田雲南　　　　　　十五年，西平侯沐英拔大理，分兵收未附諸蠻，設官立衞守之。還軍，與傅友德會滇池，分道平烏撒、東川諸蠻。立烏撒、畢節二衞。

洪武十五年閏二月，藍玉、沐英克大理。分兵徇鶴慶、麗江、金齒俱下。（《明史·太祖紀》）

沐英封西平侯。洪武十三年，命英總陝西兵出塞，略亦集乃路，獲其全部以歸。明年，拜征南右副將軍，同永昌侯藍玉從將軍傅友德取雲南。元梁王遣平章達里麻以兵十餘萬，拒於曲靖。英大敗之，生禽達里麻，長驅入雲南。梁王走死，右丞觀音保以城降。屬郡皆下，獨大理倚點蒼山洱海，扼龍首、龍尾二關，不下。關故南詔築，土酋段世守之。英自將抵下關，遣王弼由洱水東趨上關，胡海由石門間道渡河。英斬關進，山上軍亦馳下夾擊，禽段世，遂拔大理。分兵收未附諸蠻，設官立衞守之。回軍，與友德會滇池，分道平烏撒、東川、建昌、茫部諸蠻。立烏撒、畢節二衞。（《明史·沐英傳》）

命議遼左屯田之法　　　以海運有溺死者，命議遼左屯田之法。《明史·食貨志》以八年，鄧愈、湯和屯田陝西等處。九年，徙山西、真定民屯田鳳陽。及是年以海運餉遼，有溺死者，遂益講屯政三事。俱繫之六年者誤也。

洪武十五年五月，命議遼左屯田。時，士卒渡海，有溺死者，因議遼左屯田之法。（《續文獻通考》）

洪武六年，太僕丞梁也先帖木兒言，寧夏境內，及四川西南至船城、東北至塔灘，相去八百里，土膏沃。宜集招流亡屯田。從之。是時，遣鄧愈、湯和諸將，屯陝西、彰德、汝寧、北平、永平，徙山西、眞定民屯鳳陽。又因海運餉遼，有溺死者，遂益講屯政。天下衛所州縣軍民，皆事墾闢矣。（《明史·食貨志》）

延安侯唐勝宗、長興侯耿炳文屯田陝西。

洪武十五年八月，延安侯唐勝宗、長興侯耿炳文屯田陝西。（《明史·太祖紀》）

振北平被災屯田士卒。

洪武十五年十二月，振北平被災屯田士卒。（《明史·太祖紀》）

唐勝宗，洪武三年，封延安侯。十五年，巡視陝西，督屯田，簡軍士。（《明史·唐勝宗傳》）

十七年，廣西都司耿良奏，田州知府岑堅、泗城州知州岑善忠率土兵討猺有功。請選其壯丁萬人，立二衛。以善忠之子振、堅之子永通爲千戶，統之。且耕且戰。此以蠻攻蠻之術也。詔行其言。

従耿良奏以土兵置衛屯田

田州，古百粵地，漢屬交阯郡，唐隸邕州都督府。宋始置田州，屬邕州橫山寨。元改置田州路軍民總管府。明興，改田州府，省來安府入焉。後改田州。洪武十七年，都指揮使耿良奏，田州知府岑堅、泗城州知州岑善忠率其土兵，討捕猺寇，多樹功績。臣欲令選取壯丁，各五千人，立二衛。以善忠之子振、堅之子永通爲千戶。統衆守禦，且耕且戰。此古人以蠻攻蠻之術也。詔行其言。（《明史·廣西土司傳》）

泗城州，宋置，隸橫山寨，元屬田州路。其界東抵東蘭，西抵上林長官司，南抵田州，北抵永寧州。洪武五年，征南副將軍周德興克泗城州。土官岑善忠歸附，授世襲知州。（《明史·廣西土司傳》）

十八年，思州蠻叛。命楚王楨，與信國公湯和、江夏侯周德興，討之。時，寇出沒不常，聞師至，輒

湯和、周德興以屯田定蠻

竄，師退復出。和等恐蠻人驚遁，乃令軍士，分屯諸洞，與蠻人雜耕，使之不疑。後遂以計，禽其渠魁，餘黨悉潰。留兵鎮之。德興在楚久，所用皆楚卒，威震蠻中。定武昌等十五衛。決荊山嶽山壩以漑田，歲增官租四千餘石。

楚昭王楨，太祖第六子，洪武三年，封楚王。十八年四月，銅鼓、思州諸蠻亂，命楨與信國公湯和、江夏侯周德興帥師往討。和等分屯諸洞，立柵與蠻人雜耕作。久之，擒其渠魁。餘黨悉潰。（《明史·諸王傳》）

周德興，洪武三年，封江夏侯。十八年，楚王楨討思州五開蠻，復以德興爲副將軍。德興在楚久，所用皆楚卒，威震蠻中。定武昌等十五衛，歲練軍士四萬四千八百人。決荊山嶽山壩以漑田，歲增官租四千三百石。楚人德之。還鄉，賜黃金二百兩，白金二千兩，文綺百匹。（《明史·周德興傳》）

貴州，古羅施鬼國。漢西南夷牂牁、武陵諸傍郡地。元置八番順元諸軍民宣慰使司，以羈縻之。明太祖既克陳友諒，兵威遠振。思南宣慰、思州宣撫，率先歸附，卽令以故官世守之。思南卽唐思州。宋宣和中，番部田祐恭內附，世有其地。元改宣慰司。明洪武初，析爲二宣慰。十八年，思州諸洞蠻作亂。命信國公湯和等討之。時，寇出沒不常。聞師至，輒竄山谷間，退則復出剽掠。和等師抵其地，恐蠻人驚潰，乃令軍士，於諸洞分屯立柵，與蠻人雜耕，使不復疑。久之，以計禽其魁，餘黨悉定。留兵鎮之。（《明史·貴州土司傳》）

增雲南屯田

雲南諸蠻平，增置衛所。開屯戍守，給以腴田。

凡開立屯田，洪武十八年，雲南諸蠻平。增置衛所，開屯戍守。悉以腴田給軍，并歸附之衆。（《明會典》）

沐英父子大興雲南屯田

十九年，從西平侯沐英請，屯田雲南。自永寧至大理，六十里設一堡，留軍耕種。仍諭以邊地久荒，用力實難，宜緩徵其歲輸租。英在滇，百務具舉，墾屯田至百餘萬畝。英卒，子春嗣爵，鎮雲南七年，大修屯政，闢田三十餘萬畝。

洪武十九年九月，屯田雲南。(《明史·太祖紀》)

沐英，洪武十九年，平浪穹蠻。奉詔，自永寧至大理，六十里設一堡，留軍屯田。明年，百夷思倫發叛。誘羣蠻入寇摩沙勒寨，遣都督寧正擊破之。二十二年，思倫發復寇定邊，衆號三十萬。英選騎三萬馳救，斬馘四萬餘人。思倫發遁去，諸蠻震慴。已而會潁國公傅友德討平東川蠻。又平越州酋阿資及廣西阿赤部。是年冬，入朝。帝親拊之，曰，使我高枕無南顧憂者，汝英也。還鎮，再敗百夷於景東。思倫發乞降，貢方物。阿資又叛，擊降之，南中悉定。使使以兵威諭降諸番，番部有重譯入貢者。二十五年卒於鎮，年四十八。軍民巷哭，遠夷皆爲流涕。歸葬京師，追封黔寧王，謚昭靖，侑享太廟。英沉毅寡言笑，好賢禮士，撫卒伍有恩。未嘗妄殺。在滇百務具舉，簡守令，課農桑。歲較屯田增損，以爲賞罰，墾田至百餘萬畝。英卒，子春嗣爵，鎮雲南。春在鎮七年，大修屯政，闢田三十餘萬畝。鑿鐵池、溉涸田數萬畝。(《明史·沐英傳》)

洪武十九年，屯田雲南。時，雲南既平，諸蠻未附，命西平侯沐英鎮之。英奏，雲南土地甚廣，而荒蕪居多。宜置屯田，令軍士開耕，以備儲蓄。乃諭戶部曰，屯田可以紓民力，足兵食。邊防之計，莫善於此。然邊地久荒，榛莽蔽翳，用力實難。宜緩其歲輸，使樂耕作。數年之後，徵之可也。英奉詔。自永寧至大理，六十里設一堡，留軍屯田。(《續文獻通考》)

倭寇海上，帝命信國公湯和禦之。和請與方鳴謙偕往。帝訪鳴謙以禦倭策。對曰，倭海上來，則海上禦之耳。請置衞所。陸聚步兵，水具戰艦，則倭不得入寇。籍近海民丁，四取一爲軍，可不煩客軍。帝以爲然。和乃度兩浙沿海地，設衞所五十九。籍浙東民丁戶四丁以上者，取一丁戍之。明年，沿海城功竣。和還報命。嘉靖間，東南苦倭患，和所築城皆堅緻。浙人賴以自保，多歌思之。

湯和用方鳴謙策，籍民兵置衞所以禦倭寇

洪武二十年十一月，湯和還。凡築寧海、臨山等五十九城。(《明史·太祖紀》)

湯和，洪武十八年，以間從容言，願得歸故鄉。帝賜鈔，爲治第中都，並爲諸公侯治第。既而，倭寇海上，帝患之。顧謂和曰，卿雖老，强爲朕一行。和請與方鳴謙俱。鳴謙，國珍從子也，習海事。帝訪以禦倭策。鳴謙對曰，倭海上來，則海上禦之耳。請量地遠近，置衞所。陸聚步兵，水具戰艦。則倭不得入，入亦不得傅岸。近海民四丁籍一，以爲軍，戍守之。可無煩客兵也。帝以爲然。和乃度地浙西東，並海設衞所城五十有九。選丁壯三萬五千人築之。盡發州縣錢，及籍罪人貲給役，踰年而城成。稽軍次，定考格，立賞令。浙東民四丁以上者，戶取一丁戍之，凡得五萬八千七百餘人。和還報命，中都新第亦成，和帥妻子陛辭。賜黄金三百兩，白金二千兩，鈔三千錠，彩幣四十有副。夫人胡氏賜亦稱是。嘉靖間，東南苦倭患。和所築沿海城戍，皆堅緻，久且不圮。浙人賴以自保，多歌思之。巡按御史請於朝，立廟以祀。（《明史·湯和傳》）

詔曹震屯田雲南　　二十年，詔景川侯曹震及四川都司，選精兵二萬五千，屯田雲南品甸，以俟調發。

洪武二十年八月，景川侯曹震屯田雲南品甸。（《明史·太祖紀》）

洪武二十年，詔景川侯曹震及四川都司，選精兵二萬五千，給軍器農具。卽雲南品甸屯種，以俟征討。（《明史·雲南土司傳》）

命陳桓、葉昇屯田雲南　　命普定侯陳桓、靖寧侯葉昇往雲南，總制諸軍，屯田定邊、姚安、畢節諸衞及貴州之安順州。

洪武二十年十一月，普定侯陳桓、靖寧侯葉昇屯田定邊、姚安、畢節諸衞。（《明史·太祖紀》）

葉昇，洪武十二年，封靖寧侯。二十年，命同普定侯陳桓，總制諸軍，於雲南定邊、姚安立營屯田，經理畢節衞。（《明史·葉昇傳》）

陳桓，洪武十七年，封普定侯。二十年，同靖寧侯陳桓征東川，俘獲甚衆。就令總制雲南諸軍，立營堡屯田。（《明史·藍玉傳》）

姚安，本漢弄棟、蜻蛉二縣地，唐置姚州都督府，以民多姚姓也。天寶間，南詔蒙氏改爲弄棟府。宋時，段氏改姚州。元立統矢千戶所。天曆間，陞姚安路。洪武十五年，定雲南，改爲府。二十年，命普定侯陳桓、靖寧侯葉昇往雲南，總制諸軍，於定邊、姚安等處，立營屯種。（《明史·雲南土司傳》）

安順、普里部蠻所居。元世祖置普定府。成宗時，改普定路，又爲普安路，並屬雲南。洪武初，爲普定府。十六年，改安順州。二十年，詔徵普定、安順等州六長官赴京，命以銀二十萬備羅。遣普定侯陳桓等，率諸軍駐普安屯田。(《明史·貴州土司傳》)

越州土酋阿資等叛，帝命西平侯沐英、征南將軍傅友德討之。道經平夷，以其地險惡，留千戶劉成等，置堡其地，設平夷千戶所。後阿資窮蹙，請降。英等以陸涼西南要地，請設衛屯守。從之。帝又以平夷尤當衝要，遣開國公常昇往辰陽，集民丁五千，卽平夷千戶所置衛。

設衛屯守平夷

洪武二十年，越州土酋阿資與羅雄州營長發束等叛。阿資者，土官龍海子也。越州蠻呼爲苦麻部。元末，龍海居之，所屬俱囉囉斯種。帝命西平侯沐英、會征南將軍傅友德進討。道過平夷，以其山險惡，宜駐兵屯守。遂遷其山民，往居卑午村。留神策衛千戶劉成等，將千人，置堡其地。後以爲平夷千戶所。二十二年，友德等進攻，阿資遁還越州，復追擊敗之。阿資窮蹙，請降。英等以陸涼西南要地，請設衛屯守。命洱海衛指揮僉事滕聚，於古魯昌築城，置陸涼衛指揮使司。詔從之。帝以平夷尤當要衝，四面皆諸蠻部落。乃遣開國公常昇往辰陽，集民間丁壯五千人，統以右軍都督僉事王成，卽平夷千戶所，改置衛。(《明史·雲南土司傳》)

二十一年，敕五軍都督府曰，養兵而不病於農者，莫若屯田。今海宇寧謐，若使兵坐食，農必受弊。其令天下衛所，督兵屯種。庶幾兵農兼務，國用以舒。自是，歲得糧五百餘萬石。

敕天下衛所屯田

洪武二十一年九月，敕天下衛所屯田。敕五軍都督府曰，養兵而不病於農者，莫若屯田。今海宇寧謐，邊境無虞。若使兵坐食於農，農必受敝，非長治久安之術。其令天下衛所，督兵屯種。庶幾兵農兼務，國用以舒。自是，歲得糧五百餘萬石。(《續文獻通考》)

永寧宣撫司言，所轄地有百九十灘，河道梗阻。詔景川侯曹震修之。先是，行人許穆言，松州

雲南開中

土瘠，不宜屯種，戍卒糧運不給。請移茂州，就近
屯田。帝以松州控扼西戎，不可輕動。不許。至是，運
道既通，松潘遂爲重鎭。後震復請於雲南煮鹽，募
商開中。及令商入粟雲南建昌，給以重慶綦江市馬
之引。皆從之。

曹震，洪武二十一年，同藍玉毅征南軍士。會永寧宣慰司言，所
轄地有百九十灘，其八十餘灘，道梗不利。詔震疏治之。震至瀘州
按視，有支河通永寧。乃鑿石削崖，令深廣，以通漕運。又闢陸路，作
驛舍郵亭，駕橋立棧。自茂州一道至松潘，一道至貴州，以達保寧。先
是，行人許穆言，松州地磽瘠，不宜屯種。戍卒三千，糧運不給。請
移戍茂州，俾就近屯田。帝以松州控制西番，不可動。至是，運道
既通，松潘遂爲重鎭。帝嘉其勞。踰年，復奏四事。一請於雲南大
寧境，就幷煮鹽，募商輸粟，以贍邊。一令商入粟雲南建昌，給以
重慶綦江市馬之引。一請蠲馬湖逋租。一施州衛軍儲仰給湖廣，泝
江險遠，請以重慶粟，順流輸之。皆報可。震在蜀久，諸所規畫，並
極周詳。蜀人德之。（《明史・藍玉傳》）

敕沐英屯田以逼景東

麓川平緬酋思倫發悉其衆，號三十萬，寇定
邊。西平侯沐英擊走之。帝遣使諭英，移師逼景東，屯
田固壘，以待大軍之集。翌年，倫發乞降。乃諭倫
發修臣禮，悉償前日兵費。倫發聽命。平緬遂平。

麓川平緬、元時皆屬緬甸。在雲南之西，與八百國，占城接境。洪
武十五年，大兵下雲南，進取大理，下金齒。平緬與金齒壤地相接。土
蠻思倫發聞之，懼，遂降。因置平緬宣慰使司。二十年，敕諭西平
侯沐英等曰，近御史李原德歸自平緬。知蠻情詭譎，必爲邊患。符
到，可卽於金齒、楚雄、品甸及瀾滄江中道，葺壘深池，以固營柵。多
置火統，爲守備。寇來，勿輕與戰。又以往歲，人吏至百夷，多貪
其財貨，不顧事理，貽笑諸蠻。繼今不許一人往平緬。卽文移，亦
愼答之，毋忽。明年，倫發誘羣蠻，入寇馬龍他郎甸之摩沙勒寨。英
遣都督寧正擊破之，斬首千五百餘級。倫發悉舉其衆，號三十萬，象
百餘，寇定邊，欲報摩沙勒之役。新附諸蠻，皆爲盡力。英選師三

萬，擣其寨。斬首三萬餘級，降卒萬餘人，象死者半，生獲三十有七，倫發遁。以捷聞，帝遣使諭英，移師逼景東。屯田固壘，以待大軍之集，勿輕受其降。二十二年，倫發遣把事刀綱等來言，往者逆謀，皆由把事刀廝郎、刀廝養所爲，乞貸死，願輸貢賦。雲南守臣以聞，乃遣通政司經歷楊大用齎敕，往諭思倫發修臣禮。悉償前日兵費，庶免問罪之師。倫發聽命，遂以象、馬、白金、方物入貢，謝罪。大用幷令獻叛首刀廝郎等一百三十七人。平緬遂平。自是，三年每來朝貢。（《明史・雲南土司傳》）

　　禮部主事高惟善奉命，招撫長河西諸處。還朝，上言，安邊之道，在治屯守，而兼恩威。屯守旣堅，雖遠有功。恩威未備，雖近無益。巖州、寧遠等處，乃古之州治。苟撥兵戍守，就築城堡，開墾山田。使近者向化而先附，遠者畏威而來歸。西域無事，則供我徭役。有事，則使之前驅。撫之旣久，皆爲我用。其便有六。帝從之。後建昌酋月魯帖木兒叛，長河西諸酋陰附之，失朝貢。帝命禮部爲文諭之，卽遣使謝罪。自是修貢不絕。

長河西、魚通、寧遠宣慰司在四川徼外，地通烏斯藏。唐爲吐蕃。元時置碉門、魚通、黎雅、長河西、寧遠六安撫司，隸吐蕃宣慰司。洪武時，其地打煎爐長河西土官元右丞剌瓦蒙遣其理問高惟善來朝，貢方物。宴賚遣還。十六年，復遣惟善來貢。命置長河西等處軍民安撫司，以剌瓦蒙爲安撫使。賜文綺四十八匹，鈔二百錠。授惟善禮部主事。二十年，遣惟善招撫長河西、魚通、寧遠諸處。明年，還朝，言，安邊之道，在治屯守，而兼恩威。屯守旣堅，雖遠而有功。恩威未備，雖近而無益。今魚通九枝彊土，及巖州、雜道二長官司。東鄰碉門、黎雅，西接長河西。自唐時吐蕃彊盛，寧遠、安靖、巖州漢民，往往爲虜驅入九枝魚通，防守漢邊。元初，設二萬戶府。仍於盤陀仁陽，置立寨柵，邊民戍守。其後，各枝率衆，攻仁陽等柵。及川蜀兵起，乘勢侵陵雅、卬、嘉等州。洪武十年，始隨碉門土酋歸附。巖州、雜道二長官司，自國朝設，迨今十有餘年，官

從高惟善請屯田巖州、寧遠以制西蕃

民仍舊不相統攝。蓋無統制之司，恣其猖獗，因襲舊弊，故也。其近而已附者如此，遠而未附者，何由而臣服之。且巖州、寧遠等處，乃古之州治。苟撥兵戍守，就築城堡，開墾山田。使近者向化而先附，遠者畏威而來歸。西域無事，則供我徭役。有事，則使之先驅。撫之既久，則皆為我用。如臣之說，其便有六。通烏斯藏、朵甘，鎮撫長河西。可拓地四百餘里，得番民二千餘戶。非惟黎雅保障，蜀亦永無西顧憂。一也。番民所處，老思岡之地，土瘠人繁。專務貿販碉門烏茶，蜀之細布。博易羌貨，以贍其生。若於巖州立市，則此輩衣食，皆仰給於我，焉敢為非。二也。以長河西、伯思、東巴獵等八千戶，為外番犄角，其勢必固。然後，招徠遠者。如其不來，使八千戶，近為內應，遠為鄉導。此所謂以蠻攻蠻，誠制邊之善道。三也。天全六番招討司八鄉之民，宜悉蠲其徭役，專令蒸造烏茶，運至巖州、置倉收貯，以易番馬，比之雅州易馬，其利倍之。且於打煎爐原易馬處，相去甚近，而價增於彼。則番民如蟻之慕羶，歸市必衆。四也。巖州既立倉易馬，則番民運茶出境，倍收其稅。其餘物貨至者必多。又魚通九枝蠻民，所種水陸之田，遞年無征。若令歲輸租米。并令軍士，開墾大渡河兩岸荒田。亦可供給戍守官軍。五也。碉門至巖州道路，宜令繕修開拓，以便往來人馬。仍量地里遠近，均立郵傳，與黎雅烽火相應。庶可以防遏亂略，邊境無虞。六也。帝從之。後建昌酉月魯帖木兒叛，長河西諸酉陰附之，失朝貢。太祖怒。三十年春，謂禮部臣曰，今天下一統，四方萬國皆以時奉貢。如烏斯藏、尼八剌國，其地極遠，猶三歲一朝。惟打煎爐長河西土酉，外附月魯帖木兒、賈哈剌，不臣中國。興師討之，鋒刃之下，死者必衆，宜遣人諭其酉，若聽命來覲，一以恩待。不悛，則發兵三十萬，聲罪徂征。禮官以帝意為文，馳諭之。其酉懼，卽遣使，入貢謝罪。天子赦之，為置長河西、魚通、寧遠宣慰司。以其酉為宣慰使。自是脩貢不絕。（《明史・西域傳》）

命唐勝宗、張龍督貴州屯田

二十三年，命延安侯唐勝宗、鳳翔侯張龍，提督貴州各衛屯田。訓練軍士，相機剿寇。

洪武二十三年正月，延安侯唐勝宗督貴州各衛屯田。（《明史・太祖紀》）

張龍，洪武十一年，封鳳翔侯。二十三年春，同延安侯唐勝宗督屯田於平越、鎮遠、貴州，議置龍里衛。都勻亂，佐藍玉討平之。（《明

史・張龍傳》)

洪武二十三年，命延安侯唐勝宗往黃平、平越、鎮遠、貴州諸處，訓練軍士，提督屯田，相機剿寇。(《明史・貴州土司傳》)

置木密關守禦千戶所於尋甸之甸頭易龍驛，又置屯田所於甸頭里果馬里。聯絡耕種，以備邊。自是土官皆按期入貢。

屯田尋甸土官奉貢

尋甸，古滇國地，獲剌蠻居之，號仲劌溢源部，後爲烏蠻裔斯丁所奪，號斯丁部。蒙氏爲尋甸，至段氏改仁德部。元初，置仁德萬戶，後改府。洪武十五年，定雲南，仁德土官阿孔等貢馬及方物，改爲尋甸軍民府。二十三年，置木密關守禦千戶所，於尋甸之甸頭易龍驛。又置屯田所於甸頭里果馬里。聯絡耕種，以爲邊備。是後，土官皆按期入貢。(《明史・雲南土司傳》)

二十四年，帝以大寧都司諸衛，足以守邊。其山海關、一片石等處守關軍士，止留十餘人，譏察逋逃。餘者，悉令屯田。

令邊軍悉皆屯田

洪武二十四年四月，帝謂後軍都督沐春曰，今塞外清寧，已置大寧都司及廣寧諸衛，足以守邊。其守關士卒，已命撤之。而山海關猶循故事。其七站軍士，雖名守關，實廢屯田養馬。自今一片石等關，每處止存軍士十餘人，譏察逋逃。餘悉令屯田。(《續文獻通考》)

命潁國公傅友德練兵山陝，總屯田事。

命傅友德總山陝屯事田

傅友德，洪武十七年，封潁國公。二十三年，從晉王、燕王征沙漠，明年，復從燕王征哈者舍利，大破虜衆而還。再出練兵山陝，總屯田事。加太子太師。尋遣還鄉。(《明史・傅友德傳》)

以景東雲南要地，且多腴田，調軍屯守。

屯田景東

洪武二十四年，帝以景東雲南要地，且多腴田，調白崖川軍士屯守。(《明史・雲南土司傳》)

二十五年，詔天下衛所，以軍士十之七屯田。

詔天下衛所以兵士十分之七屯田

洪武二十五年二月，詔天下衛所軍，以十之七屯田。(《明史・太祖紀》)

豫王桂改封代王。是年，就藩大同。糧餉艱遠，命

立十六衛屯田大同以省轉運

宋國公馮勝、潁國公傳友德率開國公常昇等，分行
山西。籍太原平陽民爲軍，立十六衞。屯田於大同
東勝，以省轉運。

> 洪武二十五年八月，宋國公馮勝、潁國公傅友德率開國公常昇
> 等，分行山西，籍民爲軍。屯田於大同東勝，立十六衞。（《明史·
> 太祖紀》）

> 代簡王桂，太祖第十三子。洪武十一年，封豫王。二十五年，改
> 封代。是年，就藩大同。糧餉艱遠，令立衞屯田，以省轉運。（《明
> 史·諸王傳》）

> 馮勝，洪武三年，封宋國公。二十五年，命勝籍太原平陽民爲
> 軍，立衞屯田。（《明史·馮勝傳》）

> 傅友德，洪武二十五年，副宋國公馮勝，分行山西。屯田於大
> 同東勝，立十六衞。是冬，再練兵山西，河南。明年，偕召還。（《明
> 史·傅友德傳》）

屯田五開　　　　　　　　二十六年，五開蠻平，設衞屯種其地。

> 凡開立屯田，洪武二十六年，五開蠻平，始設衞所種。（《明
> 會典》）

命周王朱橚等出塞築城　　二十八年，帝欲諸子習兵事。封邊塞者，皆預
屯田　　　　　　　　　　軍務。命周王橚、晉王棡率河南、山西諸衞軍，出
　　　　　　　　　　　　塞築城屯田。

> 洪武二十八年正月，周王橚、晉王棡，率河南、山西諸衞軍，出
> 塞築城屯田。燕王棣帥總兵官周興，出遼東塞。（《明史·太祖紀》）

> 洪武末，帝念邊防甚，且欲諸子習兵事。諸王封並塞者，皆預
> 軍務。而晉、燕二王，尤被重寄。數命將兵出塞，及築城屯田。大
> 將如宋國公馮勝、潁國公傅友德皆受節制。（《明史·諸王傳》）

廣西田賦不足供軍命置　　二十九年，廣西布政使司言，新設南丹等衞
屯田耕以自給　　　　　　所，歲用軍餉二十餘萬石，有司所徵不能供。帝命
　　　　　　　　　　　　俱置屯田，俾軍士耕種。並遣中使，市牛給之。

> 洪武二十九年，廣西布政使司上言，新設南丹等三衞，及富川
> 千戶所，歲用軍餉二十餘萬石。有司所徵，不足給。帝命俱置屯田，給

軍耕種。尋遣中使，至桂林等府，市牛給南丹、奉議諸衛軍士。(《明史·廣西土司傳》)

三十年，令左都督楊文屯田遼東，而罷海運。　　命楊文屯田遼東而罷海運

洪武三十年正月，左都督楊文屯田遼東。(《明史·太祖紀》)

海運始於元。風利，自浙西抵京師，不過旬日，而漂失甚多。洪武元年，太祖命湯和造海舟，餉北征士卒。天下既定，募水工，運萊州洋海倉粟，以給永平。後遼左及迤北數用兵。於是，靖海侯吳禎、延安侯唐勝宗、航海侯張赫、舳艫侯朱壽先後轉遼餉，以爲常。督江浙邊海衛軍，大舟百餘艘，運糧數十萬。賜將校以下，綺帛胡椒蘇木錢鈔有差。民夫，則復其家一年。溺死者，厚恤。三十年，以遼東軍餉贏羨。第令遼軍屯種其地，而罷海運。(《明史·河渠志》)

令肅王楧甘州五衛軍屯種。遇征伐，以長興侯耿炳文佐之。　　令肅王朱楧督甘州軍屯

肅莊王楧，太祖第十四子也。洪武二十八年，始就藩甘州，詔王理陝西行都司甘州五衛軍務。三十年，令督軍屯種，遇征伐，以長興侯耿炳文從。(《明史·諸王傳》)

復有和州總制郭景祥廣屯田，練士卒，威望肅然。璽書褒之。亦明初之事。

郭景祥爲大都督府參軍。和州守臣言，州城久廢，命景祥相度，即故址城之，九旬而工畢。太祖以爲能，授和州總制。景祥益治城隍樓櫓，廣屯田，練士卒，威望肅然。和遂爲重鎮。璽書褒勞。仕終浙江行省參政。(《明史·郭景祥傳》)

建文帝建文元年，西平侯沐晟討平麓川諸蠻。分置三府、二州、五長官司。又於怒江之西，置屯衛戍之。其地遂定。　　沐晟平麓川置屯田

沐英封西平侯，鎮雲南。子春、晟、昂、昕。英卒，春嗣爵。春卒，無子。弟晟，建文元年，嗣侯。比就鎮，麓川思倫發死，諸蠻分據其地。晟討平之。以其地爲三府、二州、五長官司。又於怒江西，置屯衛千戶所戍之。麓川遂定。(《明史·沐英傳》)

四年，定屯田科則。每軍田一分，正糧十二石，收　　定屯田科則

貯屯倉，聽本軍支用。餘糧十二石，爲本衞官軍俸
糧。並差御史比較。

建文四年，始定屯田科則。每軍田一分，正糧十二石，收貯屯
倉，聽本軍支用。餘糧十二石，給本衞官軍俸糧。每衞以指揮一員，每
所以千戶一員，提督。都司不時委官督查。年終，將上倉幷給過子
粒之數，造冊赴京比較。令直隸屯田差御史比較。各都司屯田，巡
按御史比較。（《續文獻通考》）

凡督比屯種，洪武三十五年，令各處衞所，每衞委指揮一員，每
所委千戶一員，提督屯種。年終，以上倉幷給軍子粒數目，造冊赴
京比較。各該都司，每歲仍委指揮一員督察。年終，同赴京復奏。又
令各處屯田衞所。每軍歲徵正糧一十二石，直隸差御史比較。各都
司所屬，巡按御史同按察司掌印官比較。年終，造冊奏繳戶部。不
及數者，具奏降罰。所收子粒，行御史等官盤查。（《明會典》）

發罪人墾田　　　成祖永樂元年，發罪人墾北京田。

永樂元年八月，發流罪以下，墾北京田。（《明史·成祖紀》）

整理北京屯田　　命靖安侯王忠整理北京屯田。時，又嘗命王鈍
同新昌伯唐雲經理。

成祖永樂元年十月，命靖安侯王忠往北京，整理屯田。（《續文
獻通考》）

王鈍，建文初，拜戶部尚書。成祖入，踰城走，爲邏卒所執，詔
仍故官。未幾罷。尋命同工部尚書嚴震直等，分巡山西、河南、陝
西、山東。又同新昌伯唐雲經理北平屯種，承制再上疏言事。皆允
行。永樂二年四月，賜敕，以布政使致仕。（《明史·王鈍傳》）

戶部尚書郁新言，湖廣屯田，所產不一，請皆
得輸官。從之。

郁新爲尚書，掌戶部事。永樂元年，言，湖廣屯田，所產不一。請
皆得輸官。粟穀、糜黍、大麥、蕎穄二石，准米一石。稻穀、蜀秫
二石五斗，穆稗三石，各准米一石。豆、麥、芝蔴與米等，著爲令。（《明
史·郁新傳》）

給陝西屯田牛具　從工部尚書黃福請，給陝西屯田耕牛農具。

永樂元年十二月，工部尚書黃福奏，陝西行都司所屬屯田，多

缺耕牛耕具。合准北京例，官市牛給之。耕具于陝西布政司所屬鑄造。悉從之。(《續文獻通考》)

　　二年，更定屯田科則。每軍以正糧十二石，餘糧六石，爲額。多者賞鈔，缺者罰俸。並命軍官，各種樣田，以其歲收之數，與軍士相考較。太原左衛千戶陳淮所種樣田，每軍餘糧二十三石。命重賞之。

改屯田科則

　　永樂二年十一月，命軍官各種樣田，以歲收之數相考較。時，定每軍屯田，歲食米十二石外，餘六石爲率。多者賞鈔，缺者罰俸。又以田肥瘠不同，法宜有別。乃命給各都司官軍牛種，視其歲收之數考較，謂之樣田。太原左衛千戶陳淮所種樣田，每軍餘糧二十三石。命重賞。(《續文獻通考》)

　　開設廣西各縣屯田，撥軍耕種自贍，不納稅糧。

設廣西各縣屯田

　　永樂二年，以廣西各縣田地，開設屯所。撥官兵屯種自食，不納稅糧。(《明會典》)

　　以五軍都督府總攝天下屯政。

以五軍都督府總屯田

　　永樂二年，營建北京。以五軍都督府總天下屯政。增設衛所。調興州、營州等衛屯軍，拱衛京師。照例七分下屯。(《明會典》)

　　三年，以寧夏積穀特多，褒其總兵何福。

褒何福屯田之功

　　永樂三年正月，以寧夏積穀尤多，賜敕褒美總兵何福。(《續文獻通考》)

　　何福，建文元年，進左都督。成祖卽位，以福宿將，知兵，命佩征虜將軍印，充總兵官，鎮寧夏，節制山陝河南諸軍。福至鎮，宣布德意，招徠遠人。塞外諸部降者相踵，邊陲無事。因請置驛，屯田積穀，定賞罰，爲經久計。(《明史·何福傳》)

　　從工部尚書宋禮請，令太僕寺，給山東屯牛。

給山東屯牛

　　永樂三年二月，令太僕寺，給山東屯牛。按洪永時，屯牛皆官給，歲報孳生之數。宣德後，定制，牛死責令買補。計天下屯牛，共二十五萬五千六百六十四頭。至弘治時，見報冊者，止七萬九千八百二十六頭。其時，南京廣洋等衛，洪永間，俵散屯牛，已無存者。以每年造報虛冊，科害屯軍，令豁除之。夫給牛以養屯卒，意至厚也。自責償之令下，而虛報之害日深。不數十年，而在冊者已損十分之七。然

則向之所謂孳生者，果安在哉。（《續文獻通考》）

宋禮，永樂二年，拜工部尚書。嘗請給山東屯田牛種。又請犯罪無力准工者，徙北京爲民。皆報可。（《明史·宋禮傳》）

從戶部尚書郁新請，減屯田歲收不如額者，十之四五。是年，新卒，召夏原吉理戶部事。原吉請平賦役，嚴鹽法，廣屯種，以給邊蘇民，且便商賈。從之。

郁新進尚書，掌戶部事。永樂三年，以士卒勞困，議減屯田歲收不如額者，十之四五。又議，改納米北京贖罪者，納於南京倉。皆允行。是年八月，卒於官。（《明史·郁新傳》）

夏原吉，建文初，擢戶部右侍郎，進尚書。浙西大水，永樂元年，命原吉治之。三年，還。其夏，浙西大飢，命原吉往振。毋何，郁新卒，召還理部事。首請裁宂平，食賦役，嚴鹽法錢鈔之禁，清倉場，廣屯種。以給邊蘇民，且便商賈。皆報可。（《明史·夏原吉傳》）

設屯田則例紅牌 設屯田則例紅牌於各屯。

永樂三年，更定屯田則例。令各屯置紅牌一面，寫刊於上。每百戶所管，旗軍一百一十二名，或一百名，七八十名。千戶所管，千百戶，或七百戶，五百戶，三四百戶。指揮所管五千戶，或三千戶，二千戶。總以提調屯田都指揮。所收子粒多寡不等。除下年種子外，俱照每軍歲用十二石正糧爲法，比較。將剩餘，并不數子粒數目，通行計算，定爲賞罰。令按察司、都司，并本衛，隔別委官，點閘是實。然後准行。直隸衛所從巡按御史，并各府委官及本衛隔別委官點閘。歲收子粒，如有稻穀、粟、蜀秫、大麥、蕎麥等項粗糧，俱依數折算細糧。如各軍名下，除存種子，并正糧及餘糧外，又有餘剩數，不分多寡，聽各該旗軍自收。不許管屯官員人等，巧立名色，因而分用。（《明會典》）

屯設紅牌，列則例於上。年六十，與殘疾及幼者。耕以自食，不限於例。屯軍以公事妨農務者，免徵子粒。且禁衛所差撥。於時，東自遼左，北抵宣大，西至甘肅，南盡滇蜀，極於交阯。中原則大河南北，在在興屯矣。（《明史·食貨志》）

棄朵顏三衛屯田 徙大寧都司於保定，領衛所十二，各置屯田。捐兀良哈屯田於朵顏。

永樂三年，以保定等八府，直隸京師，衛所三十七。徙大寧都司於保定府，領衛所一十二，各置屯田。是後，兀良哈屯田，捐之朵顏諸部。薊永一帶，遂爲邊鎮。(《明會典》)

五年，命各省按察司，俱增僉事，盤查屯田。

成祖永樂五年，各省按察司俱增僉事。浙江、江西、湖廣、廣西、廣東、河南、雲南、四川各一員，陝西、福建、山東、山西各二員，盤查屯田。自後，屢有添設。(《續文獻通考》)

九年，命屯田軍士以公事妨農者，免徵子粒。

永樂九年九月，命屯田軍士，以公事妨農務，免徵子粒。著爲令。(《明史‧成祖紀》)

十年，北京行太僕寺卿楊砥定牧馬法。請令民五丁，養種馬一匹。屯田軍士人養馬一匹。從之。於是，馬大蕃息。

楊砥，永樂十年，遷北京行太僕寺卿。時，吳橋至天津大水，決堤傷稼。砥請開德州東南黃河故道，及土河，以殺水勢。帝命工部侍郎藺芳經理之。砥又定牧馬法。請令民五丁，養種馬一匹。十馬，立羣頭一人。五十馬，立羣長一人。養馬家歲蠲租糧之半。而薊州以東，至山海諸衛。土地寬廣，水草豐美。其屯軍，人養種馬一匹，租亦免半。帝命軍租盡蠲之。餘悉從其議。於是，馬大蕃息。(《明史‧楊砥傳》)

十二年，甘肅總兵官費瓛以涼州多閑田，請給軍屯墾。從之。

費瓛，永樂十二年，充總兵官，鎮甘肅。瓛以肅州兵多糧少。脫有調發，猝難措置。請以臨鞏稅糧，付近邊軍丁轉運。又以涼州多閑田，請給軍屯墾。從之。(《明史‧費瓛傳》)

十三年，遣指揮劉斌、給事中張磐等十二人，巡視邊軍，操練屯田。覈實以聞。

永樂十三年二月，遣指揮劉斌、給事中張磐等十二人，巡視山西、山東、大同、陝西、甘肅、遼東軍，操練屯政，覈實以聞。(《明

定人民屯軍養馬法

從費瓛請以閑田給軍

遣官巡視邊屯

史·成祖紀》）

十五年，命兵部尚書趙羾巡視塞北屯戍，軍民利弊。

永樂十五年十一月，以禮部尚書趙羾爲兵部尚書，巡視塞北屯戍，軍民利弊。（《明史·成祖紀》）

令交阯屯田

十九年，從豐城侯李彬請，令交阯官軍，與土兵參錯屯田。

永樂十九年五月，令交阯屯田。（《明史·成祖紀》）

李彬，永樂元年，封豐城侯。十五年二月，命佩征夷將軍印，鎮交阯。至則破擒陸那縣賊阮貞。遣都督朱廣等平順州及北畫諸寨。明年，清化府土巡檢黎利反，彬遣廣討破之。利遁去。十七年，遣都督同知方政，襲利於可藍柵，獲其將軍阮箇立等。利走老撾，數出沒，聚衆磊江，屢爲徐源、方政所敗，復遁去。十九年，彬以餽運不繼。請令官軍，與土軍參錯屯田。並酌屯守征行多寡之數，以聞。帝從之。將發兵入老撾，索黎利。老撾懼，請自捕以獻。會彬疾作而罷。明年正月，卒。繼之者孟瑛、陳智、李安、方政，皆不能討。王通代鎮，賊勢益盛。交阯遂不可守。（《明史·李彬傳》）

令朝鮮獻牛給遼東屯田

二十二年，欲廣遼東屯田。命朝鮮獻耕牛萬頭，分給屯軍。

永樂二十二年，欲廣遼東屯田。命索耕牛於朝鮮，送至萬頭。敕遼東都司，分給屯田軍士。（《續文獻通考》）

禁役屯軍

仁宗卽位，禁所司擅役屯田軍士，違者處以重法。

仁宗永樂二十二年八月，卽皇帝位。十一月，禁所司擅役屯田軍士。（《明史·仁宗紀》）

永樂二十二年十一月，禁所司擅役屯田軍士。諭戶部尚書夏原吉曰，先帝立屯耕種，用心甚至。迨後所司，多征徭之，旣違農時，遂鮮收穫。以致儲蓄不充，未免轉運。其令天下衞所，自今有擅差軍士，妨農務者，處以重法。（《續文獻通考》）

從陳瑄請屯田開平

平江伯陳瑄上疏，陳七事。六曰，開平等處，邊防要地，兵食虛乏。乞選銳士，屯守兼務。帝皆從之。命所司速行。

陳瑄，成祖卽位，封平江伯。仁宗卽位之九月，瑄上疏，陳七事。一曰，南京國家根本，乞嚴守備。二曰推舉宜覈實，無循資格。選朝臣公正者，分巡天下。三曰，天下歲運糧餉，湖廣、江西、浙江及蘇松諸府，並去北京遠，往復踰年。上遺公租，下妨農事。乞令轉至淮徐等處，別令官軍，接運至京。又快船所載，不過五六十石。每船官軍足用，有司添差軍民遞送。拘集聽候，至有凍餒。請革罷。四曰，教職多非其人。乞考不職者，黜之。選俊秀補生員。而軍中子弟，亦令入學。五曰，軍伍竄亡，乞覈其老疾者，以子弟代。逃亡者，追補。戶絕者，驗除。六曰，開平等處，邊防要地，兵食虛乏。乞選練銳士，屯守兼務。七曰，漕運官軍每歲北上，歸卽修船，勤苦終年。該衛所又於其隙，雜役以重困之。乞加禁絕。帝覽奏，曰，瑄言皆當。令所司速行。遂降敕獎諭。(《明史・陳瑄傳》)

命武安侯鄭亨鎮大同。亨墾田積穀，邊備完固。自是，大同希寇患。

鄭亨墾田大同

鄭亨封武安侯。仁宗卽位，鎮大同。洪熙元年二月，頒制諭及將軍印，於各邊總兵官。亨佩征西前將軍印。在鎮墾田積穀，邊備完固。自是，大同希寇患。(《明史・鄭亨傳》)

洪熙元年，令每軍減徵餘糧六石。共正糧十八石上倉。

減徵餘糧

凡屯種徵折，洪熙元年，令每軍減徵餘糧六石。共正糧一十八石上倉。(《明會典》)

宣宗卽位，鄭亨上去年屯田子粒數。帝諭夏原吉曰，邊軍屯田，可省轉輸。宜遣人覈實。所積果多，如例賞之。

洪熙元年六月，宣宗已卽位。大同總兵鄭亨上去年屯田子粒數。因諭尚書夏原吉曰，邊軍屯田，可省轉輸之勞。宜遣人覈實。所積果多，如例賞之。(《續文獻通考》)

前廣信知府范濟詣闕言八事。其一曰，楮幣之

范濟請增邊軍廣屯田救邊將墾荒

法。其二曰，備邊之道，守險爲要。朔州、大同、開平、宣府、大寧，乃京師藩垣。土可耕，城可守，宜盛兵防禦，廣開屯田。其三曰，兵不在多，在於堪戰。宜選壯勇，勤訓練。其四曰，民病於勾軍。宜令州縣勾取送衞，杜差人騷擾之弊。其五曰，洪武中，令軍士七分屯田，三分守城，最爲善法。比者，調度日繁，田多荒蕪。兵力焉得不疲，農業焉得不廢。宜敕邊將，課卒墾荒。稽其勤惰，明賞罰，示勸懲。其六曰，學校，人材所自出。宜選良士，爲郡縣學官。俟其有成，貢於國學。其七曰，洪武中，練兵扼險。內修政教，廣屯田，罪貪吏。塞外咸服。宜法之。毋窮兵黷武。其八曰，官不在衆，在乎得人。宜汰冗濫。奏上。命廷臣議之。以濟爲儒學訓導。

范濟，洪武中，爲廣信知府，坐累謫戍興州。宣宗卽位，濟年八十餘矣。詣闕言八事。其一曰，楮幣之法，昉於漢唐。元造元統交鈔，後又造中統鈔。久而物重鈔輕，公私俱敝。乃造至元鈔，與中統鈔兼行。子母相權，新陳通用。又令民間，以昏鈔赴平準庫。中統鈔五貫，得換至元鈔一貫。又其法，日造萬錠。共計官吏俸稍，內府供用若干。天下正稅雜課若干。斂發有方，周流不滯。以故久而通行。太祖皇帝造大明寶鈔，以鈔一貫，當白金一兩，民歡趨之。迄今五十餘年，其法稍弊。亦由物重鈔輕所致。願陛下因時變通，重造寶鈔。一準洪武初制，使新舊兼行。取元時所造之數，而增損之。審國家度支之數，而權衡之。俾鈔少而物多，鈔重而物輕。嚴偽造之條，開倒換之法。推陳出新，無耗無阻。則鈔法流通，永永無弊。其二曰，備邊之道，守險爲要。若朔州、大同、開平、宣府、大寧，乃京師之藩垣，邊徼之門戶。土可耕，城可守。宜盛兵防禦。廣開屯田，修治城堡。謹烽火，明斥堠。毋貪小利，毋輕遠求。堅壁清野，使無所得。俟其憊而擊之，得利則止，毋窮追深入。此守邊大要也。其三曰，兵不在多，在於堪戰。比者，多發爲事官吏，人民。充軍塞上。非白面書生，則老弱病廢。遇有征行。有力者得免，貧弱者備數。器械不完，糗糧不具。望風股栗，安能效死。今宜選其壯勇，勤加訓練。餘但令乘城擊柝，趨走牙門。庶幾各得其用。其四曰，民病莫甚於勾軍。衛所差官，至六七員。百戶差軍旗，亦二三人。皆有力交結，及畏避征調之徒，重賄得遣。既至州縣，擅作威福，迫脅里甲，恣爲姦私。無丁之家，誅求不已。有丁之戶，詐稱死亡。託故留滯，久而不還。及還，則以所得財物，徧賄官吏，朦朧具覆。究其所取之丁，十不得一。欲軍無缺伍，難矣。自今軍士有故，令各衛報都督府，及兵部。府部牒布政，按察司。令府州縣，準籍貫姓名，勾取送衛。則差人騷擾之弊自絕。其五曰，洪武中，令軍士七分屯田，三分守城，最爲善策。比者，調度日繁，興造日廣。虛有屯種之名，田多荒蕪。兼養馬採草，伐薪燒炭，雜役旁午。兵力焉得不疲，農業焉得不廢。願敕邊將，課卒墾荒。限以頃畝，官給牛種。稽其勤惰，明賞罰以示勸懲。則塞下田可盡墾，轉餉益紓。諸邊富實，計無便於此者。其六曰，學校者，風化之源，人材所自出。貫明體適用，非徒較文藝而已也。洪武中，妙選師儒，教養甚備，人材彬彬可觀。邇來士習委靡。立志不弘，執節不固。平居無剛方正大之氣，安望其立朝爲名公卿哉。宜選良士，爲郡縣學官。擇民間子弟，性行端謹者，爲生徒。訓以經史，勉以節行。俟其有成，貢於國學。磨礱砥礪，使其氣充志定，卓然成材。然後舉而用之，以任天下國家，事無難矣。其七曰，兵者凶器，聖人不得已而用之。漢高祖解平城之圍，未聞蕭曹勸以復讎。唐太宗禦突厥於便橋，未聞房杜勸以報怨。古英君良相，不欲疲民力，以誇武功。計慮遠矣。洪武初年，嘗赫然命將，欲清沙漠。既以餽運不繼，旋卽頒師。遂撤東勝衛於大同，塞山西陽武谷口。選將練兵，扼險以待。內修政教，外嚴邊備。廣屯田，興學校，罪貪吏，徙頑民。不數年間，朶兒只巴獻女，伯顏帖木兒乃兒不花等相繼擒獲，納哈出亦降。此專務內治，不勤遠略之明效也。伏望遠鑒漢唐，近法太祖。毋以窮兵黷武爲快，毋以犁庭掃穴爲功。棄捐不毛之地，休養冠帶之民。俾竭力於田桑，盡心於庠序。邊塞絕傷痍之苦，閭里絕呻吟之聲。將無倖功，士無夭閼。遠人自服，荒外自歸。國祚靈長，於萬年矣。其八曰，官不在衆，在乎得人。國家承大亂後，因時損益。以府爲州，以州爲縣。繼又裁併小縣之糧不及俸者，量民數以設官。民多者，縣設丞簿。少者，知縣典史而已。其時，官無廢事，民不愁勞。今藩臬二司及府州縣官，視洪武中，再倍。政愈不理，民愈不寧。姦弊叢生，詐偽滋起。甚有官不能聽斷，吏不諳文移。乃容留書寫之人，在官影射。賄賂公行，獄訟淹滯。皆官冗吏濫所致也。望斷自宸衷，凡內外官吏，並依洪武中員額。冗濫悉汰。則天工無曠，庶績咸熙，而天下大治矣。奏上，命廷臣議之，以濟爲儒學訓導。（《明史·范濟傳》）

　　宣德二年，命巡按陝西監察御史，兼理屯田。

　　凡設官管屯。宣德二年，命巡按陝西監察御史，兼理屯田。（《明會典》）

從戴弁請遣官經理屯田

　　四年，兵科給事中戴弁言，自山海至薊州，守關軍萬人。操練之外，無他差遣。請以附近荒田，斟酌分給，且屯且守。帝命戶部、兵部遣官，與都督陳景先經理。

　　宣宗宣德四年五月，遣官經理各省屯田。兵科給事中戴弁奏，自山海至薊州，守關軍萬人，列營二十二所。操練之外，無他差遣。若稍屯種，亦可實邊。請取勘營所附近荒田，斟酌分給，且屯且守。帝命戶部、兵部各遣官，與都督陳景先經理。（《續文獻通考》）

黃福請役軍十萬沿河屯田不克施行

　　五年，北京工部尚書黃福陳足兵食，省力役之要。其言足食也，謂永樂時，雖營建北京，南討交阯，北征沙漠，資用未嘗乏。頃國無大費，而歲用僅給。若有水旱征調，將何以濟。請役備操營繕軍士十萬人，緣河屯種。初年自食，二年人收五石，三年倍之。復省京倉口糧六十萬石，及本衛月糧百二十萬石，歲可得二百八十萬石。帝善之。下北京戶、兵二部議，俱以爲便。命吏部郎中趙新等經理屯田，以福總其事。既而，有言軍民各有常業，若復分田役益勞擾。事竟不行。

　　黃福，宣德元年，爲行在工部尚書。五年，陳足兵食、省力役之要。其言足食，謂永樂間，雖營建北京，南討交阯，北征沙漠，資用未嘗乏。比國無大費，而歲用僅給。即不幸有水旱征調，將何以濟。請役操備營緝軍士十萬人，於濟寧以北，衞輝、眞定以東，緣河屯種。初年自食，次年人收五石，三年收倍之。既省京倉口糧六十萬石，又省本衞月糧百二十萬石，歲可得二百八十萬石。帝善之。下行在戶兵二部議。郭資、張本言，緣河屯田實便。請先以五萬頃爲率，發附近居民五萬人墾之。但山東近年旱飢，流徙初復。衞卒多力役。宜先遣官，行視田土，以俟開墾。帝從之。命吏部郎中趙新等，經理屯田，福總其事。既而，有言軍民各有常業，若復分田役益勞擾。事竟不行。(《明史·黃福傳》)

王圻曰，黃福之言，不但可以屯種雜糧。雖江南之秔稻，亦可植也。山東通濟、沁、泗、沂諸水，河南螯汝、蔡、洹、息諸渠，陝西滻涇、渭、漆、沮諸流。則西北之田，皆秔稻矣。奈何經畫疆理，既無西門豹、鄭國之徒。而築舍道謀，竟使軍國之賦，盡仰給於東南哉。(《續文獻通考》)

令各處屯田，均委官提督。

凡督比屯種，宣德五年，令各處屯田，都布按三司各委官提督。在京幷直隸衞所，從巡按御史提督。若有總兵官鎮守去處，亦令提督。(《明會典》)

六年，遣工部右侍郎羅汝敬督陝西屯田。

遣官督陝西屯田

宣德六年二月，侍郎羅汝敬督陝西屯田。(《明史·宣宗紀》)

羅汝敬，宣宗初，擢工部右侍郎。兩使安南，還，督兩浙漕運，理陝西屯田，多所建置。(《明史·羅復仁傳》)

山西巡按御史張勗言，大同屯田，多爲豪右所占。命兵部侍郎柴車往覈之。得田幾二千頃，還之於軍。

命柴車覈山西屯田

宣德六年四月，侍郎柴車經理山西屯田。(《續文獻通考》)

柴車，宣德五年，擢兵部侍郎。明年，山西巡按御史張勗言，大同屯田多爲豪右占據。命車往按，得田幾二千頃，還之於軍。(《明史·柴車傳》)

遣御史巡視寧夏、甘州屯田水利。

宣德六年十二月，遣御史巡視寧夏、甘州水利。(《明史·宣

宗紀》）

宣府商屯

左都督譚廣以宣府糧少，請如開平、獨石，召商中鹽。從之。戶部員外郎羅通出理宣府軍餉，亦嘗以其事爲請。亦報可。

譚廣擢左都督，佩鎮朔將軍印，鎮宣府。宣德三年，請軍衞如郡縣例，立風雲雷雨山川社稷壇。六年，以宣府糧少，請如開平、獨石，召商中鹽納粟，以足兵食。俱從之。（《明史·譚廣傳》）

羅通爲交阯清化知州。黎利反，圍清化。通固守，賊久攻不下，引去。及還京，宣宗大獎勞之。改戶部員外郎，出理宣府軍餉。奏言，朝議儲餉開平，令軍運一石，又當以騎士護行。計所費，率二石七斗而致一石。今軍民多願輸米易鹽。請損舊例五分之二。則人自樂輸，餉足而兵不疲。帝可之。（《明史·羅通傳》）

七年，從戶部議。令他衞軍調戍宣府者，悉遣還屯種。譚廣以爲不可。帝以邊卒戍守有餘。但命永樂中調戍者勿遣。

宣德七年，帝從戶部議，令他衞軍戍宣府者，悉遣還屯種。左都督譚廣上言，臣所守邊一千四百餘里，胡虜窺伺，竊發無時。脫有警，徵兵數百里外，勢豈能及。屯種之議，臣愚未見其可。帝以邊卒戍守有餘，但命永樂中調戍者勿遣。（《續文獻通考》）

免盤正糧

十年，詔衞所下屯軍士，正糧十二石給軍自用。不必盤量。

凡屯種徵折，宣德十年，詔各都司衞所。下屯軍士，正糧子粒一十二石，給軍士用。不必盤量。止徵餘糧六石，於附近軍衞，有司官倉交納。（《明會典》）

令衞軍家屬代耕

宣德初，復有都督僉事史昭鎮西寧，以衞軍不暇屯種。請俾其家屬願力田者，耕蓺以足軍食。從之。

史昭充總兵官，鎮西寧，進都督僉事。宣德初，昭以衞軍守禦不暇屯種，其家屬願力田者，七百七十餘人。請俾耕蓺，收其賦以足軍食。從之。（《明史·史昭傳》）

時，又屢蠲各屯，並減餘糧之半。

宣宗之世，屢蹙各屯以征戍罷耕，及官豪勢要占匿者，減餘糧之半。逋北來歸就屯之人，給車牛農器。分遼東各衛屯軍為三等。丁牛兼者為上，丁牛有一為中，俱無者為下。(《明史·食貨志》)

英宗正統元年，發禁軍三萬，屯田畿輔。

發禁軍屯田

正統元年正月，發禁軍三萬，屯田畿輔。(《明史·英宗紀》)

二年，左都督廣西總兵山雲言，潯州大籐峽猺寇，出沒不時。阻絕行旅，占耕田土。而左右兩江土官所屬，人多田少。其狼兵素勇，為賊所畏。若選委田州等府頭目，量撥土兵，耕屯近山荒田，斷賊出入。不過數年，猺寇必坐困。從之。後東南有急，輒調狼兵。自此始也。

從山雲請令狼兵屯田備猺

山雲，宣德三年，佩征蠻將軍印，充總兵官，鎮廣西。英宗即位，進右都督。正統二年，上言，潯州與大藤峽諸山相錯。猺寇出沒，占耕旁近田。左右兩江土官所屬，人多田少。其狼兵素勇，為賊所畏。若量撥田州土兵，於近山屯種。分界耕守。斷賊出入。不過數年，賊必坐困。報可。嗣後，東南有急，輒調用狼兵，自此始也。(《明史·山雲傳》)

正統二年，山雲奏，潯州府平南等縣耆民言，大藤峽等山，猺寇不時出沒，劫掠居民，阻絕行旅。近山荒田，為賊占耕。而左右兩江，人多食少。其狼兵素勇，為賊所憚。若選委頭目，屯種近山荒田，斷賊出沒之路。不過數年，賊徒坐困，地方寧靖矣。臣已會同巡按諸司計議。量撥田州等府，族目土兵，分界耕守。卽委土官都指揮黃竑領之。遇賊出沒，協同勦殺。從之。(《明史·廣西土司傳》)

免軍田正糧歸倉，止徵餘糧六石。

正統二年，免軍田正糧歸倉，止徵餘糧六石。初，成祖永樂二十年，詔各都司衛所，屯軍艱苦，子粒不敷。除自用十二石外，餘糧免半，止徵六石。仁宗洪熙元年，令共正糧十八石上倉。至是，始定科則，而正糧遂不上倉矣。《春明夢餘錄》載《萬曆策衡》曰，屯法之壞，一壞於餘糧之免半。洪熙行寬大之政，命免餘糧六石，是捐其半也。是時大臣，違道干譽，不能為徑遠之計。夫舉天下之軍籍食于屯，一旦失其半，何以足軍國之需。再壞于正糧之免盤。宣德十年，始下此令。正統二年，率士行之。不知正糧納官，以時給之。可以免貧軍之花費，可以平四時之市價，可以操予奪之大柄。今免其交盤，則正糧爲應得之物，屯產亦遂爲固有之私。典賣迭出，頑鈍叢生，不可收拾。端在於此。屯糧日虧，徵發日甚。不取之此，必取之彼。易欺者民，則倍徵而不以爲苛。難制者軍，遂棄置而不敢問。非法之平也。（《續文獻通考》）

添設浙江、陝西等處按察司僉事，各一員，提督屯田。

凡設官管屯，正統二年，添設浙江、福建、陝西等處按察司僉事，各一員，提督屯田。（《明會典》）

令舍餘屯田

令軍官戶下人丁無差使者，耕種屯田。委官管領。

凡撥軍開墾，正統二年，令各處軍職舍人，除應襲外。其舍餘及家人女壻無差使者，每五丁朋作一名。委官管領。與間地四十二畝耕種。照屯田例，辦納子粒。（《明會典》）

命柴車覈甘肅屯田

三年，兵部侍郎柴車覈甘肅屯田，爲豪右所占者，悉清出之。翌年，進尚書，兼理陝西屯田。

柴車擢兵部侍郎。英宗初，西鄙不靖，以車廉幹，命協贊甘肅軍務。調軍給餉，悉得事宜。正統三年，稽覈屯田。豪占者悉清出之，得六百餘頃。四年，進兵部尚書，參贊如故。尋命兼理陝西屯田。（《明史·柴車傳》）

刑部尚書魏源奉命整飭大同、宣府諸邊，按行險要，設衛修城。免屯軍租一年。諸依權貴避役者，悉括歸伍。

魏源爲刑部左侍郎。英宗卽位，進尚書。正統二年五月，命整飭大同、宣府諸邊，許便宜行事。明年，按行天城、朔州諸險要。令將吏分守，設威遠衛。增修開平、龍門城。自獨石抵宣府，增置墩堠。免屯軍租一年。儲火器，爲邊備。諸依權貴避役者，悉括歸伍。（《明史·魏源傳》）

四年，令官軍戶下人丁，耕種緣邊曠土，免納子粒。

正統四年，令宣大、遼東、陝西，緣邊空閒地，許官軍戶下人丁耕種。免納子粒。（《續文獻通考》）

五年，御史朱鑑巡按廣東。還朝，請增各省按察司僉事一人，專理屯田。

朱鑑擢御史，巡按湖廣。正統五年，復按廣東。還朝，請天下按察司增僉事一人，專理屯田。遂爲定制。（《明史・朱鑑傳》）

六年，大同左參將石亨上言，邊餉難繼，請分大同左、右、玉林、雲川四衞軍，墾淨水坪以西曠土。明年又言，玉林故城水草便利，請分軍築壘，防護耕種。皆從之。

從石亨請分軍屯田築壘

石亨，正統初，充左參將，佐武進伯朱冕守大同。六年，上言，邊餉難繼，請分大同左、右、玉林、雲川四衞軍，墾淨水坪迤西曠土。官給牛種。可歲增糧萬八千石。明年，又言，大同西路屯堡，皆臨極邊。玉林故城，去右衞五十里，與東勝單于城接。水草便利。請分軍築壘，防護屯種。詔皆允行。（《明史・石亨傳》）

貴州奏，軍衞乏糧。乞運鹽於鎮遠易米。掌南京戶部事張鳳與之鹽，然後以聞。帝嘉之。

貴州開中

張鳳，正統三年，擢刑部右侍郎。六年，改戶部，尋調南京。適尚書久闕，鳳遂掌部事。貴州奏，軍衞乏糧。乞運龍江倉及兩淮鹽於鎮遠府易米。鳳以龍江鹽雜泥沙，不堪易米給軍，盡以淮鹽予之。然後以聞。帝嘉賞之。（《明史・張鳳傳》）

七年，免陝西等處屯糧有差。

正統七年三月，免陝西屯糧十之五。（《明史・英宗紀》）

正統七年，令屯軍自墾荒地，每畝歲納糧五升三合五勺。減延綏等處屯田子粒。每百畝歲納六石者，止納四石。陝西行都司屯田子粒歲納八石。（《續文獻通考》）

添設湖廣布政司參政，按察司副使各一員，提督屯田。

凡設官管屯，正統七年，添設湖廣布政司參政一員，按察司副

使一員，提督屯田。（《明會典》）

八年，甘肅總兵官任禮以邊將家僮墾田，所輸糧太重，請減三之一。時，邊塞無事，禮與巡撫曹翼屯田積粟，繕甲訓兵。爲備甚固。

任禮進左都督。正統元年，佩平羌將軍印，充左副總兵，鎮甘肅。八年，禮以邊將家僮，墾塞上田者，每頃輸糧十二石。禮連請於朝，得減四石。是時，邊塞無警，禮與巡撫曹翼屯田積粟，繕甲訓兵，邊備甚固。（《明史·任禮傳》）

加給廣西屯田

加給廣西桂林等衛所軍士屯田，人十畝。

凡撥軍開墾，正統八年，題准，廣西桂林等衛所屯田，每軍加給一十畝。如有剩餘田地，卽令軍舍及勾補旗軍，如數撥給。照例納糧。（《明會典》）

令各省按察司，無掌屯田官者，各增僉事一員。

凡設官管屯，正統八年，令各處按察司，原無提督屯田官者，各添設僉事一員。（《明會典》）

遣官度屯田

十年，遣官度宣大二鎮軍田。一軍八十畝外，畝徵稅五升。巡撫羅亨信以邊軍勞苦，請勿徵。從之。

羅亨信巡撫宣府大同。正統十年，進右副都御史，巡撫如故。時，遣官度二鎮軍田。一軍八十畝外，畝徵稅五升。亨信言，文皇帝時，詔邊軍盡力墾田，毋徵稅。陛下復申命之，今奈何忽爲此舉。塞上諸軍防邊勞苦。無他生業，惟事田作。每歲自冬徂春，迎送瓦剌使臣。三月，始得就田。七月，又復刈草。八月以後，修治關塞。計一歲中，曾無休暇。況邊地磽瘠，霜早收薄。若更徵稅，則民不復耕，必致竄逸。計臣但務積粟。不知人心不固，雖有粟將誰與守。帝納其言而止。（《明史·羅亨信傳》）

添設陝西按察司副使一員，提督屯田水利。

凡設官管屯，正統十年，添設陝西按察司副使一員，專一提督水利及屯田。（《明會典》）

十一年，增山東按察司僉事一員，提督北直隸屯田。

凡設官管屯，正統十一年，添設山東按察司僉事一員，提督北直隸屯田。（《明會典》）

當正統初，陝西邊將占墾腴田，有至三四千畝者。左參政年富奏，令輸賦。並請減冗卒，汰駑馬，杜侵耗之弊。帝可其奏。宿弊以革，民困大蘇。

禁邊將占田

年富擢給事中，掌刑科。英宗嗣位，遷陝西左參政，尋命總理糧儲。陝西官吏、諸生、衛卒祿廩，率以邊餉減削。富請復其舊。諸邊將校占墾腴田，有至三四十頃者。富奏，每頃輸賦十二石。都督王禎以爲過重，疏爭之。廷議減三之二，遂爲定額。又會計歲用，以籌軍餉。言，臣所部，歲收二稅百八十九萬石，屯糧七十餘萬石。其間水旱流移蠲逋負，大率三分減一。而歲用乃至百八十餘萬，入少出多。今鎮守諸臣，不量國計。競請益兵，餉何由給。請減冗卒，汰駑馬，杜侵耗之弊。帝可其奏。三邊士馬，供億浩繁。軍民疲遠輸，豪猾因緣爲奸利。富量遠近，定徵科，稽出入，愼鈎考。宿弊以革，民困大蘇。（《明史・年富傳》）

宣府屯田爲豪右所占。戶部主事李秉往視，歸之於民。而請罷科索。邊人賴之。

清宣府屯田

李秉，正統中，爲戶部主事。宣府屯田爲豪右所占。秉往視，歸田於民。而請罷科索。邊人賴之。（《明史・李秉傳》）

河南山西巡撫于謙以鎮將多私墾之田，盡奪之爲官屯，以資邊用。

于謙奪邊將所占田爲屯田

英宗正統時，鎮將多私墾之田。河南山西巡撫于謙奪之爲官屯，以資邊用。（《續文獻通考》）

帝從輔臣請，修荒政。副都御史陳鎰巡延綏、寧夏邊，乞徧行於塞上。由是，倉儲充溢。後鎰復恐積久陳腐可惜。請以給春夏官軍月餉，不復折鈔。俱從之。

陳鎰擢右副都御史。正統二年五月，巡延綏寧夏邊。所至，條奏軍民便宜，多所廢置。所部六府饑，請發倉振之。帝從輔臣請，修荒政。鎰請徧行於各邊。由是，塞上咸有儲蓄。六年春，以鎰久勞於外，命與王翱歲一更代。七年，翱調遼東，鎰復出鎮。歲滿，當代。以陝人乞留，詔仍舊任。時，倉儲充溢。有軍衛者，足支十年。無者，直可支百年。鎰以陳腐委棄可惜。請每歲春夏時，給官軍爲月餉，不復折鈔。從之。（《明史·陳鎰傳》）

屯田商屯漸壞

明初，各鎮皆有屯田。一軍之田，足贍一軍之用。後屯糧不足，加以民糧布鈔。正統中，又加以京運。自是，屯糧開中多廢，而京運日益。初，各鎮兵足守其地。後漸不足，增以募兵客兵。兵益多，坐食益衆。費遂益日增矣。

凡各鎮兵餉，有屯糧，有民運，有鹽引，有京運，有主兵年例，有客兵年例。屯糧者，明初，各鎮皆有屯田。一軍之田，足贍一軍之用。衛所官吏俸糧，皆取給焉。民運者，屯糧不足，加以民糧，麥米豆草，布鈔花絨，運給戍卒。故謂之民運。後多議折銀。鹽引者，召商入粟開中，商屯出糧，與軍屯相表裏。其後納銀運司，名存而實亡。京運始自正統中。後屯糧鹽糧多廢，而京運日益矣。主兵有常數，客兵無常數。初，各鎮主兵，足守其地。後漸不足，增以募兵。募兵不足，增以客兵。兵愈多，坐食愈衆，而年例亦日增云。（《明史·食貨志》）

于謙使孫安募民屯田以復口外八城

英宗北狩，景帝新立。也先逼京師，詔諸鎮總兵官、各省巡撫勤王。宣府總兵官昌平伯陽❶洪自獨石入衛。口外八城，悉以委寇。時，謙爲兵部尚書，使都督孫安以輕騎出關克之。募民屯田，且戰且守。八城遂復。而《明史·葉盛傳》謂往者獨石、馬營不棄，駕何以陷土木。復謂時盛協贊安軍務，安嘗領獨石、馬營等四城。英宗陷虜。安以四城勢孤，奏棄之。廷議命安修復。盛與安闢草萊，招流移。兩歲之間，四城及赤城諸堡皆完。

---

❶ "陽"當爲"楊"。——編者註

景帝，宣宗次子也，封郕王。正統十四年八月，英宗北狩，太后命王監國。九月，王卽帝位，遙尊英宗爲太上皇。十月，也先擁上皇至大同，進陷紫荊關。京師戒嚴。詔宣府、遼東總兵官，山東、河南、山西、陝西巡撫，將兵入援。（《明史‧景帝紀》）

楊洪，正統十二年，充總兵官，代郭玹鎭宣府。景帝監國，論前後功，封昌平伯。也先逼京師，急詔洪將兵二萬入衞。（《明史‧楊洪傳》）

于謙，正統十三年，以兵部左侍郎召。郕王監國，命羣臣議戰守。謙以次經畫部署，人心稍安。卽遷本部尚書。當時，上下皆倚重謙。楊洪自獨石入衞，口外八城悉以委寇。謙使都督孫安，以輕騎出龍門關，據之。募民屯田，且戰且守。八城遂復。（《明史‧于謙傳》）

葉盛授兵部給事中。郕王卽位，進都給事中。大臣陳循等議，召還鎭守居庸都御史羅通，并留宣府都督楊洪掌京營。盛言，今日之事，邊關爲急。往者，獨石、馬營不棄，駕何以陷土木。紫荊、白羊不破，寇何以薄都城。今紫荊、倒馬諸關，寇退幾及一月，尚未設守禦。宣府爲大同應援，居庸切近京師，守之尤不可非人。洪等既留，必求如洪者代之，然後可以副重寄而集大功。帝是之。以李秉薦，協贊都督僉事孫安軍務。初，安嘗領獨石、馬營、龍門、衞所四城備禦。英宗既北狩，安以四城，遠在塞外，勢孤。奏棄之內徙。至是，廷議命安修復。盛與安闢草萊，葺廬舍，庀戰具。招流移，爲行旅置煖鋪。請帑金買牛千頭，以賦屯卒。立社學，置義冢，療疾扶傷。兩歲間，四城及赤城、鵰鶚諸堡，次第皆完。安由是進副總兵。（《明史‧葉盛傳》）

鳳陽歲凶，盜且起。敕刑部右侍郎耿九疇往安撫。九疇奏留英武、飛熊諸衞軍耕守。招徠流民數萬戶。境內以安。

留軍耕守鳳陽

耿九疇爲刑部右侍郎。景帝新立，鳳陽歲凶，盜且起。敕九疇往巡視招撫。奏留英武、飛熊諸衞軍耕守。招來流民七萬戶。境內以安。（《明史‧耿九疇傳》）

景泰二年，詔貴州各衞，修舉屯田。

詔修貴州屯田

景泰二年六月，詔貴州各衞，修舉屯田。（《明史‧景帝紀》）

133

給屯軍牛種

李秉代劉璉督餉官府。初，宣府軍民數遭寇
掠。朝廷市牛萬五千，予市穀之費，給屯卒。璉盡
畀戍軍，且停屯卒月餉。秉悉反璉所爲。軍卒城守
之外，悉得耕作。凡使者往來及宦官鎮守供億科斂
者，皆奏罷之，以官錢給費。又增軍之無妻，而有
父母兄弟者月糧，同有妻者。軍咸感悅。

李秉，景帝初，進郎中。景泰二年，命佐侍郎劉璉督餉宣府。發
璉侵牟狀，卽擢右僉都御史，代璉。兼參贊軍務。宣府軍民數遭寇，牛
具悉被掠。朝廷遣官，市牛萬五千，給屯卒。人予直，市穀種。璉
盡以畀京軍之出守者。一不及屯卒，更停其月餉，而徵屯糧甚急。秉
盡反璉政，厚恤之。軍卒自城守外，悉得屯作。凡使者往來及宦官
鎮守供億科斂者，皆奏罷，以官錢給費。尋上邊備六事。言軍以有
妻者爲有家，月餉一石。無者，減其四。卽有父母兄弟，而無妻，概
以無家論，非義。當一體增給。從之。時，宣府億萬庫頗充裕。秉
益召商中鹽納糧。料飭戎裝。市耕牛給軍。軍愈感悅。（《明史‧李
秉傳》）

增設山西屯田副使。

景泰二年，增設山西屯田副使。（《明會典》）

商輅請覈功臣邊將所占
屯田

三年，兵部侍郎商輅言，邊外田地極廣。先因
在京功臣，占據各城堡附近膏腴，爲莊田。鎮守總
兵參將等，又占其餘，爲己業。致軍士無田可耕。請
覈還之。下所司議行。

商輅，景泰三年，進兵部左侍郎，兼左春坊大學士如故，賜第
南薰里。塞上腴田，率爲勢豪侵據。輅請覈還之軍。開封、鳳陽諸
府饑民，流濟寧、臨清間，爲有司驅逐。輅憂其爲變。請招墾畿內
八府閒田，給糧種。民皆有所歸。（《明史‧商輅傳》）

景帝景泰三年四月，學士商輅言，邊外田地極廣。先因在京功
臣等，將附近各城堡膏腴之產，占作莊田。其餘閒田，又爲鎮守總
兵參將等，占爲己業。以致軍士無田可耕。夫且耕且守，如漢趙充
國、諸葛亮，晉羊祜，皆有明效。今日守邊之要，莫善于此。下所

司議行。(《續文獻通考》)

令南京倉場南、北直隸巡撫都御史，兼督屯田。

景泰三年，令提督南京倉場，并巡撫南直隸、蘇、松等府及順天北直隸各府都御史，兼提督屯種。(《明會典》)

四年，御史左鼎疏言，國家承平數十年，公私之積未充。一遇軍興，抑配橫徵，鬻官市爵，率行衰世苟且之政。此司邦計者之過也。請痛抑末技，嚴禁遊惰。斥異端，裁冗員。開屯田以實邊，料士伍而紓餉。無益之費，悉行停罷。專以務農重粟爲本，而躬行節儉以先之。庶可阜民裕國。倘忽之不務，苟紓目前之急，不恤意外之虞，深可危懼。章下戶部，不能盡行。

左鼎請開屯料兵務農節用

左鼎授御史，景泰四年，疏言，國家承平數十年，公私之積未充。一遇軍興，抑配橫徵，鬻官市爵，率行衰世苟且之政。此司邦計者過也。臣請痛抑末技，嚴禁遊惰。斥異端，使歸南畝。裁冗員，以省虛糜。開屯田而實邊，料士伍而紓饟。寺觀營造，供佛飯僧，以及不急之工，無益之費，悉行停罷。專以務農重粟爲本，而躬行節儉以先之，然後可阜民而裕國也。倘忽不加務，任掊克聚斂之臣，行朝三暮四之術。民力已盡，而征發無已。民財已竭，而賦斂日增。苟紓目前之急，不恤意外之虞。臣竊懼焉。章下戶部。尚書金濂請解職，帝不許。鼎言亦不盡行。(《明史・左鼎傳》)

從總兵陳旺奏，免思恩土兵，調赴桂林哨守者稅糧。翌年，又免剿猛調用思恩土軍田糧。

景泰四年，總兵官陳旺奏，思恩土兵，調赴桂林哨守者，離本府遼遠，不便耕種，稅糧暫免。從之。五年，以征剿猛寇功，免土軍今年應輸田糧之半。又以柳溥奏，免思恩調用土軍千五百人，秋糧二千三百餘石。(《明史・廣西土司傳》)

添設山東按察副使，兼督屯田。

凡設官管屯，景泰四年，添設山東按察司副使一員。監督永平等處收支，兼理田糧。(《明會典》)

孫原貞請禁雜役屯軍以
免妨農

五年，兵部尚書孫原貞疏言，四方屯軍，率以營繕轉輸妨農。宜令歸耕。苟增萬人屯田，卽省歲支倉糧十二萬石。且積餘糧六萬石。兵食豈患不足。今歲漕數百萬石，道路費不貲，復計水程遠近加耗。是田不加多，而賦斂實倍。欲民無困，不可得也。時不能盡用其議。

孫原貞，景泰三年，進兵部尚書，考察福建庶官，因留鎮焉。五年冬，疏言，四方屯軍，率以營繕轉輸諸役，妨耕作。宜簡精銳實伍，餘悉歸之農。苟增萬人屯田，卽歲省支倉糧十二萬石，且積餘糧六萬石，兵食豈有不足哉？今歲漕數百萬石，道路費不貲。如浙江糧軍兌運米，石加耗米七斗。民自運米，石加八斗。其餘，計水程遠近加耗。是田不加多，而賦斂實倍。欲民無困，不可得也。況今太倉無十數年之積。脫遇水旱，其何以濟。宜量入爲出，汰冗食浮費也。俟倉儲旣裕，漸減歲漕之數，而民困可蘇也。臣昔官河南，稽諸逃民籍，凡二十餘萬戶。悉轉徙南陽、唐、鄧、襄、樊間，羣聚謀生，安保其不爲盜。宜及今年豐，遣近臣行行。督有司籍爲編戶，給田業，課農桑。立社學、鄉約、義倉，使敦本務業。生計旣定，徐議賦役，庶無他日患。時不能盡用。後劉千斤之亂，果如原貞所料。（《明史·孫原貞傳》）

屯田順聖川

六年，以順聖川土地肥饒，築立城堡。撥軍耕種。並改定邊軍守關操練屯種數額。

景泰六年，題准，順聖川地土肥饒，築立城堡。撥軍耕種，定爲則例起科。又議准，沿邊關營城堡，附近空閒地土。將現在關營軍士，二分守關，一分屯種。見在守城軍士，一分操練，一分屯種。每名撥田五十畝，委官提督耕種。子粒照例上倉。（《明會典》）

年富禁役軍耕私田

七年，英國公張懋及鄭宏各置田莊於邊境，歲役軍耕種。大同巡撫年富劾之。還軍於伍。

年富，景泰二年春，以右副都御史，巡撫大同，提督軍務。六年，母憂，起復。七年，以英國公張懋及鄭宏各置田莊於邊境，歲役軍耕種。富劾之，還軍於伍。（《明史·年富傳》）

礼科给事中张宁言，京卫带俸武职三万余员。每岁所需，动经百万。耗损国储，莫此为甚。而间复多老弱。宜简其可用者，补卫所缺官。悉汰其余。议格不行。

张宁，景泰五年进士，授礼科给事中。七年夏，帝从唐瑜等奏，考覈南京大小诸臣。宁言，京师尤根本地，不可独免。又言，京卫带俸武职，一卫至二千余人，通计三万余员。岁需银四十八万，米三十六万，并他折俸物，动经百万。耗损国储，莫甚于此。而其间多老弱，不娴骑射之人。莫若简可者，补天下都司卫所缺官，而悉汰其余。议格不行。（《明史·张宁传》）

景帝时，边方多事，令兵分为两番，半耕半守。　**分兵耕守**

景帝时，以边方多事，令兵士分为两番，六日操守，六日耕种。（《明史·食货志》）

工部尚书石璞言，京师盗贼，多出军伍。间有获者，辄云，粮饷亏减，妻孥饥冻。今边疆未靖，不增饷以作士气，反减其月粮。实启盗误国之端，非节财足用之术。帝深然之。

石璞迁山西布政使，工部尚书王卺致仕，召为尚书。景帝时，河决沙湾，命治之。璞还，言，京师盗贼，多出军伍。间有获者，辄云，粮饷亏减，妻孥饥冻。又闻两畿、山东、河南被灾，穷民多事剽掠。不及今拊循，恐方来之忧，甚于边患。口外守军，夜行昼伏，艰苦万状。今边疆未靖，宜增饷以作士气，乃反减其月粮。此实启盗误国之端，非节财足用之术。帝深纳其言。（《明史·石璞传》）

浙江诸卫官，役军士，办纳月钱，至四千余人。右参政曹凯奏请禁止。从之。　**禁浙江役军取赂**

曹凯，景泰中，迁左给事中。用荐，擢浙江右参政。时，诸卫武职，役军办纳月钱，至四千五百余人。以凯言禁止。镇守都督李信擅募民为军，糜饷万余石。凯劾奏之。信虽获宥，诸助信募军者，咸获罪。在浙数年，声称甚著。（《明史·曹凯传》）

英宗天顺元年，令拨直隶八府、山东、河南等　**令卫所军余屯种**

處荒田，及有人佃種，而無糧差者，與所在衞所軍餘屯種。

> 凡撥軍開墾，天順元年，令京城附近，直隸八府及山東、河南等處荒閑田地，及有人佃種，而無糧差者，撥與所在衞所軍餘，屯種納糧。（《明會典》）

令戶部，差郎中四員，提督邊疆糧儲，兼理屯田。

> 凡設官管屯，天順元年，令戶部差郎中四員，於宣府、大同、薊州、永平、山海等處，提督糧儲。經理屯田。（《明會典》）

從戶部請，分調赴廣西操練思恩土軍千五百人爲三班。放回千人，種田納糧。留五百人，操練免徵。俟寧靜日，放回全納。

> 天順元年，戶部奏，思恩留存廣西操練土軍一千五百人，有誤種田納糧。乞分爲三班。留五百人操練，免其糧七百七十餘石。放回千人耕種，徵其糧一千五百四十餘石。俟寧靖日，放回全納。從之。（《明史·廣西土司傳》）

二年，山西巡撫李侃奏言，南人戍西北邊者，怯風寒，聞寇股慄。而北人戍南方，亦不耐暑，多潛逃。宜令南北清勾之軍，各就本土補伍。時不能用。

> 李侃、天順元年，進太僕卿。明年，復設山西巡撫，遷侃右僉都御史任之。奏言，塞北之地，與窮荒無異。非生長其間者，未有能寧居而狎敵者也。今南人戍西北邊，怯風寒，聞寇股栗。而北人戍南，亦不耐暑，多潛逃。宜令南北清勾之軍，各就本土補伍。人情交便，戎備得修。時不能用。（《明史·李侃傳》）

憲宗成化元年，免天下軍衞屯糧十分之三。翌年復然。

> 成化元年七月，免天下軍衞屯糧十之三。二年六月，免天下軍衞今年屯糧十之三。（《明史·憲宗紀》）

葉盛增屯田收糧買馬

宣府巡撫葉盛以餘糧，買官牛千八百頭，幷置農具。遣軍屯種收糧，易銀買馬，以補官馬耗損。戶部以其立法甚善，乞敕守臣遵行。從之。

惠宗成化元年十月，敕宣府守臣，以屯糧買官馬。初，景帝時，邊城多空地，而守城諸役外，復有閒曠軍餘。宣府總督李秉請，量支宣府官銀一萬兩，買牛給軍耕種。收餘糧易銀，給貧軍買馬。英宗天順初，有言勞軍不便者。下行都督楊能等會議，稱耕種便。至是，宣府巡撫葉盛又以餘糧，買官牛千八百，并置農具。遣軍屯糧，收糧易銀，以補官馬耗損。戶部奏，官府不煩督責，軍士不致賠償。立法甚善。乞敕守臣遵守。從之。(《續文獻通考》)

南京吏部郎中夏寅考滿入都，上言，淮、徐、濟寧地，實南北要衝，宜各設文武官鎮守，訓兵屯田。常使兩京聲勢聯絡，倉卒可以制變。章下所司行之。惟未設鎮守官。

從夏寅請屯田淮徐濟寧

夏寅授南京吏部主事，進郎中。成化元年，考滿入都。上言，徐州旱潦，民不聊生。飢餒切身，必爲盜賊。乞特遣大臣鎮撫，蠲租發廩。沿途貢船丁夫不足，役及老稚。而所載官物，船僅一箱，餘皆私齎。乞嚴禁絕。淮、徐、濟寧軍士，赴京操練，然其地實南北要衝。宜各設文武官鎮守，訓兵屯田。常使兩京聲勢聯絡，倉猝可以制變。章下所司行之。唯不設文武官。(《明史·夏寅傳》)

毛里孩擾邊。命兵部尚書王復，出視邊備，相度形勢，自延綏至於甘肅。復上言，延綏險隘俱在內地，境外止憑墩堡以守。西南至慶陽五百餘里，烽堠不接。其迤北墩臺，率皆曠遠。寧夏中路本無亭燧。東西二路營堡遼絕。請移府谷、響水等十九堡，於近邊要地。添築沿邊墩臺九十有二。甘肅邊境，俱有險可守。惟涼州四際平曠，寇最易入。請於甘州五衛內，各分一千戶所，置涼州中衛。選五衛餘丁補伍。且耕且練，斯戰守有資矣。奏上，皆從之。

從王復修西北邊備屯田涼州

王復，天順中，歷兵部左右侍郎。成化元年，進尚書。毛里孩擾邊。命復出視陝西邊備。自延綏抵甘肅，相度形勢。上言，延綏東起黃河岸，西至定邊營，接寧夏花馬池。縈紆二千餘里。險隘俱在內地，而境外乃無屏障，止憑墩堡以守。軍反居內，民顧居外。敵一入境，官軍未行，民遭掠已盡矣。又西南抵慶陽，相去五百餘里。烽火不接，寇至民猶不知。其迤北墩堠，率皆曠遠，非禦邊長策。請移府谷、響水等十九堡，置近邊要地。而自安邊營接慶陽，自定邊營接環州。每二十里築墩臺一，計凡三十有四，隨形勢爲溝牆。庶息響相聞，易於守禦。其經略寧夏則言，中路靈州以南，本無亭燧。東西二路，營堡遼絕，聲聞不屬，致敵每深入。亦請建置墩臺，如延綏，計爲臺五十有八。其經略甘肅則言，永昌、西寧、鎮番、莊浪，俱有險可守，惟涼州四際平曠，敵最易入。又水草便利，輒經年宿留。遠調援軍，兵疲銳挫，急何能濟。請於甘州五衞內，各分一千戶所，置涼州中衞，給之印信。其五所軍伍，則於五衞內餘丁選補，且耕且練。斯戰守有資，兵威自振。奏上。皆從之。（《明史・王復傳》）

倪岳論邊務

後，侍講學士倪岳疏論西北用兵利害，詳舉邊防諸弊。請重將權，增城堡，廣斥堠，募民壯，去客兵，明賞罰，嚴間諜，實屯田，復邊漕。時兵部方主用兵，不能盡用其策。

倪岳，成化中，歷侍讀學士，直講東宮，善斷大事。前後陳請疏出，人多傳錄之。其論西北用兵利害尤切。其略云，近歲毛里孩、阿羅忽、孛羅出、乜加思蘭大爲邊患。蓋緣河套之中，水草甘肥，易於屯牧。故賊頻據彼地，擁衆入掠。諸將怯懦，率嬰城自守。苟或遇敵，輒至挫衄。既莫敢折其前鋒，又不能邀其歸路。敵進獲重利，退無後憂。致兵鋒不靖，邊患靡寧。命將徂征，四年三舉，絕無寸功。或高臥而歸，或安行以返。析圭擔爵，優游朝行。輦帛輿金，充牣私室。且軍旅一動，輒報捷音。賜予濫施，官秩輕授。甚至妄殺平民，謬稱首級。敵未敗北，輒以奔遁爲辭。功賞所加，非私家子弟，卽權門廝養。而什伍之卒，轉餉之民，則委骨荒城，膏血野草。天怒人怨，禍幾日深。非細故也。京營素號冗怯，留鎮京師，猶恐未壯根本。顧乃輕於出禦，用褻天威。臨陣輒奔，反墮邊軍之功，爲敵人所侮。且延綏邊也，去京師遠。宣府、大同亦邊也，去京師近。彼有門庭之喩，此無陛楯之嚴，可乎。頃兵部建議，令宣府出兵五千，大同出兵一萬，併力以援延綏。而不慮其相去既遠，往返不逮。人心

苦於轉移，馬力疲於奔軼。夫聲東擊西者，賊寇之奸態也。擣虛批
亢者，兵家之長策也。精銳既盡乎西，老弱乃留於北。萬一北或有
警，而西未可離。首尾衡決，遠近坐困。其可爲得計哉？至於延綏，士
馬屯集，糧糗不貲。乃以山西、河南之民，任飛芻轉粟之役。徒步
千里，夫運而妻供，父輓而子荷。道路愁怨，井落空虛。幸而得至，束
芻百錢，斗粟倍直。不幸遇賊，身且斃矣，他尚何云。輸將不足，則
有輕齎。輕齎不足，又有預徵。水旱不可先知，豐歉未能逆卜。徵
如何其可預也。又令民輸芻粟補官，而媚權貴，私親故者。或出空
牒以授，倉庾無升合之入。至若輸粟給鹽，則豪右請託，率占虛名
鬻之，而商賈費且倍蓰。官爵日輕，鹽法日沮。而邊儲之不充，如
故也。又朝廷出帑藏給邊，歲爲銀數十萬。山西、河南輕齎於邊者，歲
不下數十萬。銀日積而多，則銀益賤。粟日散而少，則粟益貴。而
不知者，遂於養兵之中，寓養狙之術。或以茶鹽，或以銀布。名爲
準折糧價，實則侵剋軍需。故朝廷有糜廩之虞，軍士無果腹之樂。至
兵馬所經，例須應付。居平，人日米一斗，馬日芻一束。追逐，一
日之間，或一二堡，或三四城，豈能俱給哉？而典守者，巧爲竊攘
之謀。凡所經歷，悉為開支。罔上行私，莫此爲甚。及訪禦敵之策，則
又論議紛紜。有謂復受降之故險，守東勝之舊城。使聲援交接，犄
角易制。夫欲復城河北，卽須塞外屯兵。出孤遠之軍，涉荒漠之地。輜
重爲累，饋餉惟艱。彼或抄掠於前，躡襲於後。曠日持久，軍食乏
絕。進不得城，退不得歸。一敗而聲威大損矣。又有謂統十萬之眾，裹
半月之糧。奮揚武威，掃蕩窟穴，使河套一空。事非不善也。然帝
王之兵，以全取勝。孫吳之法，以逸待勞。今欲鼓勇前行，窮搜遠
擊。乘危履險，覬萬一之倖。贏糧遠隨，則重不及事。提兵深入，則
孤不可援。且其間地方千里，無城郭之居，委積之守。彼或往來遷
徙，罷我馳驅。我則情見勢屈，爲敵所困。既失坐勝之機，必蹈覆
沒之轍。其最無策者，又欲棄延綏勿守，使兵民息肩。不知一民尺
土，皆受之祖宗，不可忽也。向失東勝，故今日之害萃於延綏，而
關陝震動。今棄延綏，則他日之害鍾於關陝，而京師震動。賊愈近
而禍愈大矣。因陳重將權，增城堡，廣斥堠，募民壯，去客兵，明
賞罰，嚴間諜，實屯田，復邊漕數事。時兵部方主用兵。不能盡用
也。(《明史·倪岳傳》)

　　三年，寧夏巡撫張鼒導河流，溉靈州屯田七百　　張鼒導河溉屯田

141

餘頃。

張鑾，成化三年，以右副都御史巡撫寧夏。城舊土築，鑾始甃以磚。又導河流，溉靈州屯田七百餘頃。（《明史·張悅傳》）

詔延綏屯田

六年，詔延綏屯田。

成化六年三月，詔延綏屯田。（《明史·憲宗紀》）

余子俊築延綏邊牆，屯墾牆內

八年，延綏巡撫余子俊上疏言，征套士馬屯延綏者，八萬。芻茭煩內地。若今冬寇不北去，又須備來歲軍資。姑以今年之數計之，米豆需銀九十四萬，草六十萬。每人運米豆六斗，草四束。應用四百七十萬人。約費行資八百二十五萬。公私煩擾至此，安得不變計。前請築牆建堡。詔事寧舉行。乞於明年春夏，胡馬疲乏時，役陝西運糧民五萬，給食興工，期二月畢事。從之。翌年，役軍四萬人，東起清水營，西抵花馬池，延袤千七百七十里。鑿崖築牆，掘塹其下。凡建城堡十一，邊墩十五，小墩七十八，崖砦八百十九。不三月而成。牆內之地，悉分屯墾，歲獲糧六萬餘石。延綏屬縣，寇鈔漸稀。軍民得安耕牧焉。

余子俊，成化六年，拜右副都御史，巡撫延綏。先是，巡撫王銳請沿邊築牆建堡，爲久遠計。工未興而罷。子俊上疏言，三邊惟延慶地平易，利馳突，寇屢入犯。獲邊人爲導，徑入河套屯牧。自是，寇顧居內，我反屯外。急宜於沿邊築牆置堡。況今舊界石所在，多高山陡厓。依山形，隨地勢，或剗削，或壘築，或挑塹。縣引相接，以成邊牆，於計爲便。尚書白圭以陝民方困，奏緩役。既而，寇入孤山堡，復犯榆林。子俊先後與朱永、許寧擊敗之。是時，寇據河套，歲發大軍征討。卒無功。八年秋，子俊復言，今征套士馬，屯延綏者八萬。芻茭煩內地。若今冬寇不北去，又須備來年軍資。姑以今年之數約之，米豆需銀九十四萬，草六十萬。每人運米豆六斗，草四束。應用四百七十萬人，約費行資八百二十五萬。公私煩擾至此，安

得不變計。臣前請築牆建堡，詔事寧舉行。請於明年春夏，寇馬疲
乏時，役陝西運糧民五萬，給食興工。期兩月畢事。圭猶持前議阻
之。帝是子俊言，命速舉。子俊先用軍功，進左副都御史。明年，又
用紅鹽池搗巢功，進右都御史。寇以搗巢故，遠徙，不敢復居套內
地。患稍息。子俊得一意興役。東起清水營，西抵花馬池，延袤千
七百七十里。鑿崖築牆，掘塹其下。連比不絕。每二三里，置敵臺
崖砦，備巡警。又於崖砦空處，築短牆。橫一斜二，如箕狀，以瞭
敵避射。凡築城堡十一，邊墩十五，小墩七十八，崖砦八百十九。役
軍四萬人。不三月而成。牆內之地，悉分屯墾。歲得糧六萬石有奇。十
年閏六月，子俊具上其事。初延綏鎮治綏德州。屬縣米脂、吳堡，悉
在其外。寇以輕騎入掠。鎮兵覺而追之，輒不及，往往得利去。自
子俊徙鎮榆林，增衛益兵，拓城置戍，攻守器畢具，遂為重鎮。寇
抄漸稀，軍民得安耕牧焉。（《明史·余子俊傳》）

> 九年，令榆林以南，招募軍民屯田。

募軍民屯田

成化九年，令榆林以南，招募軍民屯田。每一百畝，於隣堡上
納子粒六石。（《明會典》）

> 令南京都察院，差御史一員，巡視衛所屯田。

成化九年，題准，行南京都察院，差御史一員，巡視南京衛所
屯田。南京巡屯御史始此。（《明會典》）

> 十二年，巡按御史許進言，河西十五衛所資水
> 利，多為勢豪所奪。宜設官專理。詔令屯田僉事兼之。

設官理衛所水利

成化十二年，巡按御史許進言，河西十五衛，東起莊浪，西抵
肅州，綿亙幾二千里。所資水利，多奪於勢豪之家。宜設官專理。詔
屯田僉事兼理之。（《明史·河渠志》）

> 余子俊移撫陝西，於涇陽，鑿山引水，溉田千
> 餘頃，奏免岷、河、洮三衛之戍南方者，萬餘人。易
> 置南北之更戍者，六千有奇，就戍本土。

余子俊巡撫延綏，成化十二年十二月，移撫陝西。於涇陽鑿山
引水，溉田千餘頃。通南山道，直抵漢中，以便行旅。奏免岷、河、
洮三衛之戍南方者，萬有奇。易置南北之更戍者，六千有奇，就戍
本土。（《明史·余子俊傳》）

復哈密衞及屯田

十三年，復立哈密衞，給以土田牛種。

成化十三年十月，復立哈密衞於苦峪谷，給土田牛種。（《明史・憲宗紀》）

二十三年，裁山東按察司屯田僉事。令巡察海道副使兼領。

成化二十三年，題准，裁山東管理屯田僉事。仍令按察司巡察海道副使，兼領其事。（《明會典》）

屯糧減耗

自正統後，屯田多爲內監軍官占奪，法制盡壞。至是，雖頗釐復，而所入視舊額，不能什一矣。

自正統後，屯政漸弛。而屯糧猶存三之二。其後，屯田多爲內監軍官所占奪，法盡壞。憲宗之世，頗議釐復。而視舊所入，不能什一矣。（《明史・食貨志》）

孝宗弘治二年，令成都等衞，屯糧折銀貯庫，聽支軍糧。

弘治二年，題准，成都右等衞屯田，每糧一石，折銀三錢六分。布政司貯庫，聽支軍糧。（《明會典》）

三年，限州縣衞所預備倉積穀。千戶所定額萬五千石，百戶所三百石。考滿之日，稽其多寡，以爲殿最。

預備倉之設也，太祖選耆民，運鈔糴米，以備賑濟，卽令掌之。天下州縣，多所儲蓄。弘治三年，限州縣十里以下積萬五千石，二十里積二萬石。衞千戶所萬五千石，百戶所三百石。考滿之日，稽其多寡，以爲殿最。不及三分者，奪俸。六分以上，降調。（《明史・食貨志》）

四年，令四川管屯僉事，清查官舍占種田地。撥給無田軍餘，耕種納糧。

弘治四年，題准，行四川令管屯僉事，將官舍占種田地退出。撥與無田軍餘，耕種納糧。其願認糧者，亦准與查明分數，照例徵收本色。不許徵銀花銷。（《明會典》）

　　五年，戶部尚書葉淇以鹽商之於各邊開中者，困
於守支。請召商納銀運司，彙解太倉，分給各邊。每
引輸銀三四錢有差，視中米之值加倍。商人無守支
之苦，太倉銀累至百餘萬。然自是商屯撤業，邊境
為虛。菽粟翔貴，米石值銀五兩。邊儲枵然矣。

　　明初，募鹽商於各邊開中，謂之商屯。迨弘治中，葉淇變法，而
開中始壞。諸淮商悉撤業歸，西北商亦多徙家於淮，邊地為墟。米
石直銀五兩，而邊儲枵然矣。（《明史·食貨志》）

　　憲宗末年，閹官竊勢，奏討淮浙鹽無算。兩淮積存至五百餘萬
引，商引壅滯。至孝宗時，而買補餘鹽之議興矣。餘鹽者，竈戶正
課外，所餘之鹽也。洪武初制，商支鹽有定場，毋許越場買補。勤
竈有餘鹽，送場司。二百斤為一引，給米一石。其鹽召商開中，不
拘資次給與。成化後，令商收買。而勸借米麥，以振貧竈。至是，清
理兩淮鹽法侍郎李嗣請令商人，買餘鹽補官引，而免其勸借。且停
各邊開中。俟通課完日，官為賣鹽。三分價直，二充邊儲，而留其
一，以補商人未交鹽價。由是，以餘鹽補充正課，而鹽法一小變。明
初，各邊開中，商人招民墾種，築臺堡自相保聚。邊方菽粟，無甚
貴之時。成化間，始有折納銀者，然未嘗著為令也。弘治五年，商
人困守支，戶部尚書葉淇請召商納銀運司。類解太倉，分給各邊。每
引輸銀三四錢有差。視國初中米，直加倍。而商無守支之苦。一時
太倉銀累至百餘萬。然赴邊開中之法廢，商屯撤業。菽粟翔貴，邊
儲日虛矣。（《明史·食貨志》）

　　六年，定屯官徵糧違限者，罰令住俸之法。

　　弘治六年，定屯官徵糧違限之罰。年終不完者，都司及衛所管
屯幷有屯糧官員家，截日住俸。一年之上不完者，都司衛所掌印幷
按察司管屯官，一體住俸。（《續文獻通考》）

　　七年，濬南京河道，以備屯田水利。

　　弘治七年，濬南京天、潮二河，備軍衛屯田水利。（《明史·河
渠志》）

　　八年，寧夏巡撫王珣請發卒濬西渠。又請於靈
州金積山河口，開渠灌田，給軍民佃種。並從之。

弘治八年，巡撫都御史王珣言，寧夏古渠三道，東漢、中唐並通。惟西一渠，傍山，長三百餘里，廣二十餘丈。兩岸危峻，漢唐舊跡俱堙。宜發卒濬鑿，引水下流。卽以土築東岸，建營堡，屯兵以遏寇衝。請帑銀三萬兩，并靈州六年鹽課，以給其費。又請於靈州金積山河口，開渠灌田。給軍民佃種。並從之。（《明史·河渠志》）

令福建都司，行都司所屬衞所，屯糧折銀，解京濟邊。

弘治八年，令福建行都司所屬建寧、延、邵三衞都司所屬福州等衞屯田，每糧一石，折徵銀二錢五分。解京濟邊。（《續文獻通考》）

豁除南京虛報屯牛，以免科害屯軍。

弘治八年，奏准南京廣洋等衞，洪武、永樂年間，俵散屯牛，無有存者。每年造冊虛報，科害屯軍，悉令豁除。（《明會典》）

鄧廷瓚請給田土軍以資耕守

九年，提督兩廣軍務鄧廷瓚言，廣西各衞軍士，十亡八九。凡有征調，全倚土兵。乞令東蘭土知州韋祖鋐之子，領土兵數千，於古田蘭麻等處，撥田耕守。俟平古田，設長官司以授之。廷議不許。

鄧廷瓚，弘治八年，提督兩廣軍務，兼巡撫。（《明史·鄧廷瓚傳》）

弘治九年，總督鄧廷瓚言，廣西猺獞數多，土民數少。兼各衞軍士，十亡八九。凡有征調，全倚土兵。乞令東蘭土知州韋祖鋐子一人，領土兵數千，於古田、蘭麻等處，撥田耕守。候平古由，改設長官司以授之。廷議，以古田密邇省治。其間土地，多良民世業。若以祖鋐子爲土官，恐數年之後，良民田稅皆非我有。欲設長官司，祇宜於土民中選補。（《明史·廣西土司傳》）

廷瓚又言，昭仁堡介於梧州、平樂間。猺獞常出爲患。乞令上林、歸德土官，各選子弟一人，領土兵千人，往駐其地。仍撥閒田，與之耕種。亦格於廷議。

弘治九年，總督鄧廷瓚言，平樂府之昭仁堡，介在梧州、平樂間。猺獞率出爲患。乞令上林土知縣黃瓊、歸德土知州黃通，各選子弟一人，領土兵各千人，往駐其地。仍築城垣，設長官司署。領撥平樂縣仙回峒間田，與之耕種。其冠帶千夫長龍彪改授昭平巡檢，造哨船三十，使往來府江巡哨。流官停選。廷議以昭平堡係內地，若增土官，恐貽後患。況府江一帶，近已設按察司副使一員，整飭兵備。土官不必差遣。止令每歲，各出土兵一千聽調。(《明史·廣西土司傳》)

令革去河南各衛雜役軍士月糧。悉令屯種。所有雜差，俱令餘丁應役。准給口糧。

弘治九年，題准，河南各衛，除正操、守關、漕運等項旗軍，仍舊支糧外，其餘革去月糧。悉令屯種，辦納子粒。一應雜差，俱查餘丁應役。准給口糧。(《明會典》)

十一年，令洪川、順聖川屯田，改徵本色。願依前例折銀者，亦聽之。

弘治十一年，題准，洪川、順聖川屯田，地土每一頃，徵糧五石。每分二頃五十畝，共徵糧七石五斗，照舊徵草十束。於原定草場上納。願依前例折銀者聽。(《明會典》)

十三年，定用強佔種屯田，問罪之制。　　　　　　　　強占屯田

弘治十三年，奏准，凡用強佔種屯田者，問。官調邊衛帶俸差操。旗軍餘丁人等，發邊衛充軍。民發口外為民。凡軍職舍餘，及旗軍餘丁人等，若侵種不係用強或不及五十畝者。依侵佔官田問罪，照常發落。(《明會典》)

十四年，分遣諫官，清理屯田。　　　　　　　　　　遣官清屯田

弘治十四年七月，分遣給事中御史，清理屯田。(《明史·孝宗紀》)

寇大入花馬池，直抵平涼。命尚書秦紘總制三　　　　秦紘興屯田修邊備
邊。紘馳至固原，申明賞罰，練壯士，興屯田，軍聲大振。初，臨鞏秦州諸軍，歲赴甘涼備禦。他方有警，又調兵甘涼。或發京軍征討。紘奏請京兵毋輕發。臨鞏甘涼諸軍，亦宜各還本鎮。但選知兵宿將，各守其地。人以戍為家，軍以將為命。自樂趨

役，而有戰心。又見固原迆北，延袤千里，閑田數十萬頃，曠無城堡可依。議於花馬池迆西，固原迆北諸處，各築屯堡。募人屯種。每頃歲賦米五石，可得五十萬石。從之。紘修築諸邊城堡垣塹。固原屹爲重鎮。

　　秦紘，弘治中，爲南京戶部尚書，引疾去。十四年秋，寇大入花馬池，敗官軍孔壩溝，直抵平涼。言者謂紘有威名，雖老可用。詔起戶部尚書，兼右副都御史，總制三邊軍務。紘馳至固原，按行敗所，躬祭陣亡將士，掩其骼。奏錄死事指揮朱鼎等五人。恤軍士戰歿者家。劾治敗將楊琳等四人罪。更易守將，練壯士，興屯田。申明號令，軍聲大振。初，寇未入河套，平涼、固原皆內地，無患。自字來住牧後，固原當兵衝，爲平慶臨鞏門戶。而城隘民貧，兵力單弱，商販不至，紘乃拓治城郭，招徠商賈。建改爲州。而身留節制之。奏言，固原主客兵止萬八千人，散守城堡二十四，勢分力弱，宜益兵。舊臨鞏秦州諸軍，歲赴甘涼備禦。及他方有警，又調兵甘涼。或發京軍征討。夫京師天下根本。邊將手握重兵，而一遇有事，輒請京軍。非強幹弱枝之道。請自今京兵毋輕發。臨鞏甘涼諸軍，亦宜各還本鎮。但選知兵宿將一二人，各守其地。人以戍爲家，軍以將爲命。自樂趨役，而有戰心。計之得者也。紘見固原迆北，延袤千里，閑田數十萬頃。曠野近邊，無城堡可依。議於花馬池迆西，至小鹽池，二百里。每二十里築一堡，堡周四十八丈，役軍五百人。固原迆北諸處，亦各築屯堡，募人屯種。每頃歲賦米五石，可得五十萬石。規畫已定。而寧夏巡撫劉憲爲梗。紘乃奏曰，竊見三邊情形。延綏甘涼地雖廣，而士馬精強。寧夏怯弱矣，然河山險阻。惟花馬池至固原，軍旣怯弱，又墩臺疏遠。敵騎得長驅深入。故當增築墩堡。韋州豫望城諸處亦然。今固原迆南，修築將畢。惟花馬池迆北二百里，當築十堡，而憲危言阻衆，且廢垂成之功。乞令憲總制三邊，而改臣撫寧夏，俾得終邊防。於事爲便。帝下詔責憲，憲引罪，卒行紘策。修築諸邊城堡一萬四千餘所，垣塹六千四百餘里，固原屹爲重鎮。(《明史·秦紘傳》)

核遼東屯糧

十五年，張鼐巡撫遼東。時軍政弛廢，鼐條上定馬制、核屯糧、清隱占、稽客戶等數事。悉從之。

張鼏，弘治十五年秋，擢右僉都御史，巡撫遼東。時軍政久弛。又
許餘丁納貲助驛遞者，給冠帶復其身。邊人競援例避役。鼏言其不
可。因條上定馬制、核屯糧、清隱占、稽客戶、減軍伴數事。皆允
行。（《明史・張鼏傳》）

令管屯官，造屯田册，送後湖。仍將屯田頃畝
之數，刻記碑陰，以圖經久。

造屯田册

弘治十五年，令管屯官造屯田册，送後湖。以頃畝之數，刻記
碑陰。自正統十一年，令各衛所，類造屯田坐落地方，四至頃畝，子
粒數目文册二本。一繳上司，一發州縣。至是，因後湖，幷南京戶
部及各衙❶所，俱無屯册可稽。故有是令。（《續文獻通考》）

弘治十五年，奏准，後湖幷南京戶部及各衛所，俱無屯册。將
此次清過屯田，行令管屯官，各造册，送後湖交收。仍將屯田頃畝
之數，刻記碑陰，以圖經久。（《明會典》）

定京衛新增地畝屯糧折銀之數。

弘治十五年，議准，京衛新增地畝，每屯糧一石，折徵銀三錢。尋
議輕減，每畝徵一分五釐。在京赴太倉，在外赴附近有司官倉交納，放
支官軍月糧。（《明會典》）

十六年，令浙江衛所，除昌國、溫州二衛之外，屯
軍全納子粒者，改徵本折各半。

弘治十六年，題准，浙江除昌國衛田畝數多，溫州衛土地膏腴
外。其餘各衛所屯軍，全納子粒六石者，每年本折中半。每石徵銀
二錢五分，附近有司官庫收貯備支。（《明會典》）

十七年，兵科給事中王承裕出理屯田。減登萊
糧額，畝徵三升三合。歸青州彰德軍田先賜王府
者，於軍。

理山東屯田

王承裕，弘治末，授兵科給事中，出理山東、河南屯田，減登
萊糧額，三畝徵一斗。還青州彰德軍田，先賜王府者，三百六十頃
於軍。（《明史・王恕傳》）

---

❶　"衙"當爲"衛"。——編者註

弘治十七年，議准，山東登萊沿海瀉地，照輕科則例每畝三升三合。（《明會典》）

改定成都右等衞屯糧折銀之數。

弘治十七年，以成都右等衞所，屯地瘠薄，難納本色，每石折銀三錢。（《續文獻通考》）

孝宗時，馬文升爲兵部十三年。於屯田邊備，數條上便宜。

馬文升，弘治初，代余子俊爲兵部尚書。文升爲兵部十三年，盡心戎務，於屯田馬政，邊備守禦，數條上便宜。（《明史·馬文升傳》）

清雲南屯田

汪舜民爲雲南屯田副使，清釐勢要所奪屯田，歸之於官。

汪舜民，弘治初，改雲南屯田副使。田爲勢要所奪者，悉釐而歸之於官。（《明史·汪舜民傳》）

清甘肅屯田

甘肅總兵官劉寧疏言，守臣不和，詔御史張泰往勘。泰奏鎮守太監傅德、故總兵官周玉侵佔屯田。帝怒，下玉於獄，錮德於南京。泰又言，甘州沃壤及牧馬地，悉爲中官武臣所據，仍責軍納稅，請歸之於軍。且推行於延綏、寧夏。俱從之。而《周賢傳》謂玉死後，侵屯田事始發覺，降其子所襲職二等。未知孰是。

張泰爲御史。弘治中，寇入永昌，甘肅游擊魯麟委罪副總兵陶禎。而總兵官劉寧疏言守臣不和。詔泰往勘。泰奏，鎮守太監傅德、故總兵官周玉，侵據屯田，巡撫馮續減削軍餉。寇數入，莫肯爲禦。失士卒六百餘，馬駝牛羊二萬，皆不以聞。帝怒，下之吏。德降內使，錮南京。續編氓口外。泰又言，甘州膏腴地，悉爲中官武臣所據，仍責軍稅。城北草湖，資戍卒牧馬，今亦被占。請悉歸之軍。且推行於延、寧二鎮。詔皆從之。（《明史·張泰傳》）

周玉初爲偏裨，及鎮宣府，甚有名。後涖甘肅，部下屢失事，又侵屯田。死後事發，子襲職降二等。（《明史·周賢傳》）

兵科給事中吳世忠乞以閑田給軍，不徵其稅。

吳世忠，弘治時，爲兵科給事中。乞於大同增置臺堡。以閑田給軍耕墾，不徵其稅。多從其議。（《明史·吳世忠傳》）

廣東副使胡富以瀧水猺，時出寇盜。度猺所經地，得荒田三千餘頃，招獞民耕守其地。猺畏獞，不敢出擾居民。

胡富，弘治中，遷廣東副使。四會猺亂，剿擒五百餘人。瀧水猺出沒無時。富度其所經地，得荒田三千餘頃，招獞戶耕守其地。猺畏獞，不敢復出寇擾。居民得安田作。（《明史·胡富傳》）

十八年，武宗卽位，命馬中錫巡撫遼東。中錫清理屯田，還之於軍。

武宗弘治十八年五月，卽皇帝位。以明年爲正德元年。（《明史·武宗紀》）

馬中錫，弘治中，擢右副都御史，巡撫宣府。劾罷貪耄總兵官馬儀。革鎭守以下私役軍士，使隸尺籍。寇嘗犯邊，督軍敗之。引疾歸，中外交薦。武宗卽位，起撫遼東。還屯田於軍，而劾鎭守太監朱秀置官店、擅馬市諸罪。正德元年，入爲兵部侍郎。（《明史·馬中錫傳》）

總制三鎭軍務楊一清建議修邊備。其略曰，成化初，徐廷璋、余子俊修築寧夏、延綏邊牆。由是，寇不入套二十餘年。後牆塹日夷，寇復連歲侵略。今河套，卽周朔方。唐張仁愿築三受降城，突厥不敢踰山牧馬。初舍受降而衞東勝，已失一面之險。後又輟東勝以就延綏，遂使河套沃壤，爲寇巢穴。深山大河，勢乃在虜。邊患日亟。宜復守東勝，因河爲固，東接大同西屬寧夏。使河套歸我耕牧。闢屯田數百萬畝，以省內地轉輸。如或不能，及今增築防邊。猶愈於無策。帝可其議。而劉瑾憾一清不附己，一清遂引疾歸。

楊一清巡撫陝西。武宗初立，命一清總制三鎮軍務，進右都御史。一清遂建議修邊備。其略曰，陝西各邊，延綏據險，寧夏、甘肅扼河山。惟花馬池至靈州，地寬延，城堡復疎。寇毀牆入，則固原、慶陽、平涼、鞏昌皆受患。成化初，寧夏巡撫徐廷璋築邊牆，綿亙二百餘里。在延綏者，余子俊修之甚固。由是，寇不入套，二十餘年。後邊備疎，牆塹日夷。弘治末至今，寇連歲侵略。都御史史琳請於花馬池韋州設營衞。總制尚書秦紘僅修四五小堡，及靖虜至環慶，治塹七百里，謂可無患。不一二年，寇復深入。是紘所修，不足捍敵。臣以官陝西，頗諳形勢。寇動稱數萬，往來倏忽。未至徵兵，多擾費。既至召援，輒後時。欲戰則彼不來，持久則我師坐老。臣以爲防邊之策，大要有四。修濬牆塹，以固邊防。增設衞所，以壯邊兵。經理靈夏，以安內附。整飭韋州，以遏外侵。今河套卽周朔方、漢定襄、赫連勃勃統萬城也。唐張仁愿築三受降城，置烽堠千八百所，突厥不敢踰山牧馬。古之舉大事者，未嘗不勞於先，逸於後。夫受降據三面險，當千里之蔽。國初舍受降而衞東勝，已失一面之險。其後又輟東勝以就延綏，則以一面遮千餘里之衝。遂使河套沃壤，爲寇巢穴。深山大河，勢乃在彼。而寧夏外險，反南備河。此邊患所以相尋，而不可解也。誠宜復守東勝，因河爲固，東接大同，西屬寧夏。使河套方千里之地，歸我耕牧。屯田數百萬畝，省內地轉輸。策之上也。如或不能，及今增築防邊，敵來有以待之。猶愈無策。因條具便宜。延綏安邊營石澇池至橫城三百里，宜設墩臺九百座，暖鋪九百間，守軍四千五百人。石澇池至定邊營百六十三里，平衍宜牆者百三十一里，險崖峻阜可剗削者三十二里，宜爲墩臺連接寧夏東路。花馬池無險，敵至，仰客兵。宜置衞興武，營守禦。所兵不足，宜召募。自環慶以西，至寧州，宜增兵備一人。橫城以北，黃河南岸，有墩三十六，宜修復。帝可其議。大發帑金數十萬，使一清築牆。而劉瑾憾一清不附己，一清遂引疾歸。其成者，在要害間，僅四十里。（《明史·楊一清傳》）

正德二年，定各衞新增屯田徵銀之數。

正德二年，奏准，各處衞所，新增屯田，每畝徵銀一分五釐，赴隣近有司交納，放支官軍月糧。（《明會典》）

三年，遣御史督理畿輔屯田。《明史梁材傳》謂舊原用御史督理。正統間，易以僉事。嘉靖時，材爲戶部尚書，始請復用御史。未知孰是。

正德三年，題准，每歲選差御史一員，請敕督理北京并直隸衛所屯田。比較子粒，禁革奸弊。年終更替。（《明會典》）

梁材，嘉靖中，爲戶部尚書。畿輔屯田，舊命御史督理。正統間，易以僉事，權輕，屯政日弛。材請仍用御史。（《明史‧梁材傳》）

四年，遣通政叢蘭、尚寶卿吳世忠等，覈各邊屯田。自弘治間，屯糧愈輕。至是，遼東屯田較永樂時，增萬八千餘頃。而糧反減四萬六千餘石。初，屯田米常溢三之一。軍無月糧，而邊餉恆足。及是，屯軍多逃死。常操軍皆仰給於倉，而邊外棄不耕。故遣官分出覈之。　遣官分覈各邊屯田

正德四年八月，遣使覈各邊屯田。（《明史‧武宗紀》）

弘治間，屯糧愈輕，有畝止三升者。沿及正德，遼東屯田，較永樂間，田贏萬八千餘頃，而糧乃縮四萬六千餘石。初，永樂時，屯田米常溢三之一，常操軍十九萬，以屯軍四萬供之。而受供者，又得自耕邊外。軍無月糧，以是邊餉恆足。及是，屯軍多逃死。常操軍止八萬，皆仰給於倉。而邊外數擾，棄不耕。（《明史‧食貨志》）

叢蘭，正德三年，進左通政。明年冬，出理延綏屯田。（《明史‧叢蘭傳》）

吳世忠，正德四年閏九月，召爲光祿少卿，旋改尚寶司卿。其年冬，與通政叢蘭等，出理邊屯。世忠往薊州。明年，奏言，占種盜賣，積弊已久。若一一究問，恐人情不安。請量爲處分。從之。（《明史‧吳世忠傳》）

王憲，正德初，爲右僉都御史，清理甘肅屯田。（《明史‧王憲傳》）

司禮監太監劉瑾擅權，以清出地畝數多及追完積逋爲能。否則罪之。戶部侍郎韓福覈遼東屯田，性故刻深。所攜同知劉玉等，又奉行過當。軍士不堪，脅　韓福覈遼東屯田致亂

153

衆爲亂。守臣發帑撫之，始定。

劉瑾擅權，遣官分出丈田責逋，希瑾指者，至僞增田數，搜括慘毒。戶部侍郎韓福尤急刻。遼卒不堪，脅衆爲亂。撫之乃定。（《明史‧食貨志》）

韓福，正德二年，爲戶部左侍郎，兼僉都御史。四年，復命覈遼東屯田。福性故刻深，所攜同知劉玉等又奉行過當。軍士不能堪，焚掠將吏及諸大姓家。守臣發帑撫慰之，亂始定。給事中徐仁等極論之。瑾迫於公議，勒福致仕。（《明史‧閹黨傳》）

武宗正德四年八月，遣使覈各邊屯田。時，司禮監劉瑾止各邊年例銀，又不令商人在邊輸納鹽課。邊儲大匱。乃分遣御史，往各邊丈量屯田。以清出地畝數多，及追完積逋者爲能。否則罪之。其增數悉令出租。（《續文獻通考》）

周東覈寧夏田致安化王之叛

五年，大理少卿周東度寧夏屯田。東希劉瑾意。以五十畝爲一頃。又按畝斂銀以賄瑾，敲扑慘酷。而巡撫安惟學數刑及軍官妻子，將士銜之次骨。安化王寘鐇與指揮周昂、千戶何錦等起兵反。以誅瑾爲名，殺惟學等。

慶靖王栴、太祖第十六子，庶人寘鐇祖。秩炵，靖王第四子也，封安化王。以寘鐇襲王爵，性狂誕。寧夏指揮周昂、千戶何錦、丁廣，衞諸學生孫景文、孟彬、史連輩，皆往來寘鐇所。正德五年，帝遣大理少卿周東度寧夏屯田。東希劉瑾意，以五十畝爲一頃。又畝斂銀爲瑾賄。敲扑慘酷，戍將衞卒皆憤怨。而巡撫都御史安惟學數杖辱將士妻，將士銜刺骨。寘鐇知衆怒，令景文飲諸武臣酒，以言激之。諸武臣多願從寘鐇者。又令人結平鹵城戍將，及素所厚張欽等。會有邊警，參將仇鉞、副總兵楊英帥兵出防禦。寘鐇設宴，邀撫鎮官，飲於第。惟學、東不至，錦、昂帥牙兵直入殺總兵姜漢及太監李增、鄧廣於坐。分遣卒殺惟學、東及都指揮楊忠於公署。遣人招楊英、仇鉞，皆佯許之。英奔靈州，鉞引還。寘鐇出金犒將士，作檄以討劉瑾爲名，令錦等出師。獨留昂守城。使使召鉞，鉞稱病。昂來問疾，鉞刺昂死。令親兵馳寘鐇第，擊殺景文、連等十餘人，遂擒寘鐇。（《明史‧諸王傳》）

七年，增湖廣提督屯田參政副使各一員。

正德七年，添設湖廣布政司參政一員，按察司副使一員，提督屯田。(《明會典》)

八年，令各處按察司，無管屯官者，增僉事一員。

正德八年，令各處按察司，原無提督屯田官者，各添設管屯僉事一員。(《明會典》)

九年，復寧王宸濠護衛，予屯田。初，宸濠祖奠培以罪奪護衛，宸濠賄劉瑾復之。瑾誅，仍論奪。至是，又結倖臣錢寧等，謀復護衛屯田。大學士費宏，六科給事中、十三道御史、南京給事中徐文溥，俱極言不當與。詔卒與之。

復寧王護衛予屯田

正德九年四月，復寧王護衛，予屯田。(《明史・武宗紀》)

寧獻王權，太祖第十七子，正統十三年薨，孫靖王奠培嗣。善文辭，而性卞急。布政使崔恭奏奠培逼內官熊璧自盡，奪護衛。奠培薨，子康王覯鈞嗣。覯鈞薨，子上高王宸濠嗣。宸濠賄劉瑾，復所奪護衛。瑾誅，仍論奪。後宸濠結嬖人錢寧、臧賢爲內主，欲奏復，大學士費弘執不可。諸嬖人取中旨行之。(《明史・諸王傳》)

陸完，正德八年，代何鑑爲兵部尚書。完有才智，急功名，善交權勢。劉暉、許泰、江彬，皆其部將，後並寵倖用事。完遂得其力。時宸濠已萌異志，聞完爲兵部，致書盛陳舊好，欲復護衛及屯田。完答書，令以祖制爲詞。宸濠遂遣人，齎金帛鉅萬，寓所善教坊臧賢家，徧遺用事貴人。屬錢寧爲內主。比奏下，完遂爲覆請。而以屯田屬戶部，請付廷議。內閣擬旨，上並予之。舉朝譁然。六科給事中高淓、十三道御史汪賜等，力爭。章並下部，久不覆。南京給事中徐文溥繼言之。完乃請納諫官言。帝竟不許。(《明史・陸完傳》)

費宏爲武英殿大學士，進戶部尚書。倖臣錢寧陰黨宸濠，宸濠謀復護衛屯田。齎白金鉅萬，徧賂朝貴。寧及兵部尚書陸完主之。及中官持奏至閣，宏極言不當予。詔卒予之。(《明史・費宏傳》)

十年，增陝西按察副使一員，提督屯田水利。

正德十年，添設陝西按察司副使一員，專一提督水利及屯

田。（《明會典》）

禁報解册，解力，盤纏。科害屯軍。

正德十年，議准，各衛所屯糧，遞年取獲，通關備由造册，俱送總督衙門，類齊差人奏繳。不許仍前報解册，解力，盤纏，科害屯軍。（《明會典》）

十一年，增山東按察司僉事一員，督北直隸屯田。

正德十一年，添設山東按察司僉事一員，提督北直隸屯田。（《明會典》）

馬永汰弱卒令之農商取資給軍

十三年，都督僉事馬永爲總兵官，鎮薊州。盡汰諸營老弱，聽之農賈，取傭直以給健卒。由是，所部雄於諸鎮。

馬永，正德十三年，進都督僉事，充總兵官，鎮守薊州。盡汰諸營老弱，聽其農賈，取傭值以給健卒。由是，永所將獨雄於諸鎮。中路擦崖當虜衝，無城堡，耕牧者輒被掠。永令人持一月糧，營於崖表，版築其內。城廓如期立。乃遷軍守之。錄功，進署都督同知。（《明史·馬永傳》）

十四年，御史蕭淮發寧王宸濠反謀。宰相楊廷和請如宣宗諭趙王故事，遣貴戚大臣齋敕，往收其衞護屯田。於是，命中官賴義、駙馬都尉崔元等往。未至，而宸濠反。

正德十四年六月，寧王宸濠反。（《明史·武宗紀》）

楊廷和加少師，華蓋殿大學士，爲首輔。御史蕭淮發寧王宸濠反謀。錢寧輩猶庇之，詆准離間。廷和請如宣宗諭趙王故事，遣貴戚大臣，齋敕往諭，收其護衞屯田。於是，命中官賴義、駙馬都尉崔元等往。未至，而宸濠反。（《明史·楊廷和傳》）

修屯田水利

十五年，御史成瑛言，應天等衞屯田，在江北者，屢遭水患。若濬金城港，抵濁河故跡，則水洩而利屯田。從之。

正德十五年，御史成瑛言，應天等衛屯田，在江北滁、和、六合者。地勢低，屢爲水敗。從金賊港抵濁河，達烏江，三十餘里，因舊跡濬之。則水勢洩，而屯田利。詔可。(《明史·河渠志》)

令湖廣各衛，新增田土以十分爲率，減除三分。其餘七分，撥軍舍承種納糧。

正德十五年，題准，湖廣各衛所新增田土，以十分爲率，減除三分。其餘十分之七，撥軍舍承種納糧。(《明會典》)

令南京，每歲七月，委戶部主事及御史各一員，過江驗看屯田，有無被災去處。不許屯軍臨時告災，以圖冒免。

正德十五年，題准，每年七月，南京戶部預委主事，都察院預委御史，各一員。會同過江，驗看屯田。果有被災去處，即時督同軍衛有司，踏勘輕重分數，造冊奏請。不許屯軍臨時告災，以圖冒免。(《明會典》)

十六年，令錦衣等四十二衛，新增田地，每畝加銀一釐。以補府軍等衛屯田，坍江無徵之數。

正德十六年，議准，錦衣等四十二衛，新增田地，每畝加銀一釐，以補府軍左等一十四衛屯田，坍江無徵之數。(《明會典》)

世宗卽位。從遼東巡撫李承勛請，發帑金四十餘萬，修築開源城塹。承勛身負畚鍤，先士卒。爲城塹九萬餘丈，墩堡百八十有一。招逋逃三千二百人，開屯田千五百頃。又城鐵嶺、撫順諸地，以扼要衝。邊防甚固。

世宗，憲宗孫也，父興獻王。正德十六年三月，襲封。武宗崩，無嗣。以遺詔迎王於興邸。四月，卽皇帝位。(《明史·世宗紀》)

李承勛以右副都御史，巡撫遼東。邊備久弛，開原尤甚。士馬纔十二，塹堡墩臺圮殆盡。將士依城塹自守。城外數百里，悉爲諸部射獵地。承勛疏請修築。會世宗立，發帑銀四十餘萬兩。承勛命步將四人，各率一軍，守要害。身負畚鍤，先士卒。凡爲城塹各九萬一千四百餘丈，墩堡百八十有一。招逋逃三千二百人，開屯田千

李承勛修遼東城堡興屯田

五百頃。又城中固鐵嶺，斷陰山遼河之交。城蒲河、撫順，扼要衝。邊防甚固。錄功，進秩一等。（《明史·李承勛傳》）

歐陽重規畫雲南屯田

嘉靖六年，尋甸土酋安銓、鳳朝文反。命歐陽重巡撫雲南，督兵擊之。賊平。重乃卹殘創，振貧乏，規畫屯田鹽鐵諸務。鎮守太監杜唐占役官軍，歲取其財萬計。重奏劾之。因請革鎮守中官。帝頗納其言。唐等以謀去重，遂置所劾不問。

歐陽重，嘉靖六年春，巡撫應天。會尋甸土酋安銓、鳳朝文反。廷議以重諳滇事，乃改雲南。重督兵擊敗之。朝文走普渡河，追兵至，殲焉。銓逃尋甸，官軍攻破其砦，執銓，賊盡平。重乃卹創殘，振貧乏，輕徭賦。規畫鹽鐵商稅屯田諸務。民咸便之。是時，鎮守太監杜唐、黔國公沐紹勛，相比爲奸利。長吏不敢問。羣盜由此起。重奏紹勛廣誘奸人，奪民產。唐役占官軍，歲取其財萬計。因極言，鎮守中官宜革。帝頗納其言。頻下詔飭紹勛，命唐還京待勘。二人懼且怒，遣人結張璁，謀去重。會重奉命清異姓冒軍弊，都司久未報，給餉後期。唐等遂嗾六衛軍，譁於軍門。巡按御史劉臬以聞。劾重及唐、紹勛處置失當。璁從中主之，解重職。責臬黨庇，調外任。唐、紹勛不問。（《明史·歐陽重傳》）

詔，凡官舍軍餘，占種軍田，如有軍而無田者，卽令退還本軍爲業。其領種故軍之田，一人止許一分，一戶止許二分。逾限，俱令退出。

世宗嘉靖六年，定領種軍田之限。詔，凡官舍軍餘，占種年久故軍之田，仍與領種，代納糧草。如軍見存而無田者，卽令退還本軍爲業。所領種故軍之田，一人止許一分，一戶止許二分。餘俱令退出。（《續文獻通考》）

招游民、游僧以耕邊地

七年，令沿邊招輯游民、游僧，編堡定戶，以耕邊地，給以農器。

嘉靖七年，令沿邊提督巡撫都御史，查革軍伴，退回原衛所。并招輯游民、游僧，編堡定戶，以耕邊地。令有司給堡戶農器。（《明會典》）

八年，令甘肅等邊，委官統領所管步兵，給以牛種農器，墾闢屯田。水地，三年之後起科。山地，永不徵賦。其將領墾田百頃以上者，獎勵擢用。備禦官軍願墾田者，亦依前例。

令墾邊地屯田

嘉靖八年，題准，甘肅等邊，凡開墾水地者，不分額內額外，俱照例三年方行起科。南北山地，聽其儘力開墾，永不起科。各該衛所將領，不必別僉屯丁。將所管步兵，比照涼州定規，查給牛種，委官統領團種。其將領墾田百頃以上者，撫按獎勵，三百頃以上者，奏請擢用。備禦官軍，每年正月初一日上班。願墾田者，分撥永昌、古浪、甘肅、山丹等衛所。荒田猶多去處。查給牛種犁鏵，給與本色行糧，即委領班官員，統率團種。領班官能墾田者，照前例獎勵擢用。(《明會典》)

定浙江、薊州屯田徵糧折銀事例。革除遼東各衛屯田雜徵。

嘉靖八年，奏准，浙江蘭溪所屯田，并象山縣民帶種本衛中前千戶所屯田，照有司秋糧折銀事例，每石徵銀二錢五分。又令薊州三十三衛所，先年丈出屯糧餘地。自八年以後，照通州等衛地畝減徵事例，每畝徵銀一分五釐。解納薊州庫，以備官軍折俸。又令遼東各衛所，除見種屯田五十畝，辦納屯糧一分外，其餘關銀糧、樣田糧，并贍軍、養馬、奏討等項，悉與革除。(《明會典》)

九年，周尚文爲寧夏總兵官，濬渠開田。軍民利之。

周尚文，嘉靖九年，擢署都督僉事，充寧夏總兵官。王瓊築邊牆，尚文督其役。且濬渠開屯。軍民利之。(《明史·周尚文傳》)

聽軍民僧道，量力開墾南京衛所荒蕪屯田。待成熟之後，照舊納糧，永遠管業。

聽人墾荒蕪屯田

嘉靖九年，議准，南京鎮南等衛，荒蕪屯田，不拘軍民僧道之家，聽其量力開墾。待成熟之後，照舊納糧。仍令永遠管業。不許補役復業者爭告。又聽其量力開耕，不必拘一人一分之例。(《明會典》)

除豁南京衞所坍江屯田所納糧。改久荒屯田作
輕科。量加新舊屯田銀米，抵補。

嘉靖九年，令南京鎮南等衞屯田坍江者，盡與除豁。久荒者，改
作輕科。其新增田，每畝原納銀一分六釐者，量加銀五釐。三則熟
田內，每畝原納米三升三合者，升科五升三合五勺。抵補額數。（《明
會典》）

十一年，令定遼等衞掌印管屯官，將各項雜
徵，改作屯糧，補足屯田糧料原額。

嘉靖十一年，題准，定遼左等二十五衞所，掌印管屯等官，將
關銀、樣田、參究、地畝、賦稅、巡撫、續選、升官、寄籍、起科、
越界等項糧料，改作屯田糧料，補足原額屯糧二十五萬九千九百餘
石之數。出給該所印信票帖，付各納糧軍餘，依期赴倉上納。仍行
遼東總理郎中，嚴督都司衞所掌印管屯官，照數追徵。（《明會典》）

十二年，令貴州分巡官，管理屯田水利。

嘉靖十二年，題准，貴州屯田水利，責令各該分巡官管理。提
學官不必兼管。（《明會典》）

定福建屯田糧石折徵銀數。

嘉靖十二年，議准，福建建寧屯田，不論舊額新增。會計，除
穀成化年間實徵舊數外，照例，每糧一石，折徵銀二錢五分。同舊
額折色解京。其該納本色田糧，仍每石折銀三錢五分，通融給軍。其
餘折補，并荒陷不堪，無種無徵糧田，盡行停徵。（《明會典》）

呂經減遼東軍餘丁牧地
致亂

十三年，呂經巡撫遼東。舊制，軍每人佐以餘
丁三。馬每四，給牧地五十畝。經減餘丁三之二，奪
其牧地。且役邊軍過當，激成變亂。帝詔經還朝。都
指揮袁璘復欲尅諸軍草價，爲經辦裝。卒又執經，虐
辱之。朝命逮經，謫戍茂州。

呂經，嘉靖十三年，累官右副都御史，巡撫遼東。故事，每軍
一，佐以餘丁三。每馬一，給牧地五十畝。經損餘丁之二，編入均
徭冊。盡收牧地還官。又役軍築邊牆，督趣過當。諸軍詣經乞罷役。都
指揮劉尚德叱之，不退。經呼左右榜訴者，卒遂爭毆尚德。經竄花

馬寺幽室中。亂卒毀府門，火均徭冊。搜得經，裂其冠裳，幽之都
司署。帝詔經還朝，都指揮袁璘將剋諸軍草價，爲辦裝。卒復執經，裸
而實之獄，虐辱之。脅鎮守中官王純等，奏經十一罪。帝逮經。亂
卒復實官校於獄，久之始解。經下詔獄，謫成茂州。（《明史・呂經傳》）

令陝西河西濬築濠牆。給與牛種，開墾境外
荒田。

嘉靖十三年，題准，陝西河西地方，多有可耕之地。限於境外，無
人敢種。行巡撫等官，查照國初濠牆邊界，濬築高深。可耕之田，盡
令開墾。給與牛種，撥令佃種。成熟，但收牛種原值，應納稅糧，緩
以年歲，然後量地起科。（《明會典》）

增都指揮一員，巡視飛熊等衛屯田。

嘉靖十三年，添設都指揮一員，巡視飛熊等衛屯田。（《明會典》）

申陝西河南買種屯田之禁。

嘉靖十三年，題准，陝西、河南地方，如有屯地，爲軍職及莊
浪人等買種。其代種者，悉紅牌事例問罪。（《明會典》）

十八年，毛伯溫總督宣大、大同。所轄鎮邊、
鎮虜等五堡。極邊，近賊帳。自巡撫張文錦以築堡
致亂，後無敢議修者。伯溫以爲變所由生，蓋任用
匪人。卒修之。募軍三千，給以閑田，且耕且守。邊
防賴焉。

毛伯溫募邊軍屯田

毛伯溫，嘉靖十七年，改兵部尚書，兼右都御史。明年二月，詔
伯溫總督宣大、山西軍務。大同所轄鎮邊、鎮川、弘賜、鎮河、鎮
虜五堡，相距二百餘里。極邊，近賊帳。自巡撫張文錦以築堡致亂，後
無敢議修者。伯溫曰，變所由生，以任用匪人。非建議謬也。卒營
之。募軍三千防守，給以閒田，永除其賦。邊防賴焉。錄功，加太
子少保。（《明史・毛伯溫傳》）

十九年，令各省清軍御史，帶管屯田事。

嘉靖十九年，令各省清軍御史，帶管各省屯田事。各該管屯副
使、僉事、并分守官，悉聽節制。（《明會典》）

二十年，范鏓巡撫寧夏。上言，邊將各有常祿，無

還前給邊將之田於軍民

給田之制。自郭勛奏，以軍餘墾田，給將領，委奸
軍爲莊頭。害殊大。宜還給軍民。從之。

范鏓，嘉靖二十年，擢右副都御史，巡撫寧夏。鏓爲人持重，有
方略。既涖重鎮，不上首功。一意練步騎，廣儲蓄，繕治關隘亭障。寇
爲遠徙。俘歸者五百人。上疏言，邊將各有常祿，無給田之制。自
武定侯郭勛奏，以軍餘開墾田園給將領，委奸軍爲莊頭。害殊大。宜
給還軍民，任耕種便。帝從其請。（《明史·范鏓傳》）

翟鵬修邊牆興屯田　　二十一年，宣大總督翟鵬修邊牆四百里，增新
墩三百，得地萬五千頃，募軍耕之。倉儲大省。

翟鵬，嘉靖七年，擢右僉都御史，巡撫寧夏。時邊政久弛。壯
卒率占工匠，私役中官家。守邊者並羸老不任兵，又番休無期。甚
者，夫守墩，妻坐鋪。鵬至，盡清占役，使得迭更。野雞臺二十餘
墩，孤懸塞外，久棄不守，鵬盡復之。二十一年三月，宣大總督樊
繼祖罷，除鵬兵部右侍郎代之。會有降人言，寇且大入，鵬連乞兵
餉。帝怒，令革職閒住。因罷總督官不設。鵬受事僅百日而去。其
年七月，俺答復大入山西，縱掠太原潞安。兵部請復設總督，乃起
鵬故官，令兼督山東、河南軍務。巡撫以下，並聽節制。鵬受命，寇
已出塞。鵬乃浚壕築垣，修邊牆三百九十餘里，增新墩二百九十二，護
墩堡一十四，建營舍一千五百間。得地萬四千九百餘頃，募軍千五
百人，人給五十畝。省倉儲無算。（《明史·翟鵬傳》）

二十二年，蠲沿邊荒田糧。聽將帥軍民開墾，永
不起科。其須築城撥軍防護之處，令從宜處置。

嘉靖二十二年，題准，各邊拋荒地土，不拘將帥軍民，開墾成
業，即爲己產，永不起科。其舊曾起科，積荒年久者，仍要用力開
墾成業。應納子粒，一體蠲免。其有相應修築城堡，撥軍防護去處，悉
聽從宜處置。（《明會典》）

詹榮召軍佃作邊田　　二十三年，大同巡撫詹榮築東路邊牆墩堡。又
以近邊弘賜諸堡，延袤五百餘里，皆沃壤。奏請召
軍佃作。有警，則聚而遏寇。帝立從焉。

詹榮，嘉靖二十二年，以右僉都御史，巡撫甘肅。踰年，以大

同巡撫趙錦與總兵官周尚文不相能，詔榮與錦易任。榮以大同無險，乃築東路邊牆百三十八里，堡七，墩臺百五十四。又以守邊當積粟，而近邊弘賜諸堡，三十一所，延亘五百餘里。闢治之，皆膏腴田，可數十萬頃。乃奏請召軍佃作，復其租徭。移大同一歲市馬費，市牛賦之。秋冬，則聚而退惡。帝立從焉。(《明史·詹榮傳》)

宣大總督翁萬達議築宣府、大同邊牆，二百餘里。以屬總兵官周尚文。尚文乃益築宣府以西至山西，凡四百餘里。建墩臺千餘，闢屯田四萬餘頃。益軍萬三千有奇。

翁萬達屬周尚文築邊牆闢屯田

翁萬達，嘉靖二十三年，擢右副都御史，代翟鵬總督宣大、山西、保定軍務，屢疏請修邊牆。帝許之。乃自大同東路天城、陽和、開山口諸處，爲牆百二十八里，堡七，墩臺百五十四。宣府西路西陽河、洗馬林、張家口諸處，爲牆六十四里，墩臺十。斬崖削坡五十里，工五十餘日成。進右都御史。(《明史·翁萬達傳》)

周尚文，嘉靖二十二年，以總兵官，鎮大同。總督翁萬達議築邊牆，自宣府西陽和，至大同關山口，延表百餘里，以屬尚文。乃益築陽和以西，至山西丫角山，凡四百餘里，敵臺千餘，斥屯田四萬餘頃，益軍萬三千有奇。帝嘉其功。進左都督，加太子太保。永除屯稅。(《明史·周尚文傳》)

二十四年，定管屯官遷轉年限。嚴私相交代，改調差委之禁。

嘉靖二十四年，題准，遇考選軍政，內有武藝不精，而廉幹可取者，用之管屯。以五年爲期，方得遷轉。每年終，將該屯糧斛，已未完數目，開造文冊，一樣三本。一申督理屯政衙門，一送該衛戶房收貯，一自執備照。如至年月該遷，預申督理衙門，就令將任內卷冊，交付後來管屯官，俱查照明白，方許離任。若有朦朧私相交代者，查出，各問以沉匿枉法罪名。其各該上司官，不係前擬，擅自改調差委者，許屯田御史參劾。(《明會典》)

二十五年，楊博巡撫甘肅，大興屯田。請募民開墾，十年之後，始徵賦稅。

楊博募民墾田

楊博，嘉靖二十五年，超拜右僉都御史，巡撫甘肅。大興屯利。請募民墾田，永不征租。又以暇修築肅州楡樹泉，及甘州平川境外大蘆泉諸處墩臺，鑿龍首諸渠。三十四年，總督宣大山西軍務。招還內地民爲寇掠者，千六百餘人。又請通宣大荒田水利，而薄徵其租。報可。（《明史・楊博傳》）

　　嘉靖二十五年，甘肅巡撫楊博請修復河西屯田。分濬龍首渠故道，聽民菑畬，寬以十年而後徵租，貸以牛具穀種。人爭應令，墾田萬餘頃。（《續文獻通考》）

楊守謙薦張鎬開山西營田

　　二十六年，山西巡撫楊守謙請開營田，薦副使張鎬爲提調。從之。二年之後，營田成。計秋穫，當帑銀十萬。邊關穀價減半。守謙言，鎬可大用。且乞推行於延綏、安定。吏部請推行之九邊。帝命亟行之。

　　楊守謙，嘉靖中，擢右僉都御史，巡撫山西。上言，偏頭老營堡二所，餘地千九百餘頃，請興舉營田。因薦副使張鎬爲提調。牛種取給本土。帝稱爲忠，即報可。俄移撫延綏，請久任鎬終其事。後二年，營田大興。計秋穫，可當帑銀十萬。邊關穀價減十五。守謙薦鎬可大用。且言延綏、安定諸邊，可如例。戶部請推行之九邊。帝悅，命亟行之。錄守謙、鎬功。守謙未去延綏，而鎬已巡撫寧夏矣。（《明史・楊守謙傳》）

　　嘉靖二十六年，山西巡撫楊守謙請開營田。詔以實行。（《明會典》）

鄭廷鵠請屯田瓊州以制黎人

　　二十八年，崖州賊首那燕聚衆爲亂，詔發兩廣官軍剿之。給事鄭廷鵠言，元至元辛卯，大舉征黎。曾空其穴，勒石五指山。時雖建屯田府，立定安、會同二縣，惜經略未盡，故所得旋失。嘉靖庚子，又嘗大渡師徒，攻毀巢穴。擬立城邑，招民耕守。中道而廢，旋爲賊資。至復有今日。謹條上三事。一，宜分兵攻之，使賊莫能相顧。則殲滅可期。一，蕩平之後，宜復隋唐郡縣。并以膏腴之地，盡還之。設立屯田，且耕且守。使道路四達，井邑相望。非獨懾奸銷萌，而王路益開拓矣。一，宜設參將府於州縣，以鎮安人心。其新附之民，中有異志者。或遷之海北屯田，或編之軍籍。又擇仁明之官，久任以安輯之。則瓊人受萬世之利矣。詔悉允行。

嘉靖二十八年，崖州賊首那燕等，聚衆四千人爲亂。詔發兩廣官軍九千，剿之。給事鄭廷鵠言，瓊州諸黎，盤居山峒，而州縣反環其外。其地彼高而我下，其土彼膏腴而我鹹鹵，其勢彼聚而我散。故自開郡來，千六百餘年，無歲不遭黎害，然無如今日之甚者。今日黎患，非九千兵可辦。必添調狼土官兵，兼召募打手，集數萬衆。一鼓而四面攻之，然後可克。嘗考剿除黎患，其大舉有二。元至元辛卯，曾空其穴，勒石五指山。其時，雖建屯田府，立定安、會同二縣。惜其經略未盡，故所得旋失。嘉靖庚子，又嘗大渡師徒，攻毀巢岡，無處不至。於是，議者謂德霞地勢平衍，擬建城立邑，招新民耕守。業已舉行，中道而廢，旋爲賊資，以至復有今日。謹條三事。一，崖黎三面郡縣。惟東南連郎、溫脚二峒岐賊，實當萬州、陵水之衝。崖賊被攻，必借二峒東江，以分我兵勢。計須先分奇兵，攻二峒，而以大兵徑擣崖賊。彼此自救不暇，莫能相顧。則殲滅可期。傳聞賊首那燕，已入凡陽，搆集岐賊。此必多方誤我，且訛言搖惑，以堅諸部助逆之心。宜開示慰安，以解狐疑之黨。一，隋唐郡縣，輿圖可考。今多陷入黎中。蕩平後，悉宜恢復。并以德霞、千家、羅活等膏腴之地，盡還州縣。設立屯田，且耕且守。仍由羅活、磨斬開路，以達安定。由德霞沿溪水，以達昌化。道路四達，井邑相望。非徒懾奸銷萌，而王路益開拓矣。一，軍威既振，宜建參將府。於德霞各州縣，許以便宜行事，以鎮安人心。其新附之民，中有異志者，或遷之海北地方屯田，或編入附近衛所戎籍。如漢徙潯山蠻故事。又擇仁明慈惠之長，久任而安輯之。則瓊人受萬世利矣。疏下兵部議，詔悉允行。（《明史·廣西土司傳》）

二十九年，令每逃絕屯軍一名，卽召募空丁一名補伍領種。農隙，就屯所操練。

嘉靖二十九年，題准，每逃絕一分，卽召募衛所空丁一名，頂補屯軍名伍，領種。於農隙，就屯所空閑處所操練。巡屯御史不時巡歷較閱。其操練器械，聽令自備。補過軍人名數，造冊送本部存照。有事，聽本部調發，工部給與器械。（《明會典》）

三十一年，申屯官徵糧違限之罰。

嘉靖三十一年，令比較屯田官員。見徵子粒，有不完三分者，住俸。監幷家屬。五分以上者，參問。一年以上不完者，革去見任。侵欺者，比照私役軍人事例。五分以上，降二級。以下，降一級。（《明會典》）

賈應春以閑田給軍屯墾

三十三年，賈應春總督宣大，以花馬池閑田二萬頃，給軍屯墾。邊人賴之。

賈應春，嘉靖三十二年，進兵部右侍郎，總督三邊軍務。明年，罷宣大總督蘇祐，以應春代。在鎮數載，築邊垣萬一千八百餘丈。以花馬池閑田二萬頃，給軍屯墾。邊人賴之。（《明史·賈應春傳》）

三十八年，禁各衙門，差遣管屯田官及擅派耕種屯軍，以妨屯務。

嘉靖三十八年，題准，屯田官，各該衙門，不得坐名差遣。如有遷轉緣事等項，就於見任軍政官內，選精壯勤幹官員暫管。候推選之日，照例令官考選。管屯官不許營求別差，希圖推調。亦不許將見在耕種屯軍，擅自差派，領運駕船幫貼城操等項，以妨屯務。違者，聽巡按御史參究。（《明會典》）

增宣大專管屯政同知一員。

嘉靖三十八年，令宣大添設同知一員，專管屯政。（《明會典》）

令大同屯糧依原數徵折。盡免其加增銀兩。

嘉靖三十八年，議准，大同屯田折糧，五萬三千五百二十石。原折銀一萬六千七百八十五兩。通融折納，惟期不失原數。其加增銀兩，盡與豁除。（《明會典》）

三十九年，重申屯官徵糧違限之罰。

嘉靖三十九年，題准，管屯官屯糧不完，次年正月初一日住俸。一年不完，該衛掌印官住半年俸。指揮以通衛完，千戶以通所完，百戶以本所完，通關到日爲始，開俸。（《明會典》）

免南京金吾等衛，坍江屯田糧。以新升科糧，抵

補舊額。

嘉靖三十九年，令南京金吾前、留守中、鎮南、虎賁左四衛，坍江田十四頃三畝，糧銀照數除豁。仍將三十六、三十七年分，共收升科粮一百八十九石，抵補舊額。（《明會典》）

四十二年，免南京羽林等衛，坍江屯田稅銀。以虎賁等衛，額外新升科糧，抵補。

嘉靖四十二年，令南京羽林、鎮海等十衛，坍江、坍海田蕩五十頃餘，勘果無徵。將該衛應納稅銀除豁。仍將虎賁等衛，額外新升科田糧，補足舊額。（《明會典》）

四十四年，丈勘真定等衛屯田，改定徵糧、徵銀之額。

嘉靖四十四年，題准，勘過真定衛，實在地五千一百五十二頃有奇。其堪耕種地，每畝徵糧二升五合五勺，徵銀九釐。少薄下地，每畝徵糧一升三合三勺，徵銀五釐。神武衛原額軍糧一千五十石有奇，銀一百六十八兩有奇。今丈勘均徵。徵糧八百八石有奇。均徵銀四百二十二兩有奇。（《明會典》）

當世宗時，楊一清請復召商開中，招徠隴右關西民屯邊。其後，言屯政者亦多。然因循日久，卒鮮實效。其弊蓋大抵如給事中管懷理所言。　　楊一清等言屯政

世宗時，楊一清復請召商開中。又請倣古募民實塞下之意，招徠隴右關西民，以屯邊。其後周澤、王崇古、林富、陳世輔、王畿、王朝用、唐順之、吳桂芳等，爭言屯政。而龐尚鵬總理江北鹽屯。尋移九邊，與總督王崇古，先後區畫屯政甚詳。然是時，因循日久，卒鮮實效。給事中管懷理言，屯田不興。其弊有四。疆場戒嚴，一也。牛種不給，二也。丁壯亡徙，三也。田在虜外，四也。如是，而管屯者猶欲按籍增賦，非扣月糧，卽按丁賠補耳。（《明史·食貨志》）

嘉靖初，劉天和以右僉都御史，督甘肅屯政。請以肅州丁壯及山陝流民，於近邊耕牧，且推行於諸邊。　　劉天和興甘肅民屯

劉天和，嘉靖初，以右僉都御史，督甘肅屯政。請以肅州丁壯

及山陝流民，於近邊耕牧，且推行於諸邊。尋奏當興革者十事。田利大興。（《明史·劉天和傳》）

保定巡撫劉麟請捐天津三衞屯田課。出庫儲，以給河南三衞月餉。皆報可。

劉麟，嘉靖初，召拜太僕卿，進右副都御史，巡撫保定六府。請捐大津三衞屯田課及出庫儲給河南三衞軍月餉。徵通課以償。皆報可。帝因諭戶部，中外軍餉未給者，悉補給之。（《明史·劉麟傳》）

明代屯田之數

嘉靖中，各處屯田之數，與原額頗有增減。

明代各處屯田數。在京錦衣等五十四衞，并後軍都督府。原額屯田，共六千三百三十八頃五十一畝零。嘉靖四十一年額，五千五十二頃八十五畝零。糧二萬八千二石六斗零。萬歷七年，新增并勘出還官首地銀二萬一千七百九十一兩二錢零。鈔五萬六千九百四十貫。南京錦衣等四十二衞屯田，共九千三百六十八頃七十九畝零。見額屯田二萬二千六百九十六頃六十六畝。糧一十五萬一千五百二十五石七斗。銀一萬二百六十六兩四錢。中都留守司，并所屬衞所及皇陵衞屯田，共七千九百五十三頃七十八畝零。北直隸衞所，原額屯田，共一萬六十四頃二十五畝零。嘉靖中額，四萬三千六百七十八頃四十六畝零。糧二十一萬九千七百八十一石五斗零。萬歷中額，新增并勘出首地，銀四萬四百六十二兩七錢零。秋青草二十二萬一千四百五十三束。穀草一百八十七束。南直隸衞所屯田，共二萬七千四十一頃四畝零。嘉靖中額，四四萬八千八百一十八頃三十六畝零。糧四十二萬七千四百三十七石五斗零。銀六兩三錢零。大寧都司衞所屯田，共二千一百二十六頃七十六畝零。萬全都司衞所，原額屯田，一萬九千六十五頃七十二畝零。嘉靖中額，宣府屯田四萬七千八百九十二頃四十七畝。糧一十九萬八千六百一十一石六斗零。浙江原額屯田，共二千二百七十四頃一十九畝零。嘉靖中額，二千三百九十頃六十畝零。糧六萬八千二百九十六石零。湖廣原額屯田，共一萬一千三百一十五頃二十五畝。嘉靖中額，五萬七百四十九頃七十二畝零。糧三十八萬七千五百四十五石。河南原額屯田，共三萬六千三百九十頃一十七畝零。嘉靖中額，五萬五千五百九十八頃二十三畝零。糧三十三萬三千五百八十九石。江西原額屯田，共五千六百二十三頃四十一畝零。嘉靖中額，五千四百七十一頃三十八畝零。糧二萬一千五百四十六石零。陝西原額屯田，共四萬二千四百五十六頃七十二畝零。嘉靖中額，一十六萬八千四百四頃四畝零。糧八十二萬三千二百四石六斗零。草折糧一千九百七十二石五斗零。拋荒糧草折銀一百一十九兩五錢零。草二百三十七萬八千五十二束。草價銀二百五十八兩五錢零。地畝糧二千四百六十二石零。地畝銀一萬七百七十九兩四錢零。廣西原額屯田，共五百一十三頃四十畝。嘉靖中額，四千六百一十頃三十四畝零。糧五萬五千五十四石零。內除民里徵收，及荒劃停徵，實在田二千九百一十三頃三十七畝。糧三萬四千六百九十五石零。山東原額屯田，共二千六頃。嘉靖中額，一萬八千四百八十七頃四十九畝零。糧八萬三百四十八石零。遼東原額屯田，共一萬二千三百八十六頃。嘉靖中額，二萬九千一百五十八頃六十六畝零。糧二十五萬三千二百一石。山西原額屯田，一萬二千九百六十三頃八畝零。嘉靖中額，三萬三千七百一十四頃八十八畝。糧一十一萬一千九百八石零。租銀一千二十七兩八錢零。草一千二百四十束。折銀一十六兩二錢。山西行都司屯田，一萬一百一十八頃二十畝零。嘉靖中額，大同鎮屯田，二萬八千五百九十頃三十四畝零。糧一十二萬二千四百三十八石零。牛具地一萬二千九百六十六頃二十九畝零。徵銀八千三百二十二兩五錢零。廣東原額屯田，共七十二頃三十三畝零。嘉靖中額，六千三百三十八頃七十九畝零。糧一十五萬一百二十九石零。四川都司，及行都司屯田，六十五萬九千五百四十五頃二十六畝零。嘉靖中額，四萬八千八百四頃一十畝零。花園倉基一千九百三十八所。糧二十九萬四千三百三十九石零。福建原額屯田，共三千七百七十四頃。又福建行都司，并所屬衞所屯田，共一千六百七頃三十七畝。嘉靖中額，二項共八千六百九十三頃二十二畝零。糧一十五萬一千八百四石零。雲南原額屯田，一萬八百七十七頃四十三畝零。嘉靖中額，一百一十一萬七千一百五十四畝零。糧三十八萬九千九百九十二石零。貴州屯田，九千三百三十九頃二十九畝零。嘉靖中額，三十九萬二千一百一十一畝零。糧九萬三千八百一十一石零。(《續文獻通考》)

　　嘉靖末，王之誥巡撫遼東，大興屯田。每營墾田百五十頃。列上便宜八事。

　　王之誥，嘉靖末，擢右僉都御史，巡撫遼東，大興屯田。每營

王之誥大興遼東屯田

墾田百五十頃，役軍四百人。列上便宜八事，行之，(《明史·王之
誥傳》)

楊巍清陝西屯田　　　　　　陝西巡撫楊巍增補屯戍，清還屯地之奪於藩
府者。

楊巍，嘉靖末，召起巡撫陝西，增補屯戍軍伍，清還屯地之奪
於藩府者。(《明史·楊巍傳》)

穆宗隆慶元年，山西屯田災。巡撫周詠請蠲田
租。戶部以邊屯原無蠲租之詔。不許。

穆宗隆慶元年，山西巡撫周詠奏，陽和、高山二衛雨雹害稼，請
蠲田租。戶部議，各邊屯田原無蠲租之詔，宜將災重者，每石折銀
二錢五分。報可。(《續文獻通考》)

命龐尚鵬等興九邊屯鹽　　　二年，朝議興九邊屯鹽。命僉都御史龐尚鵬、
鄒應龍等三人，分往河北、河東、江南督鹽政，兼
理屯務。尚鵬轄兩淮、長蘆、山東三運司，兼管畿
輔、河南、山東、河北、遼東屯務。戶科給事中魏
時亮奏，邊餉莫要於屯鹽。近遣龐尚鵬等往理，顧
重內地，而輕塞下。且一人領數道，曠遠難周。請
內地事專責巡撫，令尚鵬等專任塞下屯務。尋召應
龍等還，命尚鵬兼領九邊屯政。尚鵬列上屯田便
宜。關於江北者四，薊鎮九，遼東、宣大各十一，寧
夏者四，甘肅者七。奏輒報可。諸御史督鹽政者，以
事權見奪，攻尚鵬。宦官復激帝怒。落尚鵬職。汰
屯鹽都御史官。

龐尚鵬，隆慶元年，擢大理寺右丞。明年春，朝議興九邊屯鹽。擢
尚鵬右僉都御史，與副都御史鄒應龍、唐繼祿分理。尚鵬轄兩淮、
長蘆、山東三運司，兼理畿輔、河南、山東、江北、遼東屯務。抵
昌平，劾內侍張恩擅殺人，兩淮巡鹽孫以仁贓罪，皆獲譴。其秋，應
龍等召還，命尚鵬兼領九邊屯務。疏列鹽政二十事。醳利大興。乃

自江北躬歷九邊，先後列上屯政便宜。江北者四，薊鎮者九，遼東、宣大者各十一，寧夏者四，甘肅者七。奏輒報可。尚鵬權既重，自負經濟才，慷慨任事。諸御史督鹽政者，以事權見奪，欲攻去之。河東巡鹽郜永春劾尚鵬行事乖違，吏部尚書楊博議留之。會中官惡博，激帝怒。譙讓罷博，而落尚鵬職。汰屯鹽都御史官。時三年十二月也。（《明史・龐尚鵬傳》）

　　魏時亮，隆慶元年，進戶科給事中。明年六月，言，今天下大患三。藩祿不給也，邊餉不支也，公私交困也。邊餉莫要於屯鹽。近遣大臣龐尚鵬、鄒應龍、凌儒經理，事權雖重，顧往河東者，兼理四川。往江北者，兼理山東、河南。往江南者，兼理浙、湖、雲、貴。重內地而輕塞下，非初旨也。且一人領數道，曠遠難周。請在內地者，專責巡撫。令尚鵬等三人，分任塞下屯事。久任責成，有功待以不次，則屯利興而邊儲自裕。（《明史・魏時亮傳》）

　　隆慶二年春，命都御史分督九邊屯田。先是，世宗嘉靖二十九年，令選風力重臣二員。督理北直隸、山西、宣大屯政。至是，朝議興九邊屯鹽。命副都御史鄒應龍、唐繼祿、僉都御史龐尚鵬，一往河北，兼山東、河南。一往江南，兼浙、湖、雲、貴。一往河東，兼四川。時戶科給事中魏時亮奏，天下三大患。其一曰，餉莫要於屯鹽。近遣龐尚鵬、鄒應龍、凌儒往理。事權雖重。顧往河東者，兼理四川。往江北者，兼理山東、河南。往江南者，兼理浙、湖、雲、貴。重內地而輕塞下，非初旨也。且一人領數道，曠遠難周。請在內地者，專責巡撫。令尚鵬等三人，分任塞下屯事。久任責成，有功待以不次。則屯利興，而邊儲自裕。其秋，應龍等召還。命尚鵬兼領九邊，列上屯政便宜。江北者四，薊鎮者九，遼東、宣大者各十一，寧夏者四，甘肅者七。奏輒報可。諸御史督鹽政者，以事權見奪，欲攻去之。河東巡鹽郜永劾尚鵬行事乖違，中官復激帝怒，遂落尚鵬職，而汰屯鹽都御史官。按都御史三人之名，龐尚鵬本傳，謂尚鵬與鄒應龍、唐繼祿。而《魏時亮傳》則以唐繼祿爲凌儒。豈初命者一人，既事者復一人，故各從所見而言之耶。（《續文獻通考》）

分委管屯官，於隔別衛所，催徵屯糧。

　　隆慶二年，題准，各衛所管屯官，不拘千戶，指揮。察其才力大小，屯糧多寡。分委隔別衛分催徵，依期完解。每年考選分差之後，各該御史，仍將委定衛所，并選過官員職名，呈院咨部，以別

賢否。（《明會典》）

給將官養廉田 　　給宣大將官墾田成業者，養廉田，並令參論戒
飭開墾不及限者。

隆慶二年，令宣大開墾田已成業，每十頃內，給將官五十畝，以
爲養廉之資。若副參開種，不及一百頃。守備以下，不及一十頃。參
論戒飭。（《明會典》）

　　定宣鎮屯糧應徵本折各項之額。悉以原額爲
準。盡免其虛增糧數。

隆慶二年，令宣鎮屯種官地，每畝原徵糧不及一斗者，照舊徵
納。如一斗以上者，亦以一斗爲止。其地畝起科，新增牧地等項田
土，應徵糧石，酌量定爲等級。本色照舊，米豆中半折色，照各城
堡月糧則例上納。該鎮屯田地畝等糧，以原額爲準。以後虛增糧數，盡
行除豁。將來徵收，務足十八萬四千五百三十五畝之數。（《明會典》）

蕭廩覈陝西屯田 　　三年，御史蕭廩出覈陝西四鎮兵食。清將吏隱
占卒數萬歸伍。歸楚府牧地於官。減七菀虛占牧地
四萬餘頃。

蕭廩，隆慶三年，擢御史，出覈陝西四鎮兵食，斥將吏隱占卒
數萬人歸伍。固原州海剌都之地，密邇松山，爲楚府牧地。廩言，楚
府封武昌。牧地在塞下，與寇接。王所收四五百金，而奸宄窟穴，弊
甚大。宜諭使獻之朝廷。詔可。已而改巡茶馬。七苑牧地，養馬八
千七百餘匹，而占地五萬五千三百頃有奇。廩但給萬二千二百餘
頃。歲益課二萬。（《明史·蕭廩傳》）

　　給宣大兵備，守巡專理屯田敕書。令北直隸印
馬御史兼領屯田。

隆慶三年，令給宣大兵備，守巡敕書，專理屯田。聽巡按御史
舉劾。題准，北直隸屯田，歸併印馬御史兼領。（《明會典》）

　　定保德所、永寧州等處，屯田徵折之額。

隆慶三年，議准，將保德所屯糧，依照先年舊規，每石徵銀五
錢。永寧州、馬房等處屯田，係原額者，照舊徵銀八錢。係新增者，改
徵三錢。（《明會典》）

四年，令各邊，有自墾田地，永不起科。如數
至百頃以上，重加升賞。

> 隆慶四年，令各邊，有自墾田地，照永樂二年事例，永不加科。如
> 自墾至百頃、千頃，歲增粟十萬、五萬石者，重加升賞。(《明會典》)

穆宗之世，又增屯糧。復畝稅一斗。然屯丁逃
亡益多。管糧郎中不問屯田有無，月糧止半給。屯
田御史又於額外增本折。屯軍益不堪命。

屯政益壞

> 屯糧之輕，至弘正而極。嘉靖中，漸增。隆慶間，復畝收一斗。然
> 屯丁逃亡者益多。管糧郎中不問屯田有無，月糧止半給。沿邊屯田，或
> 變爲斥鹵沙磧，糧額不得減。屯田御史又於額外增本折。屯軍益不
> 堪命。(《明史・食貨志》)

時，給事中鄭大經言，薊屯當量地定課。遼屯
當改營田。而御史李叔和則力言遼東營田有損無
益，宜用內地屯田之制。從之。

復改遼東營田爲屯田

> 穆宗隆慶時，復令屯糧，畝稅一斗。時，給事中鄭大經言，薊
> 屯當量地利，而定其則。遼屯當改營田，而足其額。此興復屯政之
> 大較也。御史李叔和言，遼東屯田半廢。近行營田之法，撥軍耕種，致
> 行伍空虛。且歲收田租，止備修邊工費。而各軍支餉如故，有損無
> 益。蓋此法止可行於河西人少之處。若河東則當廣召種之令，授田
> 徵稅，悉抵歲餉，以省內輸。簡回壯勇，以實行伍。仍特敕官董之，如
> 內地屯田之制。從之。(《續文獻通考》)

隆慶初，限各衛所屯糧，當年完足。未完四分
以上，管屯官降級調任有差。

禁徵糧違限

> 隆慶初，議准，各衛所屯糧，通限當年完足。如未完四分以上，管
> 屯官降俸二級，掌印官住俸。各戴罪督催。未完六分以上，管屯官
> 降二級，革任差操。掌印官降俸二級，戴罪管事。其住俸、降俸官，俱
> 不許別差。通候完至九分以上，住俸者方准開俸。仍將住過日期，查
> 照補支。降俸者准復原俸，止以完報之日爲始。未完八分以上，管
> 屯官降二級，仍調邊衛。在邊衛者，改極邊。俱帶俸差操。掌印官
> 降二級，革任差操。都司掌印官，總計所屬衛所完欠分數，一體查

參。如各官或新任，或署理，計其經手年月扣算，不得一概偏累。（《明
會典》）

王遴屯田宣府　　　　　宣府巡撫王遴大興屯田。邊儲賴之。

　　王遴，隆慶初，巡撫宣府。總兵官馬芳驍勇，寇不敢深入。遴
乃大興屯田。邊儲賴之。（《明史·王遴傳》）

殷正茂用土兵屯田廣西　　時，大征古田。懷遠知縣馬希武召諸猺築城。許
　　　　　　　　　　　稿不與，猺人怨叛。總制殷正茂調永順鈎刀手及狼
　　　　　　　　　　　兵數萬，討破之。捕斬三千餘人，俘男婦無算。事
　　　　　　　　　　　聞。議設兵防守，改萬石、宜良、丹陽爲土巡檢司。屯
　　　　　　　　　　　土兵五百，且耕且守。

　　懷遠爲柳州屬邑，在右江上游。旁近靖綏、黎平。諸猺竊據日
久。隆慶時，大征古田。懷遠知縣馬希武欲乘間築城。召諸猺役之，許
稿不與。諸猺遂合繩坡頭、板江諸峒，殺官吏，反。總制殷正茂請
於朝。遣總兵官李錫、參將王世科統兵進討。官兵至板江，猺賊皆
據險死守。正茂知諸猺獨畏永順鈎刀手及狼兵。乃檄三道兵數萬
人，擊太平河裏諸村，大破之。連拔數寨。斬賊首榮才富、吳金田
等。前後捕斬凡三千餘，俘獲男婦及牛馬無算。事聞。議設兵防守，改
萬石、宜良、丹陽爲土巡司。屯土兵五百人，且耕且守。（《明史·
廣西土司傳》）

屯墾廣西右江　　　　　古田既平，正茂檄右江十寨歸降。久之，復作
　　　　　　　　　　　亂。總制劉堯誨、巡撫張任擊定之。分十寨爲三鎮，各
　　　　　　　　　　　設土巡檢，留兵千人戍之，墾田屯種。給南丹衞。通
　　　　　　　　　　　道慶遠、賓州。於是，十寨復安輯輸賦。

　　右江十寨，隆慶中，總督殷正茂擊破古田，卽以檄趣八寨歸
降，得貸死。於是，寨老樊公懸、韋公良等踵軍門上謁。自言，十
寨共一百二十八村，環村而居者二千一百二十餘家，皆請受賦。右
江兵備鄭一龍、參將王世科，謂十寨既請爲氓，當以十家爲率，賦
米一石。村立一甲長，寨立一峒老。爲徵賦計，而以思古、周安、
落紅、古卯、龍哈立一州，屬向武土官黃九疇。羅墨、古鉢、古憑、
都北、咘咳，立一州，屬那地土官黃暘。皆爲土知州，已移思恩守

備於周安堡，而布政使以爲不便。總制乃議立八寨爲長官司，以兵八千人，屬黃暘，爲長官。黃昌、韋富，皆給冠帶爲土舍，亦各引兵二百守焉。久之，十寨復聚黨作亂，據民田產，白晝入都市剽掠，甚至攻城劫庫，戕官民。總制劉堯誨、巡撫張任急統兵進剿，斬首一萬六千九百有奇，獲器仗三千二百，牛馬二百三十九。帝乃隲賞諸土吏功。復分八寨爲三鎭，各建一城。而以東蘭州韋應鯤、韋顯能，及田州黃馮克爲土巡檢，留兵一千人戍之。於三里增建二堡。自楊渡水爲界，墾田屯種。給南丹衛。通道慶遠、賓州。使思恩三里聯絡不絕。（《明史·廣西土司傳》）

六年，神宗卽位。時，邊餉告匱。而諸邊歲出及屯田鹽課，無可稽。戶部尚書王國光請敕邊臣，條上其數。從之。耗蠹爲減。

王國光請覈屯田鹽課之數

神宗，隆慶二年，立爲皇太子。六年五月，穆宗崩。六月，卽皇帝位。（《明史·神宗紀》）

王國光拜南京刑部尚書，未上，改戶部，督倉場。神宗卽位，還，理部事。時，邊餉告匱，而諸邊歲出及屯田鹽課，無可稽。國光請敕邊臣核實，且畫經久策以聞。甘肅巡撫廖逢節等各條上其數，耗蠹爲損。萬曆元年，奏請行天下撫按官，督所司，具報出入存留逋負之數。（《明史·王國光傳》）

萬曆元年，申管屯官徵糧違限之罰。

禁徵糧違限

神宗萬曆元年，令各衛所，屯糧通限當年完足。如未完二分以上，管屯官住俸。四分以上，管屯官降俸二級。掌印官住俸督催。六分以上，管屯官降二級，革任差操。掌印官降俸二級，戴罪管事。八分以上，屯官降二級，調邊衛。係邊衛者，調極邊，帶俸差操。掌印官降二級，革任差操。都司、掌印管、屯官，總計所屬衛所完欠分數，一體查參。（《續文獻通考》）

令鞏昌府清軍同知，臨洮府管糧通判，兼理屯田。

萬曆元年，令鞏昌府清軍同知、臨洮府管糧通判，各加管屯職銜，分理應隸衛所屯田。（《明會典》）

二年，王世貞撫治鄖陽，數條上屯田兵食事宜。

王世貞，萬歷二年九月，以右副都御史，撫治鄖陽。數條上屯田戌守兵食事宜，咸切大計。（《明史·文苑傳》）

徐貞明請興京東河南山東水利屯田

三年，徐貞明爲工科給事中，上水利、軍班二議。其議水利，謂今畿甸軍食，咸仰給東南。夫賦稅皆民脂膏。而軍船夫役之費，常數石致一石。又河流多變，運道多梗。竊有隱憂。聞陝西、河南多故渠。山東諸泉，可引之成田。畿輔諸郡，支河澗泉，足資灌溉。北人不習水利，惟苦水害。不知水害未除，正由水利未興也。元虞集欲於京東，築堤捍水，以成稻田。若倣其意，招徠南人，俾之耕藝。北起遼海，南濱青齊，皆良田也。宜特簡憲臣，假以事權。或募窮民，或任富室，或選擇健卒，分建屯營。俟有成績，次及河南、山東、陝西。庶東南轉漕可減，西北儲蓄常充。其議軍班，謂東南民柔脆，不任遠戌。今數千里召補，軍非土著，志不久安。輒賂衛官求歸。衛官利其賂，且可冒餉。因縱之。實無補於軍政。宜倣匠班例，歲徵其錢。而召募土著，以代之。事下有司，格於部議，不克施行。

徐貞明，萬歷三年，徵爲工科給事中。上水利、軍班二議。謂神京雄據上游，兵食宜取之畿甸。今皆仰給東南。豈西北古稱富強地，不足以實廩而練卒乎。夫賦稅所出，括民脂膏。而軍船夫役之費，常以數石致一石。東南之力竭矣。又河流多變，運道多梗，竊有隱憂。聞陝西、河南故渠廢堰，在在有之。山東諸泉，引之率可成田。而畿輔諸郡，或支河所經，或澗泉自出，皆足以資灌溉。北人未習水利，惟苦水害。不知水害未除，正由水利未興也。蓋水，聚之則爲害，散之則爲利。今順天、眞定、河間諸郡，桑麻之區，半爲沮洳。由上流十五河之水，惟泄於貓兒一灣。欲其不汎濫而壅塞，勢不能也。今誠於上流，疏渠濬溝，引之灌田，以殺水勢。下流多開支河，以泄橫流。其淀之最下者，留以瀦水。稍高者，皆如南人築圩之制。則水利興，水患亦除矣。至於永平、灤州，抵滄州、慶雲。地皆萑葦，土實膏腴。元虞集欲於京東濱海地，築塘捍水，以成稻田。若倣集意，招徠南人，俾之耕藝。北起遼海，南濱青齊。皆良田也。宜特簡憲臣，假以事權，毋沮浮議。需以歲月，不取近功。或撫窮民，而給其牛種。或任富室，而緩其征科。或選擇健卒，分建屯營。或招徠南人，許其占籍。俟有成績，次及河南、山東、陝西。庶東南轉漕可減，西北儲蓄當充，國計永無絀矣。其議軍班則言，東南民素柔脆，莫任遠戍。今數千里勾軍，離其骨肉。而軍壯出於戶丁，幫解出於里甲。每軍不下百金。而軍非土著，志不久安，輒略衛官求歸。衛官利其略，且可以冒餉也，因而縱之。是困東南之民，而實無補於軍政也。宜倣匠班例，軍戶應出軍者，歲徵其錢。而召募土著，以足之。便。事皆下所司。兵部尚書譚綸言，勾軍之制不可廢。工部尚書郭朝賓則以水田勞民，請俟異日。事遂寢。（《明史·徐貞明傳》）

　　五年，詔凰❶陽、淮安，力舉營田。《續文獻通考》以《明史食貨志》，時山東巡撫鄭汝璧請開長山諸島田、福建巡撫許孚遠請開閩浙海島田之文，附於此。孚遠巡撫福建，事在萬曆二十年。汝璧開田，事在七年，非五年事。且孚遠募民墾田之外，尚有築城建營，聚兵以守之舉。亦不宜略而不述也。

　　萬曆五年正月，詔鳳陽、淮安，力舉營田。（《明史·神宗紀》）

　　許孚遠，萬曆二十年，擢右僉都御史，巡撫福建。募民墾海壇地八萬三千頃有奇。築城，建營舍，聚兵以守。因請推行於南日、澎湖，及浙中陳錢、金塘、玉環、南麂諸島。皆報可。（《明史·儒林傳》）

　　萬曆時，山東巡撫鄭汝璧請開登州海北長山諸島田。福建巡撫許孚遠墾閩海檀山田成，復請開南日山、澎湖。又言，浙江濱海諸山，若陳錢、金塘、補陀、玉環、南麂，皆可經理。天津巡撫汪應蛟則請於天津興屯。或留中不下，或不久輒廢。（《明史·食貨志》）

---

　　❶　"凰"當爲"鳳"。——編者註

神宗萬曆五年五月，詔鳳陽、淮安，力舉營田。時，山東巡撫鄭汝璧請開登州海北長山諸島田。福建巡撫許孚遠墾閩海檀山田成，復請開南日山、澎湖。又言浙江濱海諸山，若陳錢、金塘、玉環、補陀、南麂，皆可經理。或留中不下，或不久輒廢。（《續文獻通考》）

丈量天下田畝屯田　　六年，用大學士張居正議，丈量天下田畝。初，洪武中，命國子生分行州縣，度田畝，爲魚鱗圖册，悉書其主名。又爲黃册，以記戶口。凡質賣田土、官爲籍記之。毋令產去稅存，以爲民害。至弘治時，籍頗淆亂。天下田額已減給半。嘉靖時，顧鼎臣請履畝丈量。丈量之議，由此起。至是行之，豪猾不得欺隱，里甲免賠累，而小民無虛糧。居正以戶部尚書張學顏精會計，深倚任之。學顏撰會計錄，以稽出納。清官屯田湖陂，得八十餘萬頃。民困賠累者，以其賦抵之。

洪武二十年，命國子生武淳等，分行州縣。隨糧定區。區設糧長四人，量度田畝方圓，次以字號。悉書主名，及田之丈尺。編類爲册，狀如魚鱗。號曰魚鱗圖册。先是，詔天下編黃册，以戶爲主。詳其舊管、新收、開除、實在之數，爲四柱式。而魚鱗圖册，以土田爲主。諸原坂墳衍，下隰沃瘠，沙鹵之別畢具。魚鱗册爲經，土田之訟質焉。黃册爲緯，賦役之法定焉。凡質賣田土，備書賦稅科則，官爲籍記之。毋令產去稅存，以爲民害。而諸處土田，日久頗淆亂，與黃册不符。弘治十五年，天下土田止四百二十二萬八千五十八頃。官田視民田得七之一。嘉靖八年，霍韜奉命修會典。言自洪武迄弘治，百四十年，天下額田已減強半。而湖廣、河南、廣東失額尤多。非撥給於王府，則欺隱於猾民。廣東無藩府，非欺隱，卽委棄於寇賊矣。司國計者，可不究心。顧鼎臣請履畝丈量。丈量之議，由此起。萬曆六年，帝用大學士張居正議，天下田畝，通行丈量，限三載竣事。用開方法，以徑圍乘除，畸零截補。於是，豪猾不得欺隱，里甲免賠累，而小民無虛糧。總計田數七百一萬三千九百七十六頃。視弘治

時贏三百萬頃。(《明史·食貨志》)

　　張學顏，萬歷六年，拜戶部尚書。時，張居正當國。以學顏精會計，深倚任之。學顏撰《會計錄》，以勾稽出納。又奏列清丈條例。釐兩京、山東、陝西勳戚莊田，清溢額、脫漏、詭借諸弊。又通行天下，得官民屯田湖陂八十餘萬頃。民困賠累者，以其賦抵之。自正嘉虛耗之後，至萬歷十年間，最稱富庶。學顏有力焉。(《明史·張學顏傳》)

免丈量新增屯田賦

　　延綏、寧夏二鎮，丈量時，增田萬餘頃。總督高文薦請三年後征賦。都給事中蕭彥請用西北墾荒免科賦稅舊例。從之。

　　蕭彥、萬歷初，以工科左給事中，閱視陝西四鎮邊務。還奏訓兵儲餉十事，並允行。尋進戶科都給事中。初行丈量法，延寧二鎮，益田萬八十餘頃。總督高文薦請三年征賦。彥言西北墾荒，永免科稅，祖制也。況二鎮多沙磧，奈何定永額。使初集流庸，懷去志。遂除前令。(《明史·蕭彥傳》)

命徐貞明爲墾田使興京東水利

　　十三年，徐貞明遷尚寶司丞。初，貞明爲給事中，上水利、軍班二議，格於所司。貞明尋坐事，貶太平府知事。貞明被謫至潞河，又著《潞水客談》以申其說。略謂西北旱則赤地千里，潦則洪流萬頃。惟水利興，則旱潦有備。利一。國家獨待哺於東南，匪得計。水利興，則倉庾自富。利二。東南轉輸，其費數倍。若西北有一石之收，東南省數石之饋。利三。西北無溝洫，河水常爲災。修水田，可殺水患。利四。溝洫盡舉，則胡騎不易長驅。利五。游食之民，易於爲亂。水利興，則游民有所歸。利六。招南人以耕西北土田，則人均而田亦均。利七。西北賦省而徭重，民罹重徭之苦。使田墾賦增，則徭役可減。利八。邊鎮有蓄，不煩轉輸。利九。募浮戶爲農，而簡之爲兵。屯政無不舉矣。利十。塞上之卒，土著者少。屯政舉，則兵自足，可省遠募之費，甦班戍之勞，停勾攝之苦。利十一。宗祿浩繁，勢將難繼。自中尉以下，量給之田，則宗祿可減。利十二。修復水利，倣古井田之法，可限民名田。利十三。民與地旣均，倣古比閭族黨之制，可興教化。利十四。順天巡撫張國彥、副使顧養謙行之薊州、永平、豐潤、玉田，皆有效。及是，貞明還朝。御史蘇瓚、徐待力言其說可行。給事中王敬民又特疏論荐。帝賜貞明敕，令會撫按諸臣勘議。戶部尚書畢鏘等力贊之。帝從其請，命貞明兼監察御史，領墾田使。有司撓者，劾治。貞明遍歷諸河，窮源竟委，將大行疏濬。而宦官勛戚爲蜚語聞於帝，御史王之棟又詆爲耗財擾民。水田事遂罷。

徐貞明徵爲工科給事中，會御史傅應禎獲罪。貞明入獄調護，坐貶太平府知事。十三年，累遷尚寶司丞。初貞明爲給事中，上水利、軍班二議。事皆下所司。兵部尚書譚綸言，勾軍之制不可廢。工部尚書郭朝賓則以水田勞民，請俟異日。事遂寢。及貞明被謫，至潞河。終以前議可行乃著《潞水客談》，以畢其說。其略曰，西北之地，旱則亦地千里，潦則洪流萬頃。惟雨暘時若，庶樂歲無飢。此可常恃哉。惟水利興，而後旱潦有備。利一。中人治生，必有常稔之田。以國家之全盛，獨待哺於東南豈計之得哉。水利興，則餘糧棲畝，皆倉庾之積。利二。東南轉輸，其費數倍。若西北有一石之入，則東南省數石之輸。久則蠲租之詔可下。東南民力，庶幾稍甦。利三。西北無溝洫，故河水橫流，而民居多沒。修復水田，則可分河流，殺水患。利四。西北地平曠，寇騎得以長驅。若溝洫盡舉，則田野皆金湯。利五。游民輕去鄉土，易於爲亂。水利興，則業農者依田里，而游民有所歸。利六。招南人以耕西北之田，則民均而田亦均。利七。東南多漏役之民，西北罹重徭之苦。以南賦繁而役減，北賦省而徭重也。使田墾而民聚，則賦增，則北徭可減。利八。沿邊諸鎮有積貯，轉輸不煩。利九。天不浮戶，依富家爲佃客者何限。募之爲農，而簡之爲兵，屯政無不舉矣。利十。塞上之卒，土著者少。屯政舉，則兵自足，可以省遠募之費，甦班戍之勞，停攝勾之苦。利十一。宗祿浩繁，勢將難繼。今自中尉以下，量祿之田，使自食其土，爲長子孫計，則宗祿可減。利十二。修復水利，則倣古井田，可限民名田。而自昔養民之政，漸可舉行。利十三。民與地均，可倣古比閭族黨之制，而教化漸興，風俗自美。利十四也。譚綸見而美之，曰，我歷塞上久，知其必可行也。已而順天巡撫張國彥、副使顧養謙，行之薊州、永平、豐潤、玉田，皆有效。及是，貞明還朝，御史蘇瓚、徐待力言其說可行。而給事中王敬民又特疏論薦。帝乃進貞明少卿，賜之敕，令往會撫按諸臣勘議。時瓚方奉命巡關，復獻議。曰，治水與墾田相濟。未有水不治而田可墾者。畿輔爲患之水，莫如盧溝、溿沱二河。盧溝發源於桑乾，溿沱發源於太戲。源遠流長，又合深、易、濡、泡、沙、滋諸水，散入各淀。而泉渠溪港，悉注其中。以故高橋、白洋諸淀，大者廣闊一二百里，小亦四五十里。每當夏秋淫潦，膏腴變爲潟鹵，菽麥化爲萑葦。甚可惜也。今治水之策有三，濬河以決水之壅，疏渠以殺淀之勢，撤曲防以均民之利而已。帝並下貞明。貞明乃躬歷京東州縣。相原隰，度土宜，周覽水泉分合，條列事宜以上。戶部尚書畢鏘等力贊之。因採貞明疏議，爲六事。請郡縣有司，以墾田勤惰爲殿最，聽貞明舉劾。地宜稻者，以漸勸率。宜黍，宜粟者，如故。不遽責其成。召募南人，給衣食農具，俾以一教十。能墾田百畝以上，卽爲世業。子弟得寄籍入學。其卓有明效者，倣古孝弟力田科，量授鄉遂都鄙之長。墾荒無力者，貸以穀，秋成還官，旱潦則免。郡縣民壯，役止三月，使疏河芟草。而墾田則募專工。帝悉從之。其年九月，遂命貞明兼監察御史，領墾田使。有司撓者劾治。貞明先詣永平，募南人爲倡。至明年二月，已墾至三萬九千餘畝。又遍歷諸河，窮源竟委，將大行疏濬。而奄人勳戚之占閒田，坐收蘆葦之利者，恐水田興，而己失其利也，爭言不便，爲蜚語聞於帝。卒罷之。(《明史·徐貞明傳》)

萬歷十三年，以尚寶少卿徐貞明兼御史，領墾田使。貞明爲給事中。嘗請興西北水利，如南人圩田之制，引水成田。工部覆議。畿輔諸郡邑，以上流十五河之水，洩於貓兒一灣。海口又極束隘，故所在橫流。必多開支河，挑濬海口，而後水勢可平，疏濬可施。然役大費繁，而今以民勞財匱，方務省事。請罷其議。乃已。後貞明謫官，著《潞水客譚》一書，論水利當興者十四條。時，巡撫張國彥、副使顧養謙，方開水利於薊、永，有效。於是，給事中王敬民薦貞明。特召還。賜敕勘水利。貞明乃先治京東州邑，墾田三萬九千餘畝。至眞定，將治滹沱近埝地。御史王之棟言，滹沱非人力可治，徒耗財擾民。帝入其言，欲罪諸建議者。申時行言，墾田興利，謂之害民，議甚舛。顧爲此說者，其故有二。北方民游惰好閑，憚於力作。水田有耕耨之勢，胼胝之苦。不便一也。貴勢有力家，侵占甚多。不待耕作，坐收蘆葦薪芻之利。若開墾成田，歸於業戶，隸於有司，則己利盡失。不便二也。然以國家大計較之，不便者小，而便者大。惟在斟酌地勢，體察人情。沙鹵不必盡開，黍麥無煩改作。應用夫役，必官募之。不拂民情，不失地利，乃謀國長策耳。於是，貞明得無罪。而水田事終罷。（《明史·河渠志》）

宋纁請修屯政鹽法以節邊餉

十四年，宋纁爲戶部尚書，言邊儲最重屯田開中。近諸邊餉八倍於弘治初，宜修屯政鹽策。帝善之。

> 宋纁，萬歷十四年，遷戶部尚書。言邊儲大計，最重屯田鹽策。近諸邊年例銀，增至三百六十餘萬，視弘治初八倍。宜修屯政，召商人墾荒中鹽。帝皆稱善。（《明史·宋纁傳》）

王德完請修屯政鹽法以節餉

後戶科都給事中王德完上籌邊餉議。亦言諸邊年例，九倍於弘治、正德間。惟力行節儉，加意屯田、鹽法。外開其源，內節其流。庶幾國用可足。時弗能用。

> 王德完，萬歷中，遷戶科都給事中。上籌畫邊餉議。言諸邊歲例，弘正間止四十三萬。至嘉靖則二百七十餘萬。而今則三百八十餘萬。惟力行節儉，足以補救。蓋耗蠹蠹之弊，外易剔而內難除。宜嚴敕內府諸庫，汰其不急。又加意屯田鹽法。外開其源，而內節其流。庶幾國用可足。時弗能用。（《明史·王德完傳》）

陳用賓屯田猛卯

二十二年，雲南巡撫陳用賓築堡於猛卯，大興屯田。

> 萬歷二十二年，雲南巡撫陳用賓設八關於騰衝，留兵戍守。募

人至暹羅，約夾攻緬。初，緬以猛卯酋多俺爲嚮導，寇東路。至是，遣
木邦罕欽，禽多俺殺之。遂築堡於猛卯，大興屯田。(《明史·雲南
土司傳》)

二十五年，宰相張位、沈一貫，陳經理朝鮮事
宜。請於開城、平壤，建置重鎮。練兵屯田，通商
惠工。擇人爲長帥，分署朝鮮八道。事下朝鮮議。其
國君臣，慮中國遂并其土。疏陳非便。乃寢。

張位，萬歷中，拜吏部左侍郎兼東閣大學士。二十四年，奸人
請稅煤炭，開臨清皇店。位與沈一貫執奏不可。不報。明年春，偕
一貫陳經理朝鮮事宜。請於開城、平壤，建置重鎮。練兵屯田，通
商惠工，省中國輸輓。且擇人爲長帥，分署朝鮮八道，爲持久計。事
下朝鮮議。其國君臣，慮中國遂并其土。疏陳非便。事乃寢。(《明
史·張位傳》)

萬歷十九年辛卯，張位吏部侍郎兼東閣大學士。二十二年甲
午，沈一貫禮部尚書兼東閣大學士。二十五年丁酉，位進少保，吏
部尚書，武英殿大學士。一貫進太子太保，戶部尚書，武英殿大學
士。(《明史·宰輔表》)

二十六年，汪應蛟巡撫天津。見葛沽、白塘諸
田，咸斥鹵不可耕。應蛟念地無水則鹼。若營水田，必
當有利。乃募民爲水田，畝收四五石。尋移保定。上
疏言，天津屯兵四千，費餉六萬，俱斂諸民間。留
兵則民告病，恤民則軍不給。計惟屯田，可以足食。今
荒土連封，若開渠墾田，可七千頃。頃得穀三百石，非
獨足供天津之餉，且兼資近鎮年例。得旨允行。已
而，又請廣興水利。工部尚書楊一魁亟稱其議。帝
亦報可。但後卒未能行。

萬歷二十六年六月，巡撫天津僉都御史萬世德經略朝鮮。十二
月，總兵官陳璘破倭於乙山。朝鮮平。(《明史·神宗紀》)

汪應蛟遷山西按察使。朝鮮用兵，移應蛟天津。及天津巡撫萬

張位請屯田朝鮮

汪應蛟興天津屯田水利

183

世德經略朝鮮，卽擢應蛟右僉都御史，代之。朝鮮事寧，移撫保定。應蛟在天津，見葛沽、白塘諸田，盡爲汙萊。詢之土人，咸言斥鹵不可耕。應蛟念地無水則鹵，得水則潤。若營作水田，當必有利。乃募民墾田五千畝。爲水田者十之四，畝收至四五石，田利大興。及移保定，乃上疏曰，天津屯兵四千，費餉六萬，俱斂諸民間。留兵則民告病，恤民則軍不給。計惟屯田，可以足食。今荒土連封，蒿萊彌望。若開渠置堰，規以爲田，可七千頃。頃得穀三百石。近鎭年例可以兼資，非獨天津之餉足取給也。因條畫墾田丁夫，及稅額多寡，以請。得旨允行。已請廣興水利。略言，臣境內諸川，易水可以溉金臺。滹水可以溉恆山。溏水可以溉中山。滏水可以溉襄國。漳水來自鄴下，西門豹嘗用之。瀛海當諸河下流，視江南澤國不異。其他山下之泉，地中之水，所在而有，咸得引以溉田。請通渠築防，量發軍夫，一準南方水田之法行之。所部六府可得田數萬頃，歲益穀千萬石。畿民從此饒給，無旱潦之患。卽不幸漕河有梗，亦可改折於南，取糴於北。工部尚書楊一魁亟稱其議。帝亦報許。後卒不能行。（《明史・汪應蛟傳》）

　　汪應蛟海濱屯田有效，疏曰，天津葛沽一帶地，從來斥鹵不耕種。臣謂地無水則鹵，得水則潤。以閩浙治地之法行之，未必不可爲稻田。今春買牛制器，開渠築隄。葛沽、白塘二處，耕種五千餘畝。內水稻畝收四五石。種蒭荳者，得水灌溉，亦畝收一二石。惟旱稻以鹵立槁。始信閩浙之法，可行於北海，而斥鹵可變爲膏腴也。天津爲神京牖戶，開府設鎭，其地益重。見在水陸兩營兵四千人，歲費餉六萬四千餘兩，俱加派民間。天津荒田奚啻六七千頃，若盡依今法爲之，開渠以通蓄洩，築隄以防水澇，每千頃各致穀三十萬石。以七千頃計之，可得穀二百萬餘石。非獨天津之餉取給，而省司農之轉饋，無不可者。且地在三坌河外，海潮上溢，取以灌溉，于河無妨。白塘以下，地無糧差。白塘以上，爲靜海縣。或五畝、十畝，而折一畝。糧差每畝不過一分八釐。民願賣則給價，不願則給種。於民情無拂。請以防海官軍，用之於海濱墾地。每歲開渠築隄，可成田數百頃。一面召募居民承種。數年之後，荒田漸闢，各軍兵且屯且守。民間可省養兵之費，重地永資保障之安矣。（《續文獻通考》）

孫瑋踵行應蛟之策

　　三十年，孫瑋巡撫保定，踵行應蛟之策，役軍大治水田。而《明史河渠志》謂是年，應蛟始請興水田。令防海軍丁，於天津屯種。未知孰是。

孫瑋，萬曆三十年，以右副都御史，巡撫保定。朝鮮用兵，置軍天津，月餉六萬，悉派之民間。先任巡撫汪應蛟役軍大治水田，以所入充餉。瑋踵行之，田益墾，遂免加派。(《明史‧孫瑋傳》)

萬曆三十年，保定巡撫都御史汪應蛟言，易水可漑金臺，滹水可漑恆山，溏水可漑中山，滋水可漑襄國，漳水可漑鄴下。而瀛海當眾河下流，故號河中，視江南澤國不異。至於山下之泉，地中之水，所在皆有。宜各設壩建閘，通渠築堤。高者自灌，下則車汲。用南方水田法。六郡之內，得水田數萬頃。幾民從此饒，永無旱澇之患。不幸濱河有梗，亦可改折於南，取糴於北，此國家無窮利也。報可。應蛟乃於天津葛沽、何家圈、雙溝、白塘，令防海軍丁屯種。人授田四畝，共種五千餘畝。水稻二千畝收多，因上言，墾地七千頃，歲可得穀二百餘萬石。此行之而效者也。(《明史‧河渠志》)

三十六年，熊廷弼巡按遼東。時，有詔興屯田。廷弼言。遼多曠土，於額軍八萬中，以三分屯種，歲可得粟百三十萬石。帝優詔褒之，命推行於諸邊。

詔興屯田廷熊弼請分軍屯種

熊廷弼擢御史，萬曆三十六年，巡按遼東。時，有詔興屯田。廷弼言，遼多曠土，歲於額軍八萬中，以三分屯種。可得粟百三十萬石。帝優詔褒美，命推行於諸邊。(《明史‧熊廷弼傳》)

神宗時，天下屯田六十餘萬頃。視洪武時，虧二十餘萬頃。徵糧四百萬餘石。糧草折銀八萬餘兩。布鈔、豆稱是。

萬曆屯田之數

萬曆時，計屯田之數，六十四萬四千餘頃。視洪武時，虧二十四萬九千餘頃。(《明史‧食貨志》)

明田稅及經費出入之數，見於掌故者，皆略可考見。萬曆時，屯田六十三萬五千餘頃，花園倉基九百餘所。徵糧四百五十八萬四千餘石，糧草折銀八萬五千餘兩，布五萬疋。京衛屯鈔五萬六千餘貫，京衛屯豆二萬三千餘石。(《明史‧食貨志》)

時歲出之數中，諸邊及近京諸鎮兵餉。所有屯糧及屯糧折色銀，爲數尚極鉅。

萬曆屯糧之數

萬歷歲出之數。諸邊及近京鎮兵餉。宣府主兵屯糧十三萬二千餘石，折色銀二萬二千餘兩，民運折色銀七十八萬七千餘兩。兩淮、長蘆、河東鹽引銀十三萬五千餘兩，京運年例銀十二萬五千兩。客兵淮蘆鹽引銀二萬六千餘兩，京運年例銀十七萬一千。大同主兵屯糧本色七萬餘石，折色銀一萬六千餘兩，牛具銀八千餘兩，鹽鈔銀一千餘兩。民運本色米七千餘石，折色銀四十五萬六千餘兩。屯田及民運本色草二百六十八萬餘束，折草銀二萬八千餘兩。淮蘆鹽四萬三千餘引，京運年例銀二十六萬九千餘兩。客兵京運銀十八萬一千兩，淮蘆鹽七萬引。山西主兵屯糧二萬八千餘石，折色銀一千餘兩，草九萬五千餘束。民運本色米豆二萬一千餘石，折色銀三十二萬二千餘兩。淮、浙、山東鹽引銀五萬七千餘兩，河東鹽課銀六萬四千餘兩，京運銀十三萬三千餘兩。客兵京運銀七萬三千兩。延綏主兵屯糧五萬六千餘石，地畝銀一千餘兩，民運糧料九萬七千餘石，折色銀十九萬七千餘兩。屯田及民運草六萬九千餘束。淮浙鹽引銀六萬七千餘兩，京運年例銀三十五萬七千餘兩。客兵淮浙鹽引銀二萬九千餘兩，京運年例銀二萬餘兩。寧夏主兵屯糧料十四萬八千餘石，折色銀一千餘兩，地畝銀一千餘兩。民運本色糧千餘石，折色銀十萬八千餘兩。屯田及民運草一百八十三萬餘束。淮浙鹽引銀八萬一千餘兩，京運年例銀二萬五千。客兵京運年例銀萬兩。甘肅屯糧料二十三萬二千餘石，四百三十餘萬束，折草銀二千餘兩，民運糧布折銀二十九萬四千餘兩，京運銀五萬一千餘。淮浙鹽引銀十萬二千餘兩。固原屯糧料三十一萬九千餘石，折色糧料草銀四萬一千餘兩，地畝牛具銀七千一百餘兩。民運本色糧料四萬五千餘石，折色糧料草布花銀二十七萬九千餘兩。屯田及民運草二十萬八千餘束。淮浙鹽引銀二萬五千餘兩，京運銀六萬三千餘兩，犒賞銀一百九十餘兩。遼東主兵屯糧二十七萬九千餘石，荒田糧四百餘兩，民運銀十五萬九千餘兩。兩淮、山東鹽引銀三萬九千餘兩，京運年例銀三十萬七千餘兩。客兵京運年例銀十萬二千餘兩。薊州主兵民運銀九千餘兩，漕糧五萬石，京運年例銀二十萬六千餘兩。客兵屯糧料五萬三千餘石，地畝馬草折色銀萬六千餘兩，民運銀八千餘兩。山東民兵工食銀五萬六千兩。遵化營民壯工食銀四千餘兩。鹽引銀萬三千餘兩，京運年例銀二十萬八千餘兩，撫賞銀一萬五千兩，犒軍銀一萬三千餘兩。永平主兵屯糧料三萬三千餘石，民

運糧料二萬七千餘石，折色銀二萬八千餘兩，民壯工食銀萬二千餘
兩，京運年例銀十二萬二千餘兩。客兵屯草折銀三千餘兩，民運草
三十一萬一千餘束，京運銀十一萬九千餘兩。密雲主兵屯糧六千餘
石，地畝銀二百九十兩，民運銀萬兩有奇，漕糧十萬四千餘石，京
運銀十六萬兩有奇。客兵民運銀萬六千餘兩，民壯工食銀九百餘
兩，漕糧五萬石，京運銀二十三萬三千餘兩。昌平主兵屯糧折色銀
二千四百餘兩，地畝銀五百餘兩，折草銀一百餘兩，民運銀二萬兩
有奇，漕糧十八萬九千餘石，京運年例銀九萬六千餘兩。客兵京運
年例銀四萬七千餘兩。易州主兵屯糧二萬三千餘石，地畝銀六百餘
兩，民運銀三十六萬六千餘兩。客兵京運銀五萬九千兩。井陘主兵
屯糧萬四千餘石，地畝銀八千餘兩，民運本色米麥一萬七千餘石，折
色銀四萬八千餘兩。客兵京運年例銀三千餘兩。他雜費不具載。(《明
史·食貨志》)

以屯田鹽課邊臣

　　萬歷時，以積錢穀、修險隘、練兵馬、整器械、
開屯田、理鹽法、收胡馬、散叛黨八事，核邊臣。三
歲，一遣大臣閱視而殿最之。

　　戚繼光爲總兵官，鎮守薊州、永平、山海諸處，節制精明。終
繼光在鎮，寇不敢犯薊門。自順義受封，朝廷以八事課邊臣。曰積
錢穀，修險隘，練兵馬，整器械，開屯田，理鹽法，收胡馬，散叛
黨。三歲，則遣大臣閱視而殿最之。繼光用是頻蒙賚。(《明史·戚
繼光傳》)

　　吳百朋爲刑部右侍郎，改兵部。萬歷時，奉命閱視宣大山西三
鎮。百朋以糧餉、險隘、兵馬、器械、屯田、鹽法、番馬、逆黨八
事，核邊臣。督撫王崇古、吳兌，總兵郭琥以下，陞賞黜革有差。又
進邊圖，凡關塞險隘、番族部落、士馬強弱、亭障遠近，歷歷如指
掌。(《明史·吳百朋傳》)

王國清畿輔屯田

　　御史王國出視畿輔屯田，清勢豪所佔地九千餘
頃，歸於官。

　　王國，萬歷時，爲御史，出視畿輔屯田，清成國公朱永禎等所
侵地九千六百餘頃，歸之於官。(《明史·王國傳》)

屯田開中復壞

　　宦官溫泰請盡輸關稅鹽課於內庫。戶科給事中

賈三近言，今屯田半蕪，開中法壞。塞下所資，惟鹽課關稅。苟歸內帑，必誤邊計。泰議乃寢。

賈三近爲戶科給事中。萬曆中，中官溫泰請盡輸關稅鹽課於內庫。三近言，關稅鹽課，本以餉邊。今屯田半蕪，開中法壞。塞下所資，惟此而已。苟歸內帑，必誤邊計。泰議乃寢。（《明史·賈三近傳》）

南京禮部尚書袁洪愈上疏，極諫屯田廢壞之弊，乞復行中鹽之法。詔皆議行。

袁洪愈，萬曆中，進右都御史，掌南院事，就改禮部尚書。上疏請禁干謁。又極諫屯田廢壞之害，乞復令商人中鹽，免內地飛輓。皆議行。（《明史·袁洪愈傳》）

京衛舍餘李大用等請以萬人自備資糧從征倭寇乞免雜役

當永樂初，靖難之師，凡四十八萬。選十二萬，入十二團營。餘三十六萬，賜以屯田牧地，分置七十八衛所於順天。至萬曆中，生齒繁衍，與民混雜。有司派以馬戶運米諸役，眾軍苦之。寧夏之役興，各衛餘丁請自備資糧從征，乞免雜役。未幾，寧夏平。議遂寢。初，倭奴告警。濟陽衛舍餘李大用等，復奏請以萬人，自備糧餉，隨行征剿。給事中郝敬疏言，東征之師，可勿用此軍。惟遼左空虛，宜於各衛，抽壯丁三萬，屯田遼東。令餘軍，供屯兵牛種廬舍之費，而悉免其雜役。因願赴之人心，蠲不急之徭役，可坐收兵食兩利之效。

給事中郝敬請抽畿輔屯牧兵，屯田遼左。時方征倭寇，濟陽衛舍餘李大用等，請以萬人，自備資糧隨行。敬乃上疏，曰，臣閱李大用等奏。畿輔附近，濟陽等衛，屯牧額兵，共四十八萬。願以萬人，隨行征倭，眾軍自貼糧餉。臣訪其故。自永樂時，靖難功成，剩精兵四十八萬。內一十二萬，選入十二團營。餘三十六萬，給賜屯田牧地，種納子粒馬價。分置七十八衛，於順天府所屬州縣。俱屬三千營統轄，聽調征剿。今二百餘年，生齒繁衍，與民混雜。有司派以馬戶、撐船、運米等役，衆軍脫卸無計。昨者，寧夏之役，各餘丁議，自備糧餉，隨行征剿，求免前差。未幾，寧夏平。議遂寢。茲緣倭奴告警，重復申奏。蓋彼以三十六萬之衆，止出萬人。是三十六人中，抽一丁耳。以三十六萬衆，共餉萬人。是三十六家，共贍一軍耳。又得概免民差，圖此便利。今東征師，可勿復用此。惟是遼左空虛。宜因羣情，爲轉移之計。即於各衛原籍中，十名抽一。據三十六萬原數，除六萬作耗外，可得壯丁三萬人。擇廉幹官數員，統領赴遼東，開種屯田。命存留三十萬人，每十名，幫貼屯兵一名牛種廬舍之費。令概免前差。開墾田成，即給本兵爲永業。大率每兵一名，墾田二十五畝。內除五畝爲官田，每畝量收子粒五六升，則三萬人，可墾田七十五萬畝，一歲收官田子粒，可八千餘石，以備緩急之需。因願赴之人心，蠲不急之徭役。一呼而得勝兵三萬。坐收兵食兩利之效。備門庭之警，扶肘腋之危。何憚而久不爲此。《春明夢餘錄》曰，明初，宿重兵於畿輔，至四五十萬。不費一粒一鏹。及中葉而後，猶有萬人，自備糧糧，願效力行間者。後何不振乃爾耶。昔人言，祖宗之法，惟祖宗能行之，豈不信然。(《續文獻通考》)

萬歷末，汪泗論爲漳浦知縣，調福清，有惠政。清屯田，繕城堡，徵擢御史。

汪泗論，萬歷三十八年，進士，授漳浦知縣，調福清，有惠政。清屯田，繕城堡，徵擢御史。(《明史‧董漢儒傳》)

熹宗天啟元年，御史左光斗出理畿輔屯田，復用汪應蛟策，令管河通判盧觀象興天津屯田三千餘畝。《續文獻通考》以爲神宗萬歷時事者，誤也。且應蛟萬歷二十六年興屯田，而光斗三十五年始舉進士。《續通考》又謂光斗出理屯田，在應蛟請興水利之前者，尤誤。

左光斗用汪應蛟復天津屯田

天啟元年，御史左光斗用汪應蛟策，復天津屯田，令通判盧觀象管理屯田水利。(《明史‧河渠志》)

左光斗，萬歷三十五年進士，選授御史，出理屯田。言北人不知水利。一年而地荒，二年而民徙，三年而地與民盡矣。今欲使旱不爲災，澇不爲害，惟有興水利一法。因條上三因十四議。曰，因天之時，因地之利，因人之情。曰，議濬川，議疏渠，議引流，議設壩，議建閘，議設陂，議相地，議築塘，議招徠，議擇人，議擇將，議兵屯，議力田設科，議富民拜爵。其法犁然具備，詔悉允行。水利大興，北人始知藝稻。鄒元標嘗曰，三十年前，都人不知稻草何物。今所在皆稻，種水田利也。（《明史·左光斗傳》）

神宗萬歷時，御史左光斗出理屯田，於河間、天津，設屯學，試騎射。爲武生者，給田百畝。命管河通判盧觀象大興水田之利。保定巡撫汪應蛟亦請興天津屯田。得旨允行。（《續文獻通考》）

從張愼言請廣天津屯田，命董應舉經理屯務

二年，巡按御史張愼言奏，天津沃野萬頃。觀象墾田三千餘畝，其法甚備，可推行。且列上官種、佃種、民種、軍種、屯種五法。又言，廣寧失守，遼人轉徙入關者，不下百萬。宜招集津門，以無家之衆，墾不耕之田。詔從之。時，太常少卿董應舉又上言，保衛神京，在設險營屯。遂擢應舉太僕卿，經理天津至山海屯務。應舉復陳十難十利，帝悉敕所司從之。乃招遼人萬三千戶，買民田十二萬畝，墾閑田六萬畝。給廬舍舟車，牛種農器，教之藝稻。費二萬六千，收麥穀五萬五千餘石。天津葛沽，故有水陸軍二千。應舉奏令屯田，以所入充歲餉。屯利益興。《明史·食貨志》謂熹宗之世，巡按張愼言請復天津屯田，而御史左光斗命管河通判盧觀象大興水田之利，太常少卿董應舉踵而行之者。亦誤。

天啟元年，御史左光斗用應蛟策，復天津屯田，令通判盧觀象管理屯田水利。明年，巡按御史張愼言言，自枝河而西，靜海興濟之間，萬頃沃壤。河之東，尚有鹽水沽等處，爲膏腴之田，惜皆蕪發。今觀象開寇家口以南，田三千餘畝。溝洫蘆塘之法，種植疏濬之方，皆具而有法。人何憚而不爲。大抵開種之法有五。一官種，謂牛種器具，耕作雇募，皆出於官。而官亦盡收其田之入也。一佃種，謂民願墾而無力，其牛種器具，仰給於官。待納稼之時，官十而取其四也。一民種，佃之有力者，自認開墾若干。迨開荒既熟，較數歲之中以爲常，十一而取，是也。一軍種，卽令海防營軍種葛沽之田。人耕四畝，收二石。緣有行糧月糧，故收租重也。一屯種，祖宗衞軍有屯田，或五十畝，或百畝。軍爲屯種者，歲入十七於官。卽以所入，爲官軍歲支之用。國初兵農之善制也。四法已行。惟屯種，則今日兵與軍分，而屯僅存其名。當選各衞之屯餘，墾津門之沃土，如官種法行之。章下所司。命太僕卿董應舉管天津至山海屯田。規畫數年，開田十八萬畝，積穀無算。（《明史・河渠志》）

張愼言擢御史，天啓初，出督畿輔屯田。言天津、靜海、興濟間，沃野萬頃，可墾爲田。近同知盧觀象墾田三千餘畝。其溝洫廬舍之制，種植疏濬之方，犁然具備，可倣而行。因列上官種、佃種、民種、軍種、屯種五法。又言，廣寧失守，遼人轉徙入關者，不下百萬。宜招集津門。以無家之衆，墾不耕之田，便。詔從之。（《明史・張愼言傳》）

董應舉，天啓改元，再遷太常少卿。二年，上言保衞神京，在設險營屯，遂擢應舉太僕卿，兼河南道御史，經理天津至山海屯務。應舉以責太重，陳十難十利。帝悉救所司從之。乃分處遼人萬三千餘戶，於順天、永平、河間、保定。詔書褒美。遂用公帑六千，買民田十二萬餘畝，合閒田凡十八萬畝。廣募耕者，畀工廩田器牛種，濬渠築防，教之藝稻。農舍倉廩，場圃舟車畢具。費二萬六千，而所收黍、麥、穀五萬五千餘石。廷臣多論其功。就進右副都御史。天津葛沽，故有水陸兵二千。應舉奏令屯田，以所入充歲餉。屯利益興。（《明史・董應舉傳》）

熹宗之世，巡按張愼言復議天津屯田，而御史左光斗命管河通判盧觀象大興水田之利，太常少卿董應舉踵而行之。光斗更於河間、天津設屯學，試騎射。爲武生者，給田百畝。（《明史・食貨志》）

孫承宗爲宰相，掌兵部事。疏言撫西部、恤遼民、簡京軍、增永平大帥、修薊鎮亭障、開京東屯田數策。帝褒納焉。尋自請督師。詔以原官督山海、遼、薊、天津、登、萊諸處軍務，出鎮山海關。承宗在關四年，修復大城九，堡四十五。練兵十一萬。開

孫承宗大修屯田邊備

191

屯田五千頃，歲入十五萬石。

天啟二年壬戌。孫承宗二月，晉兵部尚書，東閣大學士，入閣。八月，晉太子太保，出鎮山海關。（《明史·宰輔表》）

孫承宗拜兵部尚書，兼東閣大學士，入直辦事。越數日，命以閣臣掌部務。承宗上疏曰，邇年兵多不練，餉多不覈。以將用兵，而以文官招練。以將臨陣，而以文官指發。以武略備邊，而日增置文官於幕。以邊任經撫，而日間戰守於朝。此極弊也。今天下當重將權。擇一沉雄有氣略者，授之節鉞，得自辟置偏裨以下。勿使文吏，用小見，沾沾陵其上。邊疆小勝小敗，皆不足問。要使守關無闌入，而徐爲恢復計。因列上撫西部、恤遼民、簡京軍、增永平大帥、修薊鎮亭障、開京東屯田數策。帝襃納焉。時，邊警屢告。承宗自請督師。詔給關防敕書，以原官督山海關，及薊、遼、天津、登、萊諸處軍務，便宜行事，不從中制。承宗在關四年，前後修復大城九，堡四十五，練兵十一萬，立車營十二，水營五，火營二，前鋒、後勁營八。造甲胄器械、弓矢礮石、渠答鹵楯之具，合數百萬。拓地四百里。開屯五千頃。歲入十五萬石。（《明史·孫承宗傳》）

趙率教招流亡屯田前屯

初王化貞棄廣寧，關外諸城盡空。副總兵趙率教請於經略王在晉，收復前屯衛城，率家丁三十八人以往。會承宗令遊擊魯之甲救難民六千口，至前屯。率教乃編難民爲兵，繕城堞，謹斥候。既而，承宗復以兵助守。率教所招流亡，至五六萬。擇其壯者從軍。餘給牛種，大興屯田。身自課督，至手足胼胝。承宗嘉之。

趙率教受知於經略袁應泰，擢副總兵，典中軍事。天啟元年，遼陽破。明年，王化貞棄廣寧，關外諸城盡空。率教請於經略王在晉，願收復前屯衛城，率家丁三十八人以往。蒙古據其地，不得進，抵中前所而止。其年，遊擊魯之甲以樞輔孫承宗令，救難民六千口，至前屯，盡驅蒙古於郊外。率教乃得入，編次難民爲兵。繕雉堞，謹斥堠。軍府由是粗立。既而，承宗令裨將陳練，以川湖土兵來助。前屯守始固。而率教所招流亡，至五六萬。擇其壯者從軍，悉加訓練。餘給牛種，大興屯田。身自督課，至手足胼胝。承宗出關閱視，大喜。以

己所乘輿贈之。(《明史・趙率教傳》)

解學龍爲給事中，上言，遼左薊鎮，給厚糈，募新軍。舊軍以其餉多，悉竄入新營，而舊額不減。文武職較昔增數倍。宜核軍伍，裁冗官。而京邊運米，兵食一石，民之所輸，則須六石。且多雜糠粃沙土，加以濕熱蒸變，食不可咽。宜修屯政。屯政修，則地闢而民有樂土。粟積而人有固志。宋吳璘守天水，縱橫鑿渠，名曰地網，虜騎不能逞。今倣其制，且於溝畔，樹以土所宜之木。虜騎雖強，將無所施。帝亟下所司，而議竟中格。

解學龍請修遼薊屯政

解學龍，天啟二年，擢刑科給事中。上言，遼左額兵，舊九萬四千有奇，歲餉四十餘萬。今關上兵止十餘萬，月餉乃二十二萬。遼兵盡潰，關門宜募新兵。薊鎮舊有額兵，乃亦給厚糈召募。舊兵以其餉厚，悉竄入新營。而舊額又如故，漏巵可勝言。國初，文職五千四百有奇，武職二萬八千有奇。神宗時，文增至一萬六千餘，武增至八萬二千餘矣。今不知又增幾倍。誠度冗者汰之，歲可得餉數十萬。裁冗吏，核曠班。俾衞所應襲子弟襲職，而不給俸，又可得數十萬。京邊米一石，民輸則非一石也。以民之費，與國之收衡之。國之一，民之三。關餉一斛，銀四錢。以易錢，則好米值錢百，惡米止三四十錢。又其下，腐臭不可食。以國之費，與兵之食衡之。兵之一，國之三。總計之。民費其六，而兵食其一。況小民作奸欺漕卒，漕卒欺官司，官司欺天子。展轉相欺，米已化爲糠粃沙土。兼濕熱蒸變，食不可咽。是又化有用之六，爲無用之一矣。臣以爲莫如修屯政。屯政修，則地闢而民有樂土，粟積而人有固志。昔吳璘守天水，縱橫鑿渠，綿亘不絕，名曰地網。虜騎不能逞。今倣其制，溝涂之界，各樹土所宜木。小可獲薪果之饒，大可得抗扼之利。虜雖強，何施乎。帝亟下所司，而議竟中格。(《明史・解學龍傳》)

南畿提學，屯田諸御史，皆操舉劾權。曾櫻爲常州知府，請南京都察院，戒飭諸御史，罷諸陋習。屯田御史索屬吏應劾者姓名。櫻不應。御史危言恐之。櫻自署下考，杜門待罪。撫按亟慰留，始起視事。

曾櫻，天啟二年，稍遷常州知府。諸御史巡鹽、倉場、江漕及提學、屯田者，皆操舉劾權。文牒日至。櫻牒南京都察院，曰，他方守令，奔命一巡按。獨南畿，奔命數巡按。請一切戒飭，罷鈎訪取贖諸陋習。都御史熊明遇爲申約束焉。櫻持身廉，爲政愷悌公平，不畏強禦。屯田御史索屬吏應劾者姓名。櫻不應。御史危言恐之。答曰，僚屬已盡無可糾，止知府無狀。因自署下考，杜門待罪。撫按亟慰留，乃起視事。（《明史·曾櫻傳》）

三年，總督朱燮元攻奢崇明，拔永寧，拓地千里，收腴田給永寧衛。以其餘地，爲四十八屯，給諸降賊之有功者。隸於敍州，設官領其事。蜀中遂靖。

朱燮元移四川右布政使，天啟元年，就遷左。將入覲，會永寧奢崇明反，蜀王要燮元治軍。永寧古藺州地。奢氏洪武時歸附，世爲宣撫使。崇明外恭，內陰鷙。子寅尤驍桀。時詔徵川兵援遼，崇明父子請行。先遣土目樊龍、樊虎，以兵詣重慶。巡撫徐可求汰其老弱。餉復不繼。龍等遂反，據重慶，諸奸人烽起應之。列城多不守。崇明僭偽號，統所部趨成都。成都兵止二千，燮元檄徵石砫、松茂，諸道兵入援，偕同官分陴守。登萊副使楊述程合安綿副使劉芬謙、石砫女土官秦良玉軍敗賊，他路援軍亦連勝，崇明父子走瀘州。初，朝廷聞變，即擢燮元巡撫四川。官軍乘勢，復州縣衛所四十餘。惟重慶爲樊龍所據，副使徐如珂與良玉攻拔之。瀘州亦旋復。崇明未平，而水西安邦彥又叛。朝議錄燮元守城功，加總督四川，及湖廣軍務。而以楊述中總督貴州，共辦奢安二賊。三年，燮元盡挈諸軍與良玉兵會，攻永寧，拔之。賊奔舊藺州。五月，爲參將羅象乾所克，崇明父子竄深箐中。永寧既拔，拓地千里。燮元割膏腴地，歸永寧衛。以其餘地，爲四十八屯，給諸降賊有功者，令歲輸賦於官，曰屯將。隸於敍州府。增設同知一人，領之。且移敍州兵備道於衛城，與貴州參將同駐。蜀中遂靖。（《明史·朱燮元傳》）

毛文龍屯田皮島

四年，總兵毛文龍遣兵，從義州城西，渡江入皮島，屯田。

毛文龍以都司援朝鮮，遼東失，自海道歸。乘虛襲殺滿州鎮江

守將，授總兵，累加至左都督，掛將軍印，賜尚方劍。設軍鎮皮島，如
內地。皮島，亦謂之東江，在登萊大海中，綿亘八十里。北岸八十
里，即抵滿州界。其東北海，則朝鮮也。島上兵本河東民，自天啟
元年，河東失，民多逃島中。文龍籠絡其民爲兵，分布哨船，聯接
登州，以爲犄角計。中朝是之，島事由此起。四年八月，遣兵從義
州城西，渡江入島中屯田。（《明史·袁崇煥傳》）

五年，貴州巡按監軍御史傅宗龍討安邦彥，大
破賊於平越。條上屯守策，言，蜀當以屯爲守，黔
當以守爲屯。蓋賊土半在水外，犵狫龍仲諸雜種助
之。寇有外藩，我無屏蔽。故致黔兵愈分，力乃愈
絀。所謂以守爲屯者，宜先發兵據河，奪賊所恃。撫
剿諸種，斷諸渡口。使一粟不能入水內，一賊不能
出水外。且頻出奇兵，渡河擾其耕穫。賊不敢附河
而居，然後清衛所原田，並割逆賊故壤，以衛所之
法行之。舉屯田以授有功，自指揮至總小旗，畀以
應得之田爲世業。如此，賊可盡滅。部議從之。宗
龍漸蹙水外逆黨，大興屯田。邦彥懼，謀沮之，大
舉入寇。宗龍擊破之，威名大著。

傅宗龍授御史，天啟二年，安邦彥反，圍貴陽。宗龍上疏自請
討賊，會以疾歸，不果行。四年正月，貴州巡撫王三善爲降賊陳其
愚所紿，敗歿。其夏，即家起宗龍巡按其地，兼監軍。以土兵七百
人入貴陽，禽斬其愚。巡撫蔡一復倚信之，請敕宗龍專理軍務。可
之。五年，一復、宗龍討破鳥粟、長田諸叛苗，大破平越賊，毀其
砦百七十。賊黨漸孤。宗龍乃條上屯守策。言，蜀當以屯爲守，黔
則當以守爲屯。蓋安酋土地，半在水外。犵狫、龍、仲、蔡、苗諸
雜種，緩急與相助。賊有外藩，我無邊蔽。黔兵所以分，力愈詘。臣
謂以守爲屯者，先發兵據河，奪賊所恃。然後撫剿諸種。隨渡口大
小，置大小寨，深溝高壘。置烽墩礮臺，小渡則塞以木石。使一粟
不入水內，一賊不出水外。賊無如我何。又令沿河兵，習水戰。當
賊耕耨時，頻出奇兵，渡河擾之。賊不敢附河而居，而後我可以議

屯也。屯之策有二。一曰，清衞所原田。一曰割逆賊故壤，而以衞所之法行之。蓋黔不患無田，患無人。客兵聚散無常，不能久駐。莫若倣祖制，盡舉屯田，以授有功。因功大小，爲官高下。自指揮至總小旗，界以應得田，爲世業。而禁其私賣買。不待招徠，戶口自實。臣所謂以守爲屯者，如此。然兵當用四萬八千人，餉當歲八十餘萬，時當閱三年。如此，而後賊可盡滅也。部議從之。宗龍乃漸蹙水外逆黨，將大興屯田。邦彥懼，謀沮之。六年三月，大舉渡河入寇。宗龍擊破邦彥趙官屯，斬老蟲添，威名大著。(《明史·傅宗龍傳》)

袁崇煥議以屯守復遼疆

六年，袁崇煥巡撫遼東，請用遼人，以守遼土。且守且戰，且築且屯。屯種所入，可減海運。堅壁清野，乘間擊瑕。守既有餘，戰無不足。帝優詔答之。其冬，崇煥巡歷邊徼，議大興屯田。漸復舊壤。

袁崇煥，天啟六年，擢右僉都御史。三月，復設遼東巡撫，以崇煥爲之。崇煥上言，陛下用遼人以守遼土。且守且戰，且築且屯。屯種所入，可漸減海運。大要堅壁清野以爲體，乘間擊瑕以爲用。戰雖不足，守則有餘。守既有餘，戰無不足。顧勇猛圖敵，敵必讎。奮迅立功，衆必忌。任勢，則必召怨。蒙罪，始可有功。怨不深，則勢不著。罪不大，則功不成。謗書盈篋，毀言日至，從古已然。惟聖明與廷臣始終之。帝優旨褒答。其冬，崇煥巡歷錦州、大小凌河。議大興屯田。漸復舊所棄土。(《明史·袁崇煥傳》)

畢自嚴請督屯田

思宗崇禎元年，畢自嚴爲戶部尚書，以度支大絀。請覈逋賦，督屯田，嚴考成，汰冗卒。俱報可。

畢自嚴，崇禎元年，召拜戶部尚書。自嚴以度支大絀，請覈逋賦，督屯田，嚴考成，汰冗卒。停薊、密、昌、永四鎮新增鹽菜銀二十二萬。俱報可。(《明史·畢自嚴傳》)

王洽請屯田遼東天津山東

王洽爲兵部尚書。上言，太祖養兵百萬，不費百姓一錢，屯田之效也。遼東、京東、山東沿海，荒地閑田百萬頃。元人有京東水田之議。萬歷初，總督張佳允、巡撫張國彥行之薊鎮，爲豪右所阻。後

巡撫汪應蛟復行之河間。今已墾者荒，未墾者置不
問。而日講生財之術以養軍。非得策也。請敕諸道
監司，復先朝屯墾之制，實心力行。庶國計有裨，軍
食無絀。帝稱善。卽命行之。

王洽，崇禎元年，召拜工部右侍郎，攝部事。兵部尚書王在晉
罷。帝召見羣臣，奇洽狀貌，卽擢任之。尋上言，祖宗養兵百萬，不
費朝廷一錢，屯田是也。今遼東、永平、天津、登萊沿海荒地，及
寶坻、香河、豐潤、王田、三河、順義諸縣閒田百萬頃。元虞集有
京東水田之議。本朝萬曆初，總督張佳允、巡撫張國彥行之薊鎮，爲
豪右所阻。其後，巡撫汪應蛟復行之河間。今已墾者荒，未墾者置
不問。遺天施地生之利，而日講生財之術，爲養軍資。不大失策乎。乞
敕諸道監司，遵先朝七分防操，三分屯墾之制。實心力行。庶國計
有裨，軍食無缺。帝稱善，卽命行之。(《明史·王洽傳》)

二年，給事中汪始亨極論盜屯損餉之弊。自嚴
以難於覈實，請不論軍種、民種，俱照民田升
科。從之。

畢自嚴，崇禎元年，召拜戶部尚書。二年，給事中汪始亨極論
盜屯損餉之弊。自嚴言，相沿已久，難於覈實。請無論軍種、民種，一
律照民田升科。帝是其議。(《明史·畢自嚴傳》)

三年，兵部侍郎范景文上言，舊制，以軍隸衛，以
屯養軍。後失其制。軍外募人爲兵，屯外賦民出餉。令
有定之軍數，付之不可問。有用之軍糧，投之不可
知。因條上清覈數事。不果行。

崇禎三年，范景文以兵部侍郎，守通州。上言，祖制，邊腹內
外，衛所棋置。以軍隸衛，以屯養軍。後失其制。軍外募民爲兵，屯
外賦民出餉。使如鱗尺籍，不能爲衝鋒之事，并不知帶甲之人。陛
下百度振刷，豈可令有定之軍數，付之不可問。有用之軍糧，投之
不可知。因條上清覈數事。不果行。(《明史·兵志》)

兵部尚書梁廷棟以軍食不足，請加田賦。尋陳

范景文請復軍衛屯田舊
制

釐革弊政五事。曰，屯田，鹽法，錢法，茶馬，積
粟。帝皆納之。

梁廷棟總督薊遼。崇禎三年正月，兵部尚書申用懋罷，特召廷
棟掌部事。其秋，廷棟以兵食不足，將加賦。因言，今日閭左雖窮，然
不窮於遼餉也。一歲中，陰爲加派者，不知其數。如朝覲、考滿、
行取、推陞，少者費五六千金。合海內計之，國家選一番守令，天
下加派數百萬。巡按、查盤、訪緝、餽遺、謝薦，多者至二三萬金。合
天下計之，國家遣一番巡方，天下加派百餘萬。而曰民窮於遼餉，何
也。臣考九邊額設兵餉，兵不過五十萬，餉不過千五百三十餘萬，何
憂不足。故今日民窮之故，惟在官貪。使貪風不除，即不加派，民
愁苦自若。使貪風一息，即再加派，民懽忻亦自若。疏入，帝俞其
言。尋陳釐弊五事。曰屯田，曰鹽法，曰錢法，曰茶馬，曰積粟。又
極陳陝西致寇之由。請重懲將吏貪汙者，以紓軍民之憤，塞叛亂之
源。帝皆褒納。（《明史·梁廷棟傳》）

魏呈潤陳兵屯之策

給事中魏呈潤疏陳兵屯之策。請敕天津翟鳳翀、
通州范景文、昌平侯恂，練兵之外，兼營屯田。從之。

魏呈潤，崇禎元年，進士，由庶吉士改兵科給事中。三年冬，疏
陳兵屯之策。請敕順天、保定兩巡撫，簡所部壯士，大邑五百人，小
邑二三百人，分營訓練。而天津翟鳳翀、通州范景文、昌平侯恂，並
建節鉞。宜令練兵之外，兼營屯田。又陳閩海剿撫機宜六事。並議
行。（《明史·魏呈潤傳》）

五年，趙東曦爲刑科給事中，請舉屯塞下，以
充軍用。不報。

趙東曦，崇禎五年，由知縣入爲刑科給事中，請興屯塞下，以
給軍用。不報。（《明史·魏呈潤傳》）

葉紹顒請興屯田戶部議
修屯政

七年，御史葉詔顒請興屯田，以足軍食。令所
司議行。戶部疏議修屯政，請清查屯地，並令登州、
天津司道，照萬歷時例，處置兵屯。聽其自耕自食。

崇禎七年二月，御史葉紹顒疏請興屯以足軍餉，令所司議
行。《春明夢餘錄》載是年，戶部議修屯政疏，曰，清查隱占屯地，宜

首正疆界。巡行阡陌，按地畫圖。從某至某，有田若干，屬某衛所，係某旗軍管種。只以見在著業爲主，方一里，刻一石。記其界阯，分其弓口，錄其戶名。通編各處，如此清查。而屯之實地實籍，舉在於此，不必問簿書也。比至夏秋成熟，又復巡行，按圖履畝。此某某之屯。果成熟者，曾否納糧。完則已，否則立追。果荒蕪者，有無水旱災。有則已，否則必究。通徧各處，如此覆覈。而屯之實成實虧，舉在於此。亦不必問簿書也。如此清查覆覈，果係著業，而耕種勤，納糧早者，量行獎賞。且獎賞其衛所之官。名在籍中，而無力耕種，虛占拋荒者，勒令退出。另召軍民，給帖開墾，永爲已業。且罰治其衛所之官。則隱占未有不清，荒蕪未有不墾者矣。不然，屯在阡陌，而求之於簿書。屯在山谷，而了之於衙署。鈔謄册籍，積習相蒙，何時而破。且緣有更端，告訐因之而起。姦豪肆騙，良善人人自危。甚則激變者，有之矣。又查萬歷七年，山東巡撫鄭汝璧請撥登州軍兵，渡海北長山諸島，畫畝耕種。收穫糧食，運至郡治，抵充軍餉。三十三年，長蘆巡鹽御史徐元正議，山東島田，開墾成熟，已計萬餘。今長蘆各草場，沿海一望無際。乞責成天津道，專委分司，徧歷各場。不拘祖地，無主荒地，召募盡力開墾。每頃，每年止納課鹽四引有奇。給與印帖，永爲已業。又令墾地之家，抽壯丁爲兵。聯以保伍，訓以武事。無事兼捕盜賊，有事驅之戎行。俱經覆准施行。此則登津往例，今應查責兩處司道，照此處置兵屯，聽其自耕自食。如不能行，則此兵無一可用，斷乎當撤。毋令兩地虛糜新餉，歲至二十餘萬也。(《續文獻通考》)

　　九年，宣大總督盧象昇大興屯政。積粟二十餘萬石。帝諭九邊，咸倣行之。　　盧象昇大興屯田

　　盧象昇，崇禎九年九月，進兵部左侍郎，總督宣大、山西軍務，大興屯政。穀熟，畝收一鍾。積粟二十餘萬石。天子諭九邊，皆式宣、大。(《明史·盧象昇傳》)

　　孫傳庭巡撫陝西西安四衞，舊有屯軍二萬餘人，屯田二萬餘頃。後以屯糧既不入倉，屯地幾爲私產，莫可究詰。傳庭命西安府推官王鼎鎮清查。除右護衞隸秦王府外。左、前、後三衞，得軍萬餘，收　　孫傳庭釐正陝西屯法

屯課數萬兩。按地起科，寬平易從。不呼籲以窘司農，不加派以厲子遺。無不翕然相安。帝大喜，獎賚之。會楊嗣昌爲兵部尚書，條上方略，加派二百八十萬，期百日平賊。傳庭移書爭之，曰，民力竭矣，恐不堪命。行之，賊不必盡，而害中於國家。嗣昌大忤。嗣昌九年入爲本兵。《續文獻通攷》以傳庭清屯糧事，繫之十年，恐誤。

孫傳庭，崇禎八年，超遷順天府丞。陝西巡撫甘學闊不能討賊。秦之士大夫譁於朝，乃推邊才，用傳庭。以九年三月受代。西安四衞，舊有屯軍二萬四千，田二萬餘頃。其後，田歸豪右，軍盡虛籍。傳庭釐得軍萬一千有奇，歲收屯課銀十四萬五千餘兩，米麥萬三千五百餘石。帝大喜。增秩，賚銀幣。會楊嗣昌入爲本兵，條上方略。洪承疇以秦督兼剿務，而用廣撫熊文燦爲總理。分四正六隅，馬三步七，計兵十二萬，加派至二百八十萬，期百日平賊。傳庭移書爭之，曰，民力竭矣，恐不堪命。必欲行之，賊不必盡，而害中於國家矣。嗣昌大忤。（《明史·孫傳庭傳》）

崇禎九年十月，楊嗣昌奪情任兵部尚書。（《明史·七卿表》）

崇禎十年，陝西巡撫孫傳庭釐正西安三衞屯糧。傳庭疏言，博考故牘，洪武時，每軍額地一頃。歲徵正糧十二石，餘糧十二石，盡行收貯屯倉。以正糧，按月支給本軍。以餘糧，支給官軍糧俸。餉不煩轉輸，而倉廩充實。兵不煩召募，而士卒精強。法至善也。至永樂二十年，奉詔減免餘糧六石。然正餘一十八石，猶然交倉按支。法尚未壞也。至正統二年，以正糧十二石，兌給本軍充餉，免納免支。止徵餘糧六石入倉，而屯法大壞矣。至後不知何時，復將餘糧六石，改爲正糧，一併兌軍免納。而屯糧既不入倉，屯地幾爲私產，莫可究詰矣。陝西省下舊四衞，因檄行西安府推官王鼎鎮清查。除右護衞，名隸秦府外。先將左、前、後三衞各地查明推清。定法，按地起課，卽責辦於見今承種之人。每上地一頃，徵糧十八石。中地量免三石。下地又免三石。每石折銀七錢。總計三衞，共該起課地三千二十七頃零，徵銀三萬五千餘兩。寬平易從，無不翕然相安。不呼籲以窘大農，不加派以厲子遺。疏上。帝褒嘉之。（《續文獻通考》）

十二年，尚寶丞李繼貞召對，陳屯田水利甚
悉。尋超拜兵部侍郎，巡撫天津。乃大興屯田。列
上經地、招佃、用水、任人、薄賦五議。白塘、葛
沽間，田大熟。

> 李繼貞，崇禎十一年，用薦起，歷兩京尚寶卿。明年春，召
> 對，陳水利屯田甚悉。遷順天府丞。尋超拜兵部右侍郎，兼右僉都
> 御史，巡撫天津，督薊遼軍餉。乃大興屯田。列上經地、招佃、用
> 水、任人、薄賦五議。白塘、葛沽數十里間，田大熟。(《明史·李
> 繼貞傳》)

十五年，陝督孫傳庭救開封。天大雨，糧運不
至，士卒凍餒，爲賊所敗。歸陝西，益募勇士，開
屯田，繕器積粟，固守潼關，扼京師上游。

> 孫傳庭，崇禎十五年正月，起兵部侍郎。將禁旅，援開封。開
> 封圍已解，賊殺陝督汪喬年，帝卽命傳庭往代。大集諸將於關中。日
> 夜治軍，爲平賊計。而賊遂已再圍開封。詔趣傳庭出關。傳庭上言，兵
> 新募，不堪用。帝不聽。傳庭不得已，出師。以九月抵潼關。開封
> 已陷。傳庭趨南陽。李自成西行，逆秦師。傳庭設三覆以待賊。賊
> 入伏中，左右橫擊之。賊潰，東走，棄軍資於道。秦兵趨利，賊反
> 兵乘之，師潰。是役也，天大雨，糧不至，士卒採青柿以食，凍且
> 餒。故大敗。傳庭旣已敗，歸陝西。計守潼關，扼京師上游。且我
> 軍新集，不利速戰。乃益募勇士，開屯田，繕器積粟。(《明史·孫
> 傳庭傳》)

王漢巡撫河南，廣間諜，收土豪，議屯田，謀
所以圖賊。會劉超反永城。漢往撫，爲賊所殺。

> 王漢，崇禎十五年，試御史，巡按河南。巡撫高名衡謝病，卽
> 擢漢右僉都御史，代之。漢乃廣間諜，收土豪，議屯田，謀所以圖
> 賊。無何，劉超反永城。明年正月，漢入永城，聲言招撫，爲賊所
> 殺。(《明史·高名衡傳》)

十六年，宰相蔣德璟進御覽備邊册。凡九邊、
十六鎮兵食，及屯田、鹽引、民運之數，悉具。諸

李繼貞大興天津屯田

孫傳庭開屯田守陝西

王漢屯田河南

蔣德璟曾計兵食請復衛
所屯田舊制

201

邊士馬，報戶部者，浮兵部過半，耗糧居多。而屯田、鹽引、民運、一聽邊臣，部中皆不稽覈。德璟以京運、民運、屯鹽通計，餉額可足，加派可裁。條上十事，以責部臣。然卒不能盡改釐也。又言，昔各邊養兵，止屯鹽民運三者，原無京運銀。正統時，始有數萬。迄萬歷末，亦僅三百餘萬。今則二千餘萬，而兵反少於往時。成祖設京衛四十萬，畿內軍二十八萬。今皆虛冒。自來征討，皆用衛所官軍。嘉靖末，用募兵，遂置軍不用。加派日增，軍民兩困。請復舊制。帝是之，而不果行。

蔣德璟，崇禎十五年，爲禮部尚書，兼東閣大學士。明年，進御覽備邊冊。凡九邊十六鎮新舊兵食之數，及屯、鹽、民運、漕糧、馬價悉志焉。已進諸邊撫賞冊，及御覽簡明冊。帝深嘉之。諸邊士馬，報戶部者，浮兵部過半，耗糧居多。而屯田、鹽引、民運，每鎮至數十百萬，一聽之邊臣。天律海道輸薊遼，歲米豆三百萬。惟倉場督臣，及天津撫臣出入，部中皆不稽覈。德璟語部臣，合部運、津運、各邊民運、屯、鹽，通爲計畫。餉額可足，而加派之餉可裁。因復條十事，以責部臣。然卒不能盡改釐也。一日召對，帝語及練兵。德璟曰，會典，高皇帝教練軍士，一以弓弩刀鎗行賞罰。此練軍法。衛所總小旂補役，以鎗勝負爲升降。凡武弁比試，必騎射精嫻，方准襲替。此練將法。豈至今方設兵。帝爲悚然。又言，祖制，各邊養軍，止屯鹽民運三者，原無京運銀。自正統時，始有數萬。迄萬歷末，亦止三百餘萬。今則遼餉、練餉并舊餉，計二千餘萬，而兵反少於往時。耗蠹乃如此。又言，成祖設京衛七十二，計軍四十萬。畿內八府，軍二十八萬。又有中部大寧、山東、河南班軍十六萬。春秋入京操演，深得居重馭輕勢，今皆虛冒。且自來征討，皆用衛所官軍。嘉靖末，始募兵，遂置軍不用。至加派日增，軍民兩困。願憲章二祖，修復舊制。帝是之，而不果行。（《明史·蔣德璟傳》）

命宰相督屯田練兵

十七年，以宰相魏藻德、方嶽貢，總督河漕、屯田、練兵諸事。命藻德駐天津，嶽貢駐濟寧。已而止不行。

魏藻德，崇禎十五年，擢拜東閣大學士，入閣輔政。十七年二月，詔加兵部尚書，兼工部尚書，文淵閣大學士，總督河道、屯田、練兵諸事，駐天津。而命方岳貢駐濟寧。蓋欲出太子南京，俾先清道路也。有言百官不可令出者。遂止不行。（《明史·魏藻德傳》）

方岳貢，擢右副都御史，兼東閣大學士，時崇禎十六年十一月也。十七年二月，以戶兵二部尚書，兼文淵閣大學士，總督漕運、屯田、練兵諸務，駐濟寧。已而不行。（《明史·方岳貢傳》）

尋命右僉都御史方孔炤，屯田山東、河北。孔炤至濟南，而北京陷，遂南奔。

方孔炤用薦復官，以右僉都御史，屯田山東、河北。馳至濟南。復命兼理軍務，督大名、廣平兩監司禦賊。命甫下，而京師陷。孔炤南奔。（《明史·鄭崇儉傳》）

崇禎時，張愼言爲工部侍郎。國用不足。廷議屯田、鹽法諸事。愼言屢陳根本大計，遷南京吏部尚書。福王卽位，上中興十議。曰節鎮、親藩、屯田、叛逆、偽命、褒恤、賞功、起廢、懲貪、漕稅，皆嘉納。

張愼言，崇禎時，召爲工部右侍郎。國用不支。廷議開採、鼓鑄、屯田、鹽法諸事。愼言屢疏陳奏，悉限本計。由左侍郎遷南京戶部尚書。七疏引疾，不允。就改吏部尚書，掌右都御史事。十七年三月，京師陷。五月，福王卽位南京，命愼言理部事。上中興十議。曰節鎮，曰親藩，曰開屯，曰叛逆，曰偽命，曰褒卹，曰功賞，曰起廢，曰懲貪，曰漕稅。皆嘉納。（《明史·張愼言傳》）

督師史可法赴清江浦，遣官屯田開封。爲經略中原計。

史可法遣官屯田經略中原

史可法拜南京兵部尚書，參贊機務。福王監國，拜禮部尚書，兼東閣大學士，仍掌兵部事。可法請督師鎮淮揚。王卽位之明日，可法陛辭。改兵部尚書，武英殿大學士。總兵官高傑駐揚州，桀驁甚。可法開誠布公，導以大義。傑大感悟，奉約束。冬，傑師帥北征，可

203

法赴清江浦。遣官屯田開封。爲經略中原計。（《明史·史可法傳》）

陳潛夫請招河南山東豪
傑耕屯自守以圖恢復

　　河南巡按監軍御史陳潛夫入朝。言，中興在進
取，土地尺寸不可棄。若以一軍出潁壽，一軍出淮
徐。山東、河南豪傑結砦自固者，必爭爲我用。更
加之爵賞，畫城堡，俾之自守。而督撫將帥，屯銳
師於要害，以策應之。寬則耕屯爲食，急則披甲乘
城。一方有警，前後救援。汴梁一路，聯絡素定。稍
給糧糗，旬日可集十餘萬人。河南五郡可盡復。五
郡既復，南連荊楚，北臨趙衛。上之恢復可望，下
則江淮永安。若不思外拒，專事退守，委土地甲兵
於寇仇。恐江淮亦未可保。馬士英不聽。

　　陳潛夫，崇禎十六年冬，爲開封推官。募民兵。十七年，聞
西平寨副將劉洪起勇而好義，躬往說之討賊。方誓師，都城失守報
至。乃痛哭縞素，渡河而北，大破賊於柳園。南陽賊乘間犯西平，洪
起引還，潛夫亦隨而南。福王立南京，潛夫傳露布至，朝中大喜，卽
擢監軍御史，巡按河南。潛夫乃入朝。言，中興在進取，王業不偏
安。山東、河南地尺寸不可棄。豪傑結寨自固者，引領待官軍。誠
分命藩鎮，以一軍出潁壽，一軍出淮徐。則衆心競奮，爭爲我用。更
頒爵賞鼓舞，計遠近，畫城堡，俾自守。而我督撫將帥，屯銳師要
害，以策應之。寬則耕屯爲食，急則披甲乘墉。一方有警，前後救
援。長河不足守也。汴梁一路，臣聯絡素定，旬日可集十餘萬人。誠
稍給糗糧，容臣自守。臣當荷戈先驅。諸藩鎮爲後勁。河南五郡可
盡復。五郡既復，畫河爲固。南連荊楚，西控秦關，北臨趙衛。上
之則恢復可望，下之則江淮永安。此今日至計也。兩淮之上，何事
多兵。督撫紛紜，並爲虛設。若不思外拒，專事退守。舉土地甲兵
之衆，致之他人。臣恐江淮亦未可保也。當是時，開封汝寧間，列
寨百數，洪起最大。南陽列寨數十，蕭應訓最大。洛陽列寨亦數十，李
際遇最大。諸帥中，獨洪起欲效忠。潛夫請予挂印，爲將軍。馬士
英不聽，而用其姻婭越其杰巡撫河南。潛夫所建白，皆不用。（《明
史·陳潛夫傳》）

編後記

  本次整理出版的《歷代屯田考》以商務印書館 1939 年版為底本，原書分為上、下冊，本書為下冊。

  屯田制指我國歷史上政府組織士兵或農民墾種荒地，以取得軍糧和稅糧，減輕其他普通民戶稅負的制度。狹義的屯田指軍屯和民屯，廣義的屯田還有商屯。商屯又稱鹽屯，是明朝鹽商為了便於在邊境地區納糧換鹽而辦的屯墾。

  秦始皇使蒙恬將擊敗匈奴，佔領河南地，築縣城四十四，"徒適戍以充之"。這是與屯田有關的最早記載。西漢文帝時，為解決北方邊境不安，晁錯就曾建議"徒民實邊"。西元前 169 年，漢文帝以罪人、奴婢和招募的農民戍邊屯田。漢武帝時，趙充國建議屯田西域，戍衛與墾耕並顧，敦煌西至輪台和渠犁，皆有田卒數百人。建安元年（196年），曹操採納棗祗、韓浩的建議，在許都（今河南許昌）附近進行屯田，至此形成完善的屯田制度。屯田的土地是無主和荒蕪的土地。勞動力有一部分號稱為招募其實是被迫而來的。收成由政府與屯民分成：使用官牛由則官六民四；使用私牛則官民平分。"於是州郡列置田官，所在積谷，征伐四方，無運糧之勞，遂兼併群賊，克平天下"。自此，經魏晉南北朝、隋唐以至兩宋，各代都推行過邊防屯田。即使統一國家分裂為幾個封建政權，也都很注意屯田。金、元以來，屯田的地域分佈發生了變化。金政府於駐軍所在地分撥田土，兵士屯種自給；元朝則各衛、行省，皆立屯田。明代繼承元代的軍戶制度，軍戶子孫世代為兵，作戰而外，平時屯種。

屯田解決了邊防軍隊的糧餉需要，對於開拓邊疆和鞏固邊防有重要作用。又因集中較多人力、物力，可以興修較大的水利工程，推廣先進的生產技術。屯田的成績與歷代屯田的政策密切相關。一般說來，凡是設置屯田的朝代，在建立初期，屯田成績比較顯著，隨著封建統治者日趨腐朽，剝削日益加重，屯田勞動力大批死亡或逃散，屯田逐漸變質瓦解。

張君約著《歷代屯田考》根據典籍考證兩漢至明代的屯田制度，引用原文均注明出處，是對屯田制度有關材料的一次重要萃集與梳理。本書最早 1939 年在商務印書館出版發行，為《新中國建設學會叢書》之一。

新中國建設學會，是"九一八"事變之後，為挽救民族危亡，旅居上海的黃郛、李書城、張耀曾等提出：集合國內所有優秀人才"組織一學會對於現政權共同為善意的協贊"。學會集合國內專家"討論出一種廣義的國防中心之建設計畫（隱以日本為對象）"等。其初創者主要由舊政學會成員以及上海教育界、實業界、金融界名流。1932 年 6 月正式成立，1938 年 3 月停止所有會務。黃郛任首任理事長，學會設政制、財政、經濟、外交、交通、教育、社會和技術等八個組，分別進行研究和調研，謀"廣義的以國防為中心"之救國計畫，探討救國方案以供當局採納，特別宣導"民族復興"。並出版了《新中國建設學會叢書》，如《中華民國憲法史料》《各國選舉權制度考》《統制經濟之理論與實際》《各國教育制度及概況》《國魂詩選》《軍事航空》《興國記》《地政通詮》《蘇聯五年計劃》《最近之東北經濟與日本》《科學化之現代戰備》《甘棠集歷代循吏彙編》《日人對我東北言論集》《中國對日之債務問題》《中國經濟問題》等。其中經濟組主要集中在經濟政策、改良中國農村等方面研究,《歷代屯田考》即為其成果之一。作者張君約"精研國史",當在中國歷史方面頗有造詣,為撰寫《歷代屯田考》"一時間、一字句,必勤求其無訛,遂至費三年以上精力,始克成之"。據有關記載,南京國民政府1948年2月9日任命張君約為新聞局人事室主任,當為本書作者。

　　本書為原書第8~9卷,以時間為順序,以事件為線索,搜集整理有關元、明兩朝屯田制度的典籍資料近千條,系統介紹兩代屯田制的歷史興衰,為讀者了解和研究元、明兩代的屯田制度提供豐富資料。需要向讀者說明的有以下幾點:為保持舊籍原貌,文中因時代所限出現的同字異書、與今人不同的外文書寫與翻譯,一般不作改動;在整理過程中,在保持原貌的基礎上,對原文中一些明顯的錯訛之處,進行了必要的修改,並以"編者註"的形式加以說明;其他一般性規範性差異,進行了必要的訂正,不再一一出注說明。由於時代局限,作者個別觀點等存在一定的局限性,請讀者閱讀時注意。原書有適合豎排版圖書的"眉批",因整理為橫排版,相應地改為"旁批"。限於整理者水準,錯漏不當之處仍在所難免,誠望讀者諸君批評指正。

劉　江

2014 年 8 月

《民國文存》第一輯書目